***ACCESO GRATIS** a la Lectura en la Nube*

Para visualizar el libro electrónico en la nube de lectura envíe junto a su nombre y apellidos una fotografía del código de barras situado en la contraportada del libro y otra del ticket de compra a la dirección:

ebooktirant@tirant.com

En un máximo de 72 horas laborales le enviaremos el código de acceso con sus instrucciones.

JURIS DICTIO

SEGUNDA EDICIÓN

Procedimiento de selección de originales, ver página web:
www.tirant.net/index.php/editorial/procedimiento-de-seleccion-de-originales

JURIS DICTIO

SEGUNDA EDICIÓN

Editores académicos o coordinadores:
Misael Tirado Acero, PhD.
Luis Fernando Ortega Guzmán
Julián Alberto Ardila Mora

tirant lo blanch
Bogotá D.C., 2025

En caso de erratas y actualizaciones, la Editorial Tirant lo Blanch publicará la pertinente corrección en la página web www.tirant.com.

Juris dictio / editores académicos o coordinadores: Misael Tirado Acero, Phd., Luis Fernando Ortega Guzmán y Julián Alberto Ardila Mora. – Segunda edición. – Bogotá: Tirant lo Blanch; Unicervantes Fundación Universitaria, 2025.

242 páginas.
Incluye referencias bibliográficas al final de cada capítulo.
ISBN: 978-84-1095-717-6

1. Derecho penal. 2. Trata de personas. 3. Responsabilidad penal. 4. Eutanasia – Legislación. 5. Penas. 6. Delitos económicos. I. Ardila Mora, Julián Alberto, editor, autor. II. Ortega Guzmán, Luis Fernando, escritor de introducción. III. Roa Avella, Marcela, autora. IV. Sanabria Moyano, Jesús Eduardo, autor. V. Laverde Rodríguez, Carlos Alfonso, autor. VI. Latorre-Iglesias, Edimer, autor. VII. Tirado Acero, Misael, autor. VIII. Martínez Martínez, Gloria Cristina, autora. IX. Rincón Bautista, David Fernando, autor. X. Gutiérrez Castaño, David, autor. XI. Ovando Chico, Eduardo Gustavo, autor. XII. Mota de Oliveira, Tâtiana, autora.

LC: KG960 CDD: 345.8 ed. 23

Catalogación en publicación de la Biblioteca Carlos Gaviria Díaz

EDITA: TIRANT LO BLANCH
Calle 11 # 2-16 (Bogotá D.C.)
Telf.: 4660171
Email: tlb@tirant.com
Librería virtual: www.tirant.com/co/
ISBN: 978-84-1095-717-6

Si tiene alguna queja o sugerencia, envíenos un mail a: *atencioncliente@tirant.com*. En caso de no ser atendida su sugerencia, por favor, lea en *www.tirant.net/index.php/empresa/politicas-de-empresa* nuestro procedimiento de quejas.

Responsabilidad Social Corporativa: http://www.tirant.net/Docs/RSCTirant.pdf

Índice

CAPÍTULO 3.
ENTRE LO SIMBÓLICO Y LO FÁCTICO: APROXIMACIÓN CRÍTICA A LAS DECISIONES JUDICIALES EN EL SISTEMA DE RESPONSABILIDAD PENAL ADOLESCENTE COLOMBIANO

CAPÍTULO 4.
EUTANASIA EN MENORES DE EDAD Y DERECHO PENAL: DIGNIDAD, PRINCIPIO DE LEGALIDAD Y POLÍTICA CRIMINAL

CAPÍTULO 5.
IMPLICACIONES DEL DELITO DE FRAUDE DE SUBVENCIONES COMO UN TIPO PENAL PLURIOFENSIVO Y LA NECESIDAD DE UNA ADECUADA INTERPRETACIÓN DE SUS INGREDIENTES NORMATIVOS

CAPÍTULO 6.
LA ACCIÓN DE EXTINCIÓN DEL DERECHO DE DOMINIO, COMO MANIFESTACIÓN DE LA POLÍTICA CRIMINAL COLOMBIANA

CAPÍTULO 7.
LA PARADOJA DE LA REPARACIÓN DEL DAÑO INTEGRAL Y LA REVICTIMIZACIÓN EN MÉXICO, EN EL NUEVO PARADIGMA DEL DERECHO PENAL

CAPÍTULO 8.
LA REINSERCIÓN SOCIAL: MEDIO PARA GARANTIZAR LOS DERECHOS HUMANOS EN EL SISTEMA PENITENCIARIO Y CARCELARIO COLOMBIANO

Introducción

LUIS FERNANDO ORTEGA GUZMAN[1]

La historia jurídica colombiana se vio afectada profundamente por la transformación que representó el antes y el después de la Constitución Política de 1991, empero esta división no representa en nada una simplificación del fenómeno constitucional, dado que dan como resultado en conjuntos transversalmente diferentes por el enfoque del Estado, resultado de la transición de forma de organización política que se ejecutó dentro del territorio colombiano, pasando de un Estado liberal de derecho a un Estado social de derecho, este cambio de paradigma significó un giro radical en la concepción del Estado, pasando de un modelo centrado en la protección de las libertades individuales a uno que prioriza la garantía de los derechos y principios fundamentales de las personas, así como el bienestar general de la sociedad.

De esta manera, aun a los nacidos con posterioridad a la Constitución del 91 está siempre se nos ha presentado como una forma especial y transformadora de la realidad jurídica colombiana, una realidad abierta, interpretativa y, sobre todo, dinámica, dentro de la cual todos sus partícipes cuentan con igualdad de derechos, buscando así la interacción pacífica y el cumplimiento de los ahora definidos fines del Estado.

A partir de todo esto, surgen como parte del desarrollo dinámico del sistema, entiéndase a este como el fenómeno de la constitucionalización a todo aquello que se incluye en la Constitución de un país, una serie de obligaciones para la comunidad jurídica, quienes por ser poseedores de un conocimiento especializado mediante el cual se interactúa con el Estado y las instituciones que lo conforman, pasan a ser los avatares de la evolución y el desarrollo del sistema, tanto para sí, como para toda la comunidad. Solo quienes reconocen y entienden las características del sistema, sus procesos y sus fallas están capacitados para denunciar la necesidad de que el sistema evolucione.

Dicho proceso que no representa un crecimiento aleatorio, sino que responde a un proceso ordenado de planeación consecuente con las ca-

[1] Docente investigador de tiempo completo, Fundación universitaria Unicervantes.

pacidades del país y las necesidades de los administrados, requiere de un riguroso proceso de análisis del sistema jurídico y social, anclado al rol de sus partícipes, es decir, ligado a las instituciones, funcionarios y sociedad civil, con el fin de tomar las decisiones correctas, a partir de las cuales se delimita el camino que tomará el desarrollo del sistema jurídico a futuro y su engranaje con las distintas realidades sociales. Solo mediante la superación de las versiones e ideas tradicionales de derecho, entre ellas la de la juridicación y la verificación del estado real del sistema jurídico, es posible acercarnos sutilmente a una versión del sistema que contribuya de mejor manera al cumplimiento de sus fines y al mejoramiento de las condiciones materiales de quienes habitan nuestro territorio nacional.

En consonancia, reconocer nuestro sistema jurídico como una manifestación viva y dinámica que toma forma como consecuencia de los cambios en la sociedad y del surgimiento de nuevas problemáticas y sujetos del derecho, nos conmina a ser capaces de reestructurarnos como sociedad, en correspondencia con las determinaciones de un derecho vigente que desde el ser y el deber blinda nuestras expectativas desde un garantismo jurídico y un marco constitucional, con lo cual, la presente obra colectiva representa el esfuerzo de toda una comunidad académica que desde sus experticias y conocimiento interdisciplinar pasa de la heurística a la hermenéutica para argumentar sobre las problemáticas dentro del desarrollo del sistema jurídico colombiano y algunos otros contextos geográficos. Enfocándose en las nuevas manifestaciones jurídicas que surgen como consecuencia de las transformaciones sociales contemporáneas y la *perenne* necesidad de aplicar no solo el criterio jurídico donde se remasteriza la norma que deviene del legislativo, como de lo jurisprudencial, tanto en el ámbito interno que da vida a los derechos fundamentales y a su norma constitucional integrada, como a su entronque con el control de convencionalidad, arrojando luz en lo referente al acceso y a la administración de justicia, y a la consabida protección de derechos, libertades y deberes.

Este ensamble de un derecho positivo que integra el mundo normativo ligado al establecimiento y estamento social conlleva una mirada holística de un derecho más social, un derecho reflexivo, dúctil, vivo, y que responde a las necesidades de dinamizar el entendimiento y comprensión a través de la rigurosidad y humildad del conocimiento, como se da en este marco expositivo que a lo largo de los diferentes acápites el lector tendrá la posibilidad de profundizar de acuerdo a sus propios intereses.

A modo de colofón, Tania Mota de Oliveira, nos ofrece una discusión en torno a la utilización de menores de edad por parte de estructuras criminales en la comercialización de estupefacientes, problemática cada vez más presente al interior de las organizaciones que delinquen en Iberoamérica y en otras latitudes, brindando exponer un panorama amplio y minucioso de dicho fenómeno, con la caracterización de los actores que se mueven en torno a este negocio ilícito, y que en nada contribuye a una economía del Estado dada su naturaleza criminal, siendo este quien lucha contra el flagelo, situación que conlleva dramáticamente a que si bien dichas acciones parten desde la misma política pública, la política criminal, la política penal y la de seguridad ciudadana, su dinámica lucha contra el crimen sea desesperanzadora y mayoritariamente oculta a los ojos de las sociedades.

Por su parte, Marcela Roa Avella y Jesús Eduardo Sanabria Moyano magistralmente nos embarcan en una discusión respecto a la posibilidad del uso de algoritmos policivos en la persecución criminal y cómo esta puede afectar lo que actualmente un garantismo jurídico o constitucional en el marco de los derechos humanos, dado que el uso de algoritmos y automatización de procesos innegablemente representan el paso a seguir en el desarrollo de sistemas de seguridad, incluyendo su uso para el desarrollo de políticas criminales y decisiones concretas de esta índole, y que si bien dichas herramientas, además, de ser recientes y novedosas, necesariamente implican unos protocolos por los usos concretos de la información recolectada sobre las cuales quizás no se haya discutido lo suficiente, y no tengamos plena conciencia sobre sus los límites y repercusiones en el uso de estas tecnologías, conllevando un salto tecnológico de tal magnitud que nos obligan a preguntarnos si su uso puede conflictuar con las libertades garantizadas por los sistemas constitucionales vigentes.

En esta prospectiva, se describen herramientas capaces de anticipar las conductas punibles, la reincidencia de las personas y la identificación de los factores que desencadenan conductas punitivas, permitiendo un seguimiento profundo en las actividades de las comunidades y en su desarrollo. Todo lo cual pone en jaque el objeto de estudio de las ciencias jurídicas ante la utilización de diferentes algoritmos que, como predictores, podrían tener prometedores resultados.

Carlos Alfonso Laverde Rodríguez, a su vez, nos presenta una discusión respecto de la construcción del concepto de la víctima de trata con fines de explotación sexual, a partir de la cual, se trata de exponer la verdadera complejidad que implica el delito de Explotación Sexual Comercial de Niños, Niñas y Adolescentes (ESCNNA) y cómo este por sus particulares características propicia y, al mismo tiempo, se aprovecha de situaciones de vulnerabilidad extrema, y que poco a poco ha permitido que dicho delito evolucione en un sistema transnacional, donde su nivel de complejidad, en muchos casos, resulta difícil de desentrañar e identificar a las personas víctimas, puesto que este delito suele esconderse bajo una cortina que articula dinámicas de un comercio sexual para un mundo adulto entre adultos bajo el libre albedrío y la voluntariedad, incorporando soterradamente a menores de edad a un mercado ilícito donde las situaciones de pobreza y necesidades no son óbice para la supervivencia de un grupo etéreo de especial y reforzada protección, y que pese a la lucha internacional contra este flagelo, sigue siendo hoy una cruel realidad.

Así mismo, Misael Tirado Acero enmarca todo un análisis sobre las implicaciones materiales de un sistema de responsabilidad penal para adolescentes colombiano que se encuentra anquilosado y que difícilmente puede materializar sus fines, dada la dificultad que representa combatir procesos de violencia que tiene como protagonistas a los niños, niñas y adolescentes (NNA) quienes por definición se encuentran atados a sus procesos de desarrollo y el de sus familias, creando en muchos casos un problema mucho más profundo para el sistema normativo que el del mero castigo, del cual la responsabilidad del menor infractor es solo un fragmento al que se suman factores como: la inestabilidad laboral, precariedad en el empleo, exclusión social, descomposición del tejido social y baja organización en la sociedad civil, problemas que no necesariamente son atendidos de forma correcta dentro del Sistema de Responsabilidad Penal para Adolescentes (SRPA). El cual plantea un conjunto de sanciones que giran en torno al resarcimiento del daño y a la reincorporación y resocialización del adolescente en la sociedad, dado que es entendido por el sistema constitucional colombiano como un sujeto de especial protección. En este acápite del libro, se hace entrega de resultados exploratorios a nivel teórico sobre la ambivalencia entre la norma y la realidad que paradójicamente es más fuerte en Estados tardomodernos, dejando claro que esta ambivalencia también es una oportunidad, en términos de Bauman, frente al análisis de los problemas del desarrollo social.

Dando continuidad a este marco expositivo, interpretativo y argumentativo Gloria Cristina Martínez Martínez a partir del debate que genera la eutanasia en menores de edad, el entronque con el derecho penal y de lo que constituye en sí la dignidad, el principio de legalidad y política criminal, ofrece una reflexión que a partir de la Sentencia C-239 de 1997, determina los eventos en los cuales la conducta no es punible, bajo el fundamento de la autonomía del ser humano y su capacidad de decidir hasta cuando la vida sea compatible con su dignidad, pese a poner en tela de juicio la plena conciencia del menor de edad, la prohibición desde el Estado y el recelo moralista de la sociedad, obligando a un sujeto pleno de derechos a padecer tratos crueles, inhumanos y degradantes durante el tiempo de su existencia, y donde la norma de origen jurisprudencial entra a contemplar que la eutanasia hace parte de la voluntad y del derecho a morir con dignidad, sin sufrimiento, y pueda adelantar un hecho cierto dado que de una u otra manera fallecerá en poco tiempo, en cumplimiento de unos preceptos, parámetros o criterios médicos.

Empero la autonomía en los adultos, en Colombia, parece no plantear mayores problemas respecto a este tipo de decisiones, al menos no desde la perspectiva jurídica, dado que se asume su capacidad de libre raciocinio y autodeterminación, con las cuales puede ejercer plenamente su derecho a una muerte digna; incluso para aquellos casos en los cuales, el paciente no puede expresar su voluntad. Ante estos vacios y la exhortación de la Corte, el Ministerio de Salud y Protección Social, mediante la Resolución 825 del 2018, reglamentó el procedimiento eutanásico para niños, niñas y adolescentes (NNA), ante la omisión del Congreso de la República. No obstante, limitó, de manera injustificada, el ejercicio del derecho, porque lo supeditó a que los dolores no hubieran sido aliviados con cuidados paliativos pediátricos, excluyendo además de la eutanasia a los recién nacidos y neonatos, a la primera infancia (de cero a seis) y a los NNA que presenten estados alterados de conciencia, con discapacidades intelectuales o con trastornos psiquiátricos diagnosticados, que perturben la competencia para entender, razonar y emitir un juicio reflexivo, conminando al personal médico al escenario de la responsabilidad penal.

Por su parte, David Fernando Rincón Bautista, presenta un análisis desde la doctrina jurídico penal especializada, verificando el desarrollo histórico de los delitos económicos como conducta contraria al orden económico y social y los fines de la administración pública en Colombia según los argumentos que se exponen en la Sentencia C224 de 2009. Dado que los delitos económicos pertenecen a una categoría que transgrede la relación entre el Estado y la economía, al interferir en el ejercicio del proceso económico en búsqueda de un beneficio y en perjuicio del orden económico y social que impone el Estado.

Análogamente, David Gutiérrez Castaño, esgrime argumentos que dentro de la discusión que se suscita con la figura de la extinción de dominio y su ensamble tras la política criminal colombiana, conlleva revisar cómo dicho instrumento conmina la moral social y que en su desarrollo vigente se convierte en una mezcla extraña que integra diferentes partes del derecho penal y del derecho civil, aparentemente con la finalidad de aumentar el poder punitivo del Estado lo que implicaría la necesidad de reconocer dentro de sus procedimientos las garantías básicas del derecho penal.

En consonancia con lo ya tratado a lo largo de esta presentación introductoria, los postulados que ofrece Eduardo Gustavo Ovando Chico se enmarcan en la discusión sobre la paradoja en la reparación del daño integral y los procesos de revictimización que se generan dentro del sistema penal mexicano. Dichas problemáticas, dado el cambio de paradigma que se está desarrollando en el sistema penal del país azteca, pone en evidencia que los procesos de reparación no solamente resultan imposibles en los casos en los que no se cuenta con los recursos suficientes para solventar las actuaciones pertinentes, sino que también implica dentro de sus prácticas, procesos que de forma constante presentan alteraciones en el resultado esperado, ejemplo de esto, los cálculos de la esperanza de vida.

Lo anterior, lleva a un ataque sistemático a los derechos fundamentales de los implicados y a su dignidad humana, poniendo en evidencia la incapacidad del Estado mexicano de crear un sistema que sea capaz de resarcir los daños causados por las conductas punibles de forma eficaz.

Para finalizar este compendio reflexivo, Julián Albero Ardila Mora nos trae a colación la discusión sobre la reinserción social y su funcionalidad para garantizar los derechos humanos al interior de los sistemas penitenciarios y carcelarios, tomando como referencia de análisis el sistema colombiano, que mediante fundamentos teóricos, teleológicos y legislativos logran valorar la efectividad de dichas medidas como un fin de la pena. Del mismo modo, se aborda el fenómeno social referente al hacinamiento carcelario y la repercusión directa en la insostenibilidad económica que recae en el gasto público que, pese a los esfuerzos infundados, no refleja mayor variación en el índice de reincidencia de los delitos.

Dada la naturaleza dinámica del objeto de estudio de la ciencia jurídica, con el tiempo y la experiencia se hace natural para el jurista el proceso de análisis de la evolución de los procesos que presencia, somos nosotros, los protagonistas del sistema jurídico y quienes mediante sus conocimientos permiten la interacción de la ciudadanía con el Estado, quienes están llamados a servir a través de su servicio el uno al otro permitiendo con esto el mejoramiento de las condiciones de vida de las personas.

La presente obra se encarga mediante las reflexiones de todos sus colaboradores de analizar diferentes tipos de fenómenos, los cuales, por sus importantes implicaciones dentro del fenómeno de la libertad y la garantía efectiva de los derechos fundamentales, ganan importancia y poco a poco contribuyen a dar forma al fenómeno jurídico en cuestión.

Si bien, por la naturaleza del sistema jurídico dichos procesos de desarrollo son comunes dado el surgimiento de nuevas problemáticas y la desaparición de otras, será el sistema jurídico y sus partícipes, bien sea mediante la representación democrática o el criterio de las altas cortes, quienes tomaran las decisiones que en su momento validarán o prohibirán determinadas manifestaciones, las cuales según corresponda abrirán o no las puertas para nuevas dimensiones de la libertad individual. De ahí la importancia de la reflexión, puesto que todo derecho nace con una fecha de vencimiento y si bien es posible que un Estado a través de las posturas de sus representantes se encargue de hacer que ciertas determinaciones pervivan más allá de su época de utilidad, esto solo perpetuará determinaciones que los habitantes del sistema no necesariamente considerarán válidos o importantes, problema que con facilidad pone en entredicho la capacidad de darse normas válidas en términos de vigencia y legitimidad constitucional.

El derecho abandonó hace varias décadas su naturaleza estática y firme, para convertirse en un objeto volátil que hace parte de un andamiaje mucho más grande que busca verificar en todo caso su correcto funcionamiento. Es por eso, por lo que, la labor de la academia en este momento parece no enfocarse en versiones restrictivas de la libertad o en la imposición del poder del estado, sino en la sincronicidad que genera la totalidad del sistema constitucional. Es decir, en una constante verificación y denuncia de la concordancia de las normas fácticas ante el sistema, en todas sus manifestaciones, junto con la posibilidad de verificación ante la capacidad de respuesta del sistema, si bien es cierto cumplir adecuadamente con las funciones determinadas para el sistema, no existe la posibilidad de comprender dichas funciones de forma cerrada, dado que por definición están dadas mediante principios y derechos considerados en abstracto, los cuales tienen este carácter precisamente para poder perpetuarse en el tiempo, si bien no son comparables las formas de libertad según se desarrollaron en los años 20 con la que vivimos ahora, el concepto en abstracto sigue vivo en su calidad de principio rector de los Estados y sus normas, permitiendo así facilitar la toma de decisiones cuando se trata de la administración del poder.

Construir sobre lo construido solo es posible cuando el Estado reconoce su labor dentro de un contexto temporal y propositivo, que reconoce que la finalidad de su función es proteger la libertad y el desarrollo de los individuos, aun por encima de procesos tradicionales que configuran arquetipos fuertemente arraigados a nuestras ideas, el desarrollo representa entonces la herramienta que nos permitirá seguir vivos y formular estados que puedan interactuar cada vez de formas más pacíficas y así construir un mejor mundo social para las futuras versiones de la humanidad, quienes a su vez tendrán que afrontar cosas que para nosotros hoy resultan impensables, nuevas manifestaciones de la libertad, nuevos delitos, nuevas formas del uso y goce de los derechos, pero que en su momento, al igual que hoy para nosotros requerirán de la atención de profesionales críticos, racionales y analíticos que sepan decidir sobre aquello que consideraremos positivo para la humanidad.

Capítulo 1.

Algoritmos policivos y predictivos, persecución criminal e impactos en los derechos humanos[1]

MARCELA ROA AVELLA[2]
JESÚS EDUARDO SANABRIA MOYANO[3]

Resumen:

La predicción del delito se refiere a la búsqueda y examen de los factores predisponentes de la actividad delictiva en personas o lugares. Actualmente, existen herramientas de inteligencia artificial que intentan predecir los niveles de riesgo de comisión de delitos o de reincidencia. Todos ellos tienen como objetivo anticipar las decisiones penales mediante el seguimiento de los factores desencadenantes. Entre los algoritmos más reconocidos se encuentran COMPAS (Perfiles de gestión de delincuentes correccionales para sanciones alternativas), PredPol, *Harm Assessment Risk Tool* (HART).

El objetivo de este trabajo es determinar el impacto de estas herramientas en los derechos humanos a través de una investigación descriptiva mediante análisis deductivo. Los resultados demuestran que la incorporación de herramientas de IA para la predicción de delitos no garantiza evitar la discriminación o el sesgo debido a la intervención humana a la hora de seleccionar los datos que se incorporan al algoritmo. Además, la llamada caja negra impide la ingeniería inversa para comprender el proceso inteligente del software en la toma de decisiones y deliberación de los factores que se analizan, lo que constituye una violación de los derechos humanos.

Palabras clave: Derechos humanos; Algoritmos policivos; Discriminación; Transparencia; Sesgo

Estas palabras clave son fundamentales para entender los principales temas y preocupaciones que se abordan en el documento sobre el uso de algoritmos en la administración de justicia y su impacto en los derechos humanos.

---

1 Resultado del Proyecto de Investigación INV DER 3159 titulado "Inteligencia artificial: retos y riesgos de los derechos humanos en el sistema penal". Este proyecto pertenece a la convocatoria de Proyectos de Investigación Científica 2020, y financiado por la Vicerrectoría de Investigaciones de la Universidad Militar Nueva Granada.

2 Docente Investigadora de tiempo completo de la Universidad Militar Nueva Granada.

3 Docente Investigador de tiempo completo de la Universidad Militar Nueva Granada.

Abstract

Crime prediction refers to the search for and examination of predisposing factors of criminal activity in people or places. Currently, there are artificial intelligence tools that attempt to predict levels of risk of crime commission or recidivism. All of them aim to anticipate criminal decisions by tracking triggers. Among the most recognized algorithms are COMPAS (Correctional Offender Management Profiles for Alternative Sanctions), PredPol, Harm Assessment Risk Tool (HART).

The objective of this paper is to determine the impact of these tools on human rights through descriptive research using deductive analysis. The results demonstrate that the incorporation of AI tools for crime prediction does not guarantee to avoid discrimination or bias due to human intervention when selecting the data to be incorporated into the algorithm. Furthermore, the so-called black box prevents reverse engineering to understand the intelligent process of the software in making decisions and deliberation of the factors being analyzed, which is a violation of human rights.

Keywords: Human rights; Police algorithms; Discrimination; Transparency; Bias

I. INTRODUCCIÓN

Cuando se habla de inteligencia artificial (en adelante IA), nos referimos al momento en el que "un algoritmo computacional se vuelve suficientemente autónomo como para empezar a parecerse a ciertos aspectos de la inteligencia humana" (Rizer y Watney, 2018, p. 4). La inteligencia artificial, el *machine learning* y el *deep learning*, han permeado muchas de las actividades humanas; en la mayoría de los casos porque facilitan el análisis de ingentes cantidades de datos con ahorro de tiempo y recurso humano.

En ese escenario, los denominados algoritmos predictivos han empezado a utilizarse en el ámbito policivo e inclusive en la administración de justicia con diversos alcances; por ejemplo, ya se utilizan los denominados algoritmos de evaluación/predicción de niveles de riesgo, los cuales han sido definidos como "el proceso de utilización de factores de riesgo para estimar la probabilidad de la ocurrencia de un resultado en una población" (Kraemer, 1997) Citada en (Monahan, 2017, pp. 78-79) (Traducción libre).

No es nueva la preocupación por la posibilidad de predicción del evento criminal, lo que ha cambiado, son las herramientas utilizadas para la realización de esas predicciones. Tratar de detectar patrones específicos de crimen y comportamientos criminales ha sido y es hoy una tarea extremadamente desafiante que exige dos cosas: el almacenamiento masivo de datos y un adecuado análisis para la extracción de inteligencia que oriente su correcta utilización (Miró Llinares, 2018, p. 98).

Dentro de los algoritmos utilizados en la persecución penal encontramos principalmente dos tipos: i) algoritmos policivos y ii) algoritmos predictivos de riesgo de reincidencia. Respecto de ambos tipos, los eventuales riesgos derivados de su utilización básicamente van en dos direcciones: la primera está relacionada con los sesgos del algoritmo en la determinación del nivel de riesgo, y la segunda, la denominada caja negra, que impediría establecer el proceso que se ha surtido para la toma de la decisión, y que incluye la ponderación de las diversas categorías.

Respecto del primer riesgo, se ha indicado que, tratándose del aprendizaje profundo, "elegir qué atributos considerar o ignorar puede influir significativamente en la precisión de la predicción de su modelo. Pero, aunque su impacto en la precisión es fácil de medir, su impacto en el sesgo del modelo no lo es" (Hao, 2019) (Traducción libre). Ahora bien, en cuanto a la denominada caja negra (Rizer y Watney, 2018, p. 27) han indicado que

> a las aplicaciones de inteligencia artificial en el sistema de justicia les falta responsabilidad pública y transparencia en el trabajo interno de los algoritmos, especialmente aquellos que informan las decisiones judiciales, Este argumento frecuentemente se traslapa con la preocupación por el sesgo algorítmico, ya que una mayor transparencia podría conducir al descubrimiento y rectificación del sesgo algorítmico más rápidamente (traducción libre).

El uso de los algoritmos predictivos al interior de la administración de justicia penal implicaría riegos relevantes para derechos humanos y garantías procesales tales como la presunción de inocencia, el derecho de contradicción, e inclusive el novedoso derecho a la explicación (del que ha empezado a hablarse recientemente). Los riesgos mencionados se derivan, principalmente, del sesgo algorítmico (o discriminación algorítmica) y de la caja negra (opacidad del algoritmo).

Sin lugar a duda, es importante empezar a discutir acerca de la ética de la IA, y del diseño algorítmico responsable, lo que nos hace plantearnos la pregunta acerca de ¿cuáles son los riesgos frente a los derechos humanos y garantías procesales, derivados del uso de algoritmos predictivos de riesgo?

Para dar respuesta a la pregunta planteada, se hace necesaria una metodología cualitativa, principalmente jurídica, pero que acude a conceptos técnicos que ayudarán a aclarar el funcionamiento de los algoritmos predictivos de riesgo. Se utilizará primero un método deductivo para describir el funcionamiento de los algoritmos predictivos y el proceso de ponderación de factores, para luego, a través de un método inductivo, contrastar los riesgos identificados con las garantías y derechos humanos establecidos en el orden internacional.

Así, la estructura del presente escrito será, en primer lugar, describir los elementos y funcionamiento de algunos de los algoritmos predictivos de riesgo, luego se identificarán los principales riesgos surgidos de su utilización en la administración de justicia en materia penal, para finalizar con las recomendaciones y avances existentes a la fecha, en torno al control o mitigación de los riesgos para los DD. HH. Los resultados apuntan a que en efecto existen riesgos hacia los derechos humanos cuando se utilizan algoritmos predictivos de niveles de riesgo, en el proceso penal.

II. MATERIAL Y MÉTODOS

La presente fue una investigación cualitativa, básica, jurídica con elementos técnicos referidos a los algoritmos inteligentes, descriptiva; la cual utiliza el método analítico deductivo e inductivo.

III. DISCUSIÓN Y RESULTADOS

3.1. Los algoritmos predictivos de riesgo

Los algoritmos predictivos de riesgo que se utilizan en la persecución penal pueden intervenir en una etapa preprocesal de índole policial, o en el escenario estrictamente judicial. En los dos ámbitos, se dan dos usos principales de evaluación de riesgo, denominados como *policing* y *sentencing*.

> podríamos sistematizar los usos actuales y potenciales de la IA en relación con el sistema de justicia penal en dos grandes grupos: (1) IA para la prevención e investigación policial de la delincuencia e (2) IA aplicada al proceso de determinación judicial de la responsabilidad por la perpetración de un delito (Miró Llinares, 2018, p. 97).

Las evaluaciones difieren enormemente en forma, extensión y contenido, así como en los criterios utilizados. Las herramientas más simples utilizan solo antecedentes penales y ausencia previa en citaciones a corte (criterio objetivo), mientras que otras realizan una entrevista al acusado (criterio subjetivo). Dependiendo de la jurisdicción, esta combinación de medidas objetivas y subjetivas puede integrarse en un algoritmo para proporcionar una puntuación de riesgo, o pueden ser consideradas por separado por el juez (Rizer y Watney, 2018, p. 9) (traducción libre). Se afirma que

> mientras que los algoritmos usados en el sistema carcelario son bastante rudimentarios, nuevas investigaciones sugieren que el uso de algoritmos más avanzados -y técnicas de aprendizaje automático- pueden mejorar las decisiones previas al juicio en mayor medida que las herramientas tradicionales de evaluación de riesgo que se utilizan en la actualidad (Rizer & Watney, 2018, pág. 11) (traducción libre).

Dentro de la primera categoría, antes mencionada, uno de los algoritmos más conocidos es el denominado *Harm Assesment Risk Tool*, o herramienta de evaluación de riesgo de daños. El algoritmo HART,

> fue desarrollado como parte de una colaboración entre la policía de Durham y la Universidad de Cambridge. El objetivo central del equipo de desarrollo era promover consistencia en la toma de decisiones, permitiendo intervenciones específicas y pruebas rigurosas para encontrar respuestas a los delitos que reduzcan el daño futuro y la reincidencia (Oswald, Grace, Urwin, & Barnes, 2018, pág. 227) (Traducción libre).

HART, es utilizado de la mano con el programa *Checkpoint* el cual pretende "atacar las causas fundamentales de los delitos y los problemas relacionados con la salud y la comunidad al ofrecer una alternativa al enjuiciamiento para un subconjunto muy específico de delitos penales" (Oswald, Grace, Urwin, y Barnes, 2018, p. 227) (traducción libre). A efectos de determinar cuáles delincuentes son elegibles para el mencionado programa, el algoritmo los clasifica en tres niveles de riesgo.

En el primer grupo, definido como de alto riesgo, se encuentran aquellos ofensores que se predice, tienen la probabilidad de cometer nuevamente delitos graves, dentro de los próximos dos años. En el segundo grupo, se encuentran aquellos individuos respecto de los que también hay una predicción que arroja que probablemente cometerán crímenes dentro del mismo periodo, pero de la categoría de delitos no graves, siendo en consecuencia catalogados como riesgo moderado; y finalmente, se encuentra la categoría de bajo riesgo, en la que se encuentran los sujetos que, de acuerdo con la predicción, no cometerán delitos durante el periodo de dos años.

Este algoritmo utiliza 34 variables de predicción, de las cuales "la mayoría (29) se relacionan directamente con los antecedentes del sospechoso" (Oswald, Grace, Urwin, y Barnes, 2018) (traducción libre). *Big Bother Watching*, es uno de los principales críticos de este algoritmo, y ha señalado que

> El algoritmo HART se basa en un modelo de bosque aleatorio, construido a partir de 509 árboles de decisión de clasificación y regresión (CART), que se combinan en el pronóstico modelo. HART se construyó sobre un conjunto de datos utilizando aproximadamente 104.000 eventos de custodia durante un período de cinco años. Sin embargo, la razón por la que Big Brother watching

ha criticado el algoritmo, es que, al lado de las 20 variables relacionadas con el comportamiento delictivo previo, se utilizan otras variables que incluyen edad, sexo y dos tipos de código postal residencial (Carlo, 2019, pág. 3) (traducción libre).

Respecto de las denominadas variables estables, o históricas, no hay mayor discusión, ya que se han entendido como factores objetivos, que se relacionan básicamente con antecedentes penales y falta de cumplimiento de las órdenes de presentarse ante la justicia. Sin embargo, sí han surgido inquietudes respecto de las denominadas variables dinámicas frente a las que se señala la posible subjetividad. Nos preguntamos, entonces, en el caso de HART, ¿cuál sería el inconveniente con estas otras variables?

Big Brother Watch afirma haberse sorprendido al descubrir que, del significado de una de las variables del código postal utilizado, el denominado código Mosaico, responde a una herramienta de segmentación geo-demográfica creada por la empresa Experian, la cual utiliza aproximadamente 850 millones de datos de la población del reino Unido. Los datos utilizados para la mencionada segmentación demográfica incluyen además de la composición familiar, número de hijos, consumo de servicios públicos etc.; sin embargo, lo que resulta polémico, son algunas de las 66 categorías en que Mosaico clasifica a los adultos del Reino Unido, ya que se advierten, por ejemplo, categorías como "jóvenes desconectados" o "herencia asiática" (Carlo, 2019).

Otro de los algoritmos policivos más conocidos, es PREDPOL, el cual, de acuerdo con sus creadores, implica una

tecnología de predicción policiva, la cual consiste en un algoritmo desarrollado a partir de matemáticas de alto nivel y análisis sociológico y estadístico de la criminalidad. Señalan además que uno de los factores considerados por el algoritmo, son datos históricos del departamento de policía y produce predicciones de donde y cuándo es más probable que un crimen ocurra (PREDPOL, 2020) (traducción libre).

También se afirma que PREDPOL no predice quién cometerá un crimen, y que "no utiliza ninguna información acerca de individuos o poblaciones ni sus características, sino que utiliza tres grupos de datos: tipo, lugar y tiempo de crímenes pasados" (PREDPOL, 2020) (traducción libre). Sus creadores afirman que su propósito es hacer las labores de policía mejores, disminuyendo los sesgos, brindando mayor transparencia y responsabilidad.

De acuerdo con PREDPOL "Los oficiales reciben impresiones al principio de su turno que muestran cajas de 500 por 500 pies cuadrados superpuestas a pequeñas áreas de división de los mapas. Se anima a los agentes de patrulla a gastar tiempo en cuadros predictivos, una estrategia referida como "despliegue basado en riesgos" (PREDPOL, 2020).

Sin embargo, si bien PREDPOL por sí solo fue objeto de múltiples críticas, relacionadas principalmente con el derecho a la privacidad, y la estigmatización de vecindarios pobres o de población latina o afrodescendiente; las verdaderas complicaciones surgieron cuando se empezó a utilizar conjuntamente con el *software* diseñado por Palantir.

> La plataforma de Palantir permite a los usuarios organizar y visualizar contenidos de datos de forma estructura o desestructurada (ej. E mails, pdfs, fotos) mediante el etiquetado, el proceso de etiquetamiento y vinculación de objetos, entidades para identificar relaciones emergentes" (Brayne, 2017, pág. 994) (traducción libre).

Llama la atención, que algunos de los datos que utiliza la plataforma Palantir, son recogidos a través de los que se denominan las *Field Interview Cards* o fichas de entrevistas de campo, además de las multas de tráfico, reportes de crímenes y arrestos.

> Las fichas mencionadas "incluyen información personal tal como el nombre, dirección, características físicas, información vehicular, afiliación a pandillas e historia criminal; pero adicionalmente, en la parte de atrás de la tarjeta, hay un espacio para que los oficiales pueden incluir información de personas con el sujeto e información adicional" (Brayne, 2017, pág. 987) (traducción libre). Como resultado de la información recaudada las personas son calificadas a través de un sistema de puntos con el que se genera una lista de "ofensores crónicos".

Es necesario resaltar que a través de las *Field Interview Cards*, los oficiales de policía no solo recaban información del individuo, sino también información de la gente que está con él en ese momento. "La captura exponencial de datos personales, más allá de los individuos principales involucrados en el encuentro policial es un medio estratégico de canalizar a más personas al sistema, facilitando así el seguimiento futuro" (Brayne, 2017, p. 997) (traducción libre).

> Aquí, hay que tener en cuenta que a pesar de que la Policía de los Ángeles (LAPD) ha indicado que si una persona no ha tenido contacto con la justicia criminal no aparecerá en el sistema, Brayne afirma que "el uso de diagramas de red y la inclusión de datos ALPR4 en la plataforma Palantir ofrece ejemplos claros en los que personas sin contacto con la justicia penal son incluidos en las bases de datos de las fuerzas del orden (Brayne, 2017, pág. 993) (traducción libre).

[4] *Automatic license plate recognition*: reconocimiento automático de placas.

Lo anterior se expresa en redes, o telarañas, que establecen contactos entre el denominado *Cross Guy* que es aquel que ha sido puntuado en el sistema como ofensor crónico. Los usuarios de la plataforma Palantir, pueden crear "cercas digitales" combinando diversos factores, en torno a sujetos que han sido calificados como ofensores crónicos, para que el sistema genere alarmas automáticas; sin embargo, la telaraña puede no restringirse a un grado de contacto con el *Cross Guy*, sino que puede ampliarse tanto como el usuario quiera. Esas telarañas se ven en el sistema como en la figura que se muestra a continuación, y que fue revelada en el informe realizado por Brayne.

Figura 1. Network in Palantir

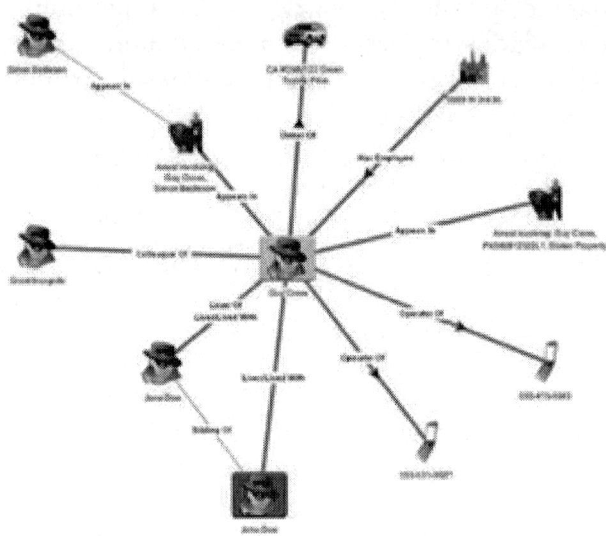

Tomado de (Brayne, 2017, p. 993)

Se hace evidente que, a través de la combinación de Predpol y Palantir, la actividad de vigilancia policial se ha exponenciado poniendo en riesgo no solo la privacidad, sino garantías como la presunción de inocencia.

Ahora, pasando al segundo tipo de algoritmos; esto es, aquellos utilizados en el proceso penal a efectos de determinar el riesgo de reincidencia; uno de los principales objetivos perseguidos con estas herramientas, es la superación del sesgo humano. No es nada novedoso que el sistema carcelario de los Estados Unidos, y muchos otros en el mundo, están absolutamente colapsados, por lo que las decisiones acerca de las prisiones preventivas durante el juicio, y aún las relativas a la pena de prisión establecida en las sentencias, demandan mayor precisión. En el caso de los Estados Unidos, Rizer y Watny afirman que,

> la forma en que funciona actualmente el sistema de prisión preventiva contraviene las nociones comunes de justicia y equidad. Gran parte de la falla del sistema se puede atribuir al hecho de que nuestros jueces son, de hecho, humanos y, por lo tanto, susceptibles a los defectos y limitaciones inherentes a la condición humana. El sesgo judicial y la naturaleza principalmente interna de la toma de decisiones judiciales son dos de los ejemplos más destacados de estas limitaciones. (Rizer & Watney, 2018, pp. 6-7) (traducción libre).

Respecto de los algoritmos predictivos de riesgo usados al interior del proceso penal, el más conocido de los utilizados, actualmente en Estados Unidos, es COMPAS respecto del cual la compañía creadora señala que trabaja con "una encuesta CORE de 137 preguntas que solicita información que va desde los antecedentes penales del acusado hasta su vida social y sus pensamientos" (Northpointe , 2013) (traducción libre).

Este algoritmo recoge información a través de un cuestionario, que se estructura en las siguientes categorías: cargos actuales, historia criminal (antecedentes), incumplimiento (de libertad bajo palabra o libertad condicional), criminalidad familiar, pares (amigos o conocidos que hayan sido arrestados o estén actualmente en prisión, por ejemplo), abuso de sustancias, residencia y estabilidad, ambiente social (drogas, pandillas, armas en el vecindario), educación, trabajo, recreación y tiempo libre, aislamiento social, personalidad criminal, ira, actitudes criminales.

Los factores anteriormente mencionados, de acuerdo con Northpointe, implican que COMPAS tiene escalas que miden tanto los riesgos dinámicos (factores criminógenos) y estáticos (factores históricos) (Northpointe, 2015, pág. 1) (traducción libre).

Los creadores de COMPAS han recalcado que "en sistemas de justicia penal sobrecargados y abarrotados, brevedad, eficiencia, facilidad de administración y una organización clara de los datos clave sobre riesgos/necesidades, es fundamental. COMPAS fue diseñado para optimizar estos factores prácticos" (Northpointe , 2013, pág. 2), esa es la promesa de este algoritmo (traducción libre).

En relación con la precisión del algoritmo, sus creadores han manifestado que "los resultados de los estudios indican que las escalas de riesgo del COMPAS caen dentro de un rango de moderado a bueno en su exactitud predictiva" (Northpointe, 2015, p. 13) (traducción libre); opinión diversa han señalado sus críticos, y en especial Propública, cuyas denuncias han hecho énfasis en el sesgo racial del algoritmo.

> La evaluación de riesgos se trata de predecir el comportamiento del grupo (identificar grupos de infractores de mayor riesgo), no se trata de predecir

a nivel individual. Su puntaje de riesgo se estima en función de los resultados conocidos de grupos de delincuentes que tienen características similares (Northpointe, 2015, pág. 31) (traducción libre).

IV. PRINCIPALES CRÍTICAS Y RIESGOS DERIVADOS DE LA UTILIZACIÓN DE ALGORITMOS PREDICTIVOS DE RIESGO

4.1. El sesgo algorítmico/discriminación algorítmica

No podemos negar, que la captura y análisis de grandes cantidades de información, y su posterior utilización por algoritmos, no está libre de sesgos, como no lo están esos datos que alimentan y entrenan a los algoritmos, "el *big data* participa y refleja las estructuras sociales existentes. Lejos de eliminar la discreción y el sesgo humanos, el *big data* representa una nueva forma de capital que es tanto un producto social como un recurso social" (Brayne, 2017, pp. 1003-1004) (traducción libre).

La principal crítica que se ha hecho a los diferentes algoritmos predictivos de riesgo ha sido denominada genéricamente como sesgo o discriminación algorítmica; al respecto, Miró Llinares ha señalado que,

> se ha hablado de un triple riesgo de sesgo con los datos de entrenamiento que se perpetúan con el auto-aprendizaje del algoritmo: 1) que la máquina haya sido "alimentada" con datos erróneamente calificados por el programador, lo que viciaría el aprendizaje desde el comienzo 2) que el set de datos inicial sea resultado de un muestreo no representativo, reduciendo su validez y aumentado el error de la interpretación de los resultados y 3) que los parámetros del aprendizaje se realicen sobre intervalos temporales fuertemente acotados (Miró Llinares, 2018, pp. 122-123).

Respecto del primero de los riesgos, es claro que debe tenerse en cuenta que el algoritmo es creado por un humano, que es quien decide los datos que se van a utilizar tanto para el entrenamiento del algoritmo, como aquellos que se utilizarán en la fase de implementación. Es claro, que existe el riesgo de que el algoritmo replique los sesgos del programador; a lo que se suma, que es ese ser humano el que definirá las variables que el sistema de IA utilizará. "Una extensa investigación muestra que los sistemas de IA o ML[5] mal entrenados actuarán de manera deficiente, y cuando los datos

---

5 *Machine learning* o aprendizaje automático.

de entrenamiento muestran sesgos, el algoritmo resultante puede exhibir (o exacerbar) ese sesgo" (Rizer y Watney, 2018, p. 17) (traducción libre).

Los sesgos, ya sean del programador o del dato con el que el algoritmo es entrenado o implementado, pueden ser incorporados de forma no intencional, sin embargo, una vez dentro del algoritmo, y como consecuencia del aprendizaje automático del mismo, y de su relativa independencia, serán muy difíciles de identificar y de corregir.

> Los algoritmos inevitablemente toman decisiones sesgadas. El diseño y funcionalidad del algoritmo reflejan los valores que el diseñador pretendió utilizar, aunque solo sea en la medida en que se prefiera un diseño particular como la mejor o más eficiente opción. El desarrollo no es un camino lineal, neutral (Mittelstadt, Allo, Taddeo, Wachter, & Floridi, 2016, p. 7) (traducción libre).

Ya mencionamos que el sesgo no proviene necesariamente de una decisión maliciosa u orientada intencionalmente a producirlo; sin embargo,

> La crítica principal aquí es que los algoritmos no son herramientas completamente neutrales y objetivas, ya que pueden estar sesgados a través de la curación inadecuada de datos y la selección de variables hacia las que los algoritmos buscarán optimizar. Si los desarrolladores humanos no tienen cuidado o son intencionalmente maliciosos en la creación de estos algoritmos, estos sesgos pueden tener efectos socialmente perjudiciales (Rizer & Watney, 2018, p. 25) (traducción libre).

Y es que la mayoría de los algoritmos predictivos utilizados en la actualidad son desarrollados por la empresa privada, con objetivos específicos, y en la búsqueda de esos objetivos, la programación del algoritmo tiene que inclinarse hacia la selección de ciertas variables, y hacia una específica ponderación de ellas.

> Las empresas de tecnología, que cada vez son más propietarias de las plataformas de almacenamiento y los algoritmos patentados que se utilizan en el análisis de datos, desempeñarán un papel a la hora de determinar si la vigilancia de big data mejorará o exacerbará las desigualdades (Brayne, 2017, p. 997) (Traducción libre).

Cuando se realiza la ponderación de variables, que termina con una evaluación de riesgo, se corre uno de dos peligros, caer en los falsos positivos o en los falsos negativos,

> los falsos positivos [...] son la incorrecta asignación de una etiqueta, por ejemplo, cuando alguien es etiquetado como un terrorista cuando no lo es, o cuando alguien es etiquetado como un futuro criminal cuando no lo es. Los falsos positivos son cuando la decisión algorítmica [...] escanea el universo de individuos y etiqueta equivocadamente al individuo como perteneciente a la categoría preferida" (Martin, 2019, pág. 133).

Ese error fue el denunciado por Propública respecto del algoritmo COMPAS, cuando señaló que el falso positivo se producía con mucha más frecuencia frente a la población de raza negra. Al respecto, Propública, Angwin, y Larson, 2016, señaló haber descubierto:

> importantes disparidades raciales [...] Al pronosticar quién reincidiría, el algoritmo cometió errores con acusados blancos y negros aproximadamente al mismo ritmo, pero de formas muy diferentes. Era particularmente probable que la fórmula marcara falsamente a los acusados negros como futuros delincuentes, etiquetándolos erróneamente de esta manera en casi el doble de la tasa que los acusados blancos.
> Los acusados blancos fueron etiquetados erróneamente como de bajo riesgo con más frecuencia que los acusados negros (traducción libre).

Por otro lado, los denominados falsos negativos "incorrectamente excluyen a alguien de una categoría; los falsos negativos abarcan dejar que alguien se escape sin ser etiquetado" (Martin, 2019, p. 133). Este es el tipo de error, que de acuerdo con Propública, ocurría respecto de individuos blancos, en la evaluación de riesgo de Compas, lo que implicaba que individuos blancos, en similares o peores características que un individuo negro, eran clasificados como de bajo riesgo.

Si bien, separándose de las afirmaciones de sesgo racista de Propública, en el estudio realizado por Rudin, Wang y Coker, el análisis de la información disponible acerca de Compas permitió identificar casos en los que sin duda el algoritmo incurrió en error al momento de realizar la predicción de nivel de riesgo. Uno de los casos se refería a un individuo

> cuyo historial criminal incluyó tráfico de cocaína y agresión agravada a una mujer embarazada (delito grave de agresión: agresión doméstica por estrangulamiento) fue calificado por COMPAS con una puntuación de 1 (el riesgo más bajo posible), igualmente ese estudio señaló varios casos similares, en los que los individuos fueron calificados con el más bajo nivel de riesgo, a pesar de tener una historia criminal violenta, lo que hace afirmar a los autores que probablemente tales puntajes obedecen a entradas incorrectas de información, o a la total falta de consideración de la información de antecedentes penales en la fórmula utilizada por COMPAS (Rudin, Wang, & Coker, 2020, p. 21) (traducción libre).

Ya sea por razones de sesgo racista, o por razones derivadas de información errónea, indebida alimentación del algoritmo, u otro tipo de sesgo en el análisis y ponderación de variables, lo cierto es que algunas de las calificaciones de COMPAS conducen a resultados injustos, que afectan derechos tan importantes como la libertad, o la presunción de inocencia.

Esta crítica es especialmente fuerte, ya que una de las principales motivaciones para la implementación de algoritmos predictivos de riesgo, ha sido precisamente la de superar el sesgo propio de los humanos,

> Ciertamente, la alternativa del juicio humano tampoco está libre de sesgos, pero en la medida en que parte de la promesa de los algoritmos informáticos es la eliminación de las debilidades de los sesgos humanos, la presencia de sesgos similares a los humanos en los algoritmos ha sido motivo de gran preocupación (Rizer & Watney, 2018, p. 25) (traducción libre).

También, más allá de los resultados erróneos, ya sea por falsos positivos o negativos,

> además de categorizar incorrectamente, los algoritmos pueden cometer errores en el proceso de toma de decisiones. Mientras que los errores de categoría aparecen en el resultado del algoritmo, los errores de proceso ocurren cuando un algoritmo comete un error en la forma en que se tomó la decisión, independientemente del resultado (Martin, 2019, p. 133).

Aquí entonces, nos referimos a errores derivados del propio aprendizaje independiente del algoritmo, no a errores en el dato, o en la programación inicial, sino teniendo en cuenta que cuando se da ese "aprendizaje automático o las redes neuronales (es decir, algoritmos que aprenden qué factores son importantes a partir de los datos existentes), la decisión resultante puede utilizar inadvertidamente factores inapropiados en la decisión, incluso cuando no esté diseñada para ello" (Martin, 2019, pp. 133-134).

Por otra parte, en específica relación con los denominados algoritmos policivos, y, en general, con lo que se ha llamado la vigilancia mediada por el *big data*, el estudio de campo realizado por Brayne, le permite concluir que

> a pesar de las declaraciones de intención, de que el sistema de puntos evita los prejuicios de las prácticas policiales, esconde los sesgos intencionales y no intencionales en las labores de policía y crea un círculo de auto perpetuación: si los individuos tienen un valor de puntos alto, ellos están bajo vigilancia aumentada y por lo tanto, tienen una mayor probabilidad de ser detenidos, lo que aumenta aún más su valor en puntos (Brayne, 2017, p. 997).

También respecto de Predpol y su combinación con Palantir, se ha señalado que producen una estigmatización y súpervigilancia de vecindarios pobres, o donde habitan minorías, lo que en consecuencia aumentaría también las posibilidades de que los allí residentes sean puntuados en niveles altos, al estar más expuestos a detenciones aleatorias en sus vecindarios, o a aparecer en las redes de contactos primarios o secundarios de los "*Guy Cross*", y convertirse en sujetos de interés. "Así, además, las personas que viven en áreas de minorías de bajos ingresos tienen una mayor probabilidad de que se cuantifique su "riesgo" que las que viven en vecindarios más aventajados donde la policía no realiza vigilancia puntual" (Brayne, 2017, p. 997) (traducción libre). Lo anterior, constituiría una discriminación algorítmica.

Las redes o telarañas que pueden construirse con Palantir, y que ya hemos mencionado, implican, a su vez, la posibilidad adicional de

> construir redes secundarias de vigilancia [...] lo cual tiene implicaciones de inequidad, ya que individuos de minorías, e individuos en vecindarios pobres tienen una probabilidad más alta, de estar en la red de vigilancia primaria (así como secundaria) que las personas en vecindarios en los que la policía no lleva a cabo formas de vigilancia basadas en puntos u otras formas intensivas de datos (Brayne, 2017, p. 998).

4.2. Falta de transparencia. El black box

Una de las principales dificultades con el acceso a los procesos realizados por los algoritmos predictivos, está relacionada con que se trata de creaciones sujetas a propiedad privada, y a protección intelectual.

> En general, no podemos mirar el código directamente en muchos importantes algoritmos de clasificación de uso generalizado. Esta opacidad [...] existe debido a preocupaciones de propiedad. Se cierran para mantener la ventaja competitiva y/o mantener unos pasos por delante de los adversarios (Burrell, 2016, p. 3).

En segundo lugar, además del denominado secreto industrial, la transparencia de los algoritmos se ve afectada por la dificultad de personas del común, de entender cómo se ha configurado el algoritmo, al respecto Burrell señala que "la escritura de código es una habilidad necesaria para la implementación computacional de algoritmos, y sigue siendo una habilidad especializada que no se encuentra ampliamente en el público en general" (Burrell, 2016, p. 3) (traducción libre).

El mismo autor explica que, aun cuando los algoritmos estuvieran "abiertos" para ser consultados, debe tenerse en cuenta que el lenguaje utilizado en la programación, difiere en extenso del lenguaje humano; "Escribir para el dispositivo computacional exige una especial exactitud, formalidad e integridad que la comunicación a través de lenguajes humanos no tiene" (Burrell, 2016, pág. 4) (traducción libre); y como consecuencia de esto, los desafíos para leer y entender el algoritmo, no dependen solamente de que el código al ser creado sea comprensible, sino que cuando nos enfrentamos a "modelos de aprendizaje automático útiles, (específicamente en términos de exactitud de la clasificación), ellos poseen un grado de complejidad inevitable" (Burrell, 2016, p. 5) (traducción libre).

A esa segunda fuente de opacidad, se suma una tercera que se relaciona con el concepto de "justicia", el cual tiene un especial significado desde el punto de vista puramente matemático, y que "se centra en el desajuste entre los procedimientos matemáticos del algoritmo de aprendizaje y estilos humanos de interpretación semántica" (Burrell, 2016, p. 3) (traducción libre).

Respecto del algoritmo COMPAS, ya hemos señalado que ha sido Propública quien ha realizado los más detallados análisis, para llegar a afirmar, de acuerdo con los estudios en los que se han basado, que "los investigadores han encontrado que la formula [...] ha sido escrita en una forma que garantiza que los acusados negros sean inexactamente identificados como futuros criminales más frecuentemente que sus contrapartes bancos" (Propública, Angwin, y Larson, 2016) (traducción libre).

> Un problema aparte con COMPAS es que es propiedad privada, lo que significa que sus cálculos no se pueden verificar dos veces para casos individuales y su metodología no se puede verificar. Además, no está claro cómo los datos que COMPAS recopila contribuyen a sus evaluaciones automatizadas. Por ejemplo, mientras que algunas de las preguntas del cuestionario COMPAS son las mismas que las de casi todos los puntajes de riesgo: edad y número de delitos cometidos en el pasado; otras preguntas parecen ser variables directas de estatus socioeconómico [...] no es claro que dichos datos deban recopilarse para los fines en los que son utilizados estos puntajes de riesgo deben ser usados (Rudin, Wang, & Coker, 2020, p. 4) (traducción libre).

La necesidad de información acerca del proceso y la ponderación de variables y datos que se realiza al interior de los algoritmos, no solo es un interés particular de los procesados, sino que es de interés general, que las herramientas utilizadas en la persecución criminal garanticen la transparencia y acceso, ya que, en sus resultados, se fundan vitales decisiones en etapas preprocesales o procesales, que pueden impactar en los DD. HH. En ese sentido,

> Si la toma de decisiones judiciales está siendo informada por algoritmos privados que el acusado no puede examinar o controvertir [...] el derecho al debido proceso o de defensa está siendo violado. El secreto en las especificidades de los algoritmos de evaluación de riesgo también socava la general confianza pública en la integridad del sistema judicial (Rizer & Watney, 2018, p. 28) (traducción libre).

Por otra parte, el acceso al código, al interior del algoritmo, garantiza las posibilidades de identificación y corrección permanente de sesgos o errores, pero ello solo puede ser garantizado si se libera el acceso al código y ello solo puede ser concedido por las empresas creadoras, quienes, en atención al secreto industrial, a la piratería entre competidores, e inclusive a los riesgos de hackeo, no están interesadas en mostrar abiertamente sus códigos.

> Si COMPAS u otros algoritmos patentados se basan en datos incompletos o errores de codificación, existe un interés público imperioso en conocer estos problemas. Una de las principales ventajas de la evaluación de riesgos basada en algoritmos es la capacidad de corregir errores y mejorar la precisión de las predicciones a lo largo del tiempo. Sin embargo, sin la capacidad de interrogar el código subyacente, es casi imposible garantizar que este proceso de corrección esté sucediendo (Rizer & Watney, 2018, p. 28).

La sociedad civil, y en especial organizaciones preocupadas por la ética algorítmica, han empezado a señalar la importancia de la construcción de algoritmos teniendo en cuenta la responsabilidad por el error, la importancia de la identificación de sesgos, y la implementación de mecanismos de auditoría que conduzcan a la identificación constante de aquellos. No puede admitirse la simple respuesta de que el algoritmo es demasiado complejo, y no puede ser entendido por quien no tenga formación en codificación, ya que estos algoritmos están apoyando decisiones que impactan la vida social, y que pueden profundizar la discriminación y las desigualdades ya existentes en nuestra sociedad.

> La opacidad no tiene por qué deberse necesariamente a la inescrutabilidad del aprendizaje automático o las redes neuronales, y los interesados en la decisión deben rechazar la respuesta inmediata de es complicado cuando se les pregunta a las empresas cómo se toman las decisiones algorítmicas (Martin, 2019, p. 139).

4.3. Comprensión

Una de las razones por las que se utilizan los algoritmos, y en general la IA, es su capacidad de análisis de gigantes cantidades de información, en periodos de tiempo en los que para los humanos sería imposible hacerlo, pero ello a su vez, como hemos mencionado, genera dificultades en el acceso, comprensión e interpretación de la tarea realizada al interior del algoritmo.

> los algoritmos son un desafío ético no solo por la escala de análisis y la complejidad de la toma de decisiones. La incertidumbre y opacidad del trabajo que realizan los algoritmos y su impacto también es cada vez más problemático. Los algoritmos han requerido tradicionalmente que las reglas de toma de decisiones y los pesos se definan y programen individualmente "a mano" (Mittelstadt, Allo, Taddeo, Wachter, & Floridi, 2016, p. 3) (Traducción libre).

La comprensión tiene que darse en un escenario en el que se garantice el acceso no solo a las variables y datos que utiliza el algoritmo, las cuales normalmente son de conocimiento abierto, sino que debe extenderse a los procesos de entrenamiento del algoritmo, lo cual puede ayudar a entender las correlaciones que el algoritmo aprende a realizar entre los datos suministrados, y las cuales pueden variar constantemente en atención al aprendizaje automático o aprendizaje profundo.

Si bien el algoritmo parte normalmente de redes neuronales, o árboles de decisión, que utilizan los datos y variables establecidas por el programador, en virtud del aprendizaje automático, rápidamente estos rasgos propios del programador se funden con nuevas relaciones establecidas por el propio algoritmo, y allí es donde se hace complicado si no imposible, establecer la lógica surgida del propio algoritmo, que implica una cierta autonomía de este.

> Los algoritmos son procesos estructurados de toma de decisiones que utilizan un árbol de decisión predeterminado, que asigna pesos a los parámetros de decisión para sugerir la decisión óptima dados ciertos datos. Los parámetros de decisión y las reglas para ponderarlos son establecidos por el diseñador del algoritmo. Los algoritmos avanzados emplean el aprendizaje automático, en el que el algoritmo se autoajusta en función de sus propios análisis de los datos encontrados anteriormente, liberando al algoritmo de preferencias predefinidas (Gal, 2017, pp. 5-6) (traducción libre).

Todo lo anterior se complejiza en el ámbito puramente legal, ya que el límite al conocimiento y análisis del algoritmo parece no solo depender de las dificultades técnicas, sino que se trata de un espacio cerrado, cobijado por el secreto de empresa y los derechos de propiedad intelectual. La inaccesibilidad e imposibilidad de comprensión de los procesos surtidos al interior de la caja negra del algoritmo, sin duda, pueden impactar los derechos de defensa y de contradicción propios de los procedimientos penales.

> Esta preocupación por la interpretabilidad en ML6 está estrechamente relacionada con la preocupación por los algoritmos y datos patentados. Incluso si se les da acceso a las variables específicas que se están examinando a los acusados, la relación entre estas variables puede ser extremadamente difícil de entender sin acceso a los datos de entrenamiento subyacentes. (Rizer & Watney, 2018, p. 29).

Mittelstadt ha señalado, que, si bien un primer obstáculo en la comprensión puede estar ligado a la procedencia, calidad o alcance de los datos, el segundo obstáculo, está dado por las limitaciones en la interpretación acerca de cómo esos datos han sido ponderados, y qué contribuciones han tenido en la conclusión a la que llegó el algoritmo, más aún en los casos en los que la conexión entre los datos usados para llegar a la conclusión no

---

6 *Machine learning.*

es evidente. Tal conexión debe ser accesible, inteligible, y en ese sentido, estar abierta al escrutinio y crítica (Mittelstadt, Allo, Taddeo, Wachter y Floridi, 2016, p. 4) (traducción libre).

A lo anterior, debe sumarse la complejidad que aumenta cuando se da el aprendizaje automático, ya que "cuando una computadora aprende y, en consecuencia, construye su propia representación de una decisión de clasificación, lo hace sin tener en cuenta la comprensión humana" (Burrell, 2016, p. 10) (traducción libre). Lo anterior significa, que el proceso de análisis y ponderación que llevó al resultado escaparía a la comprensión por parte del cerebro humano.

Se ha planteado entonces que la transparencia, es siempre más deseable que la caja negra derivada de los modelos cobijados por la propiedad privada de sus creadores, ya que "los modelos transparentes brindan a los acusados y al público información imperativa sobre las herramientas utilizadas para la seguridad y la justicia, lo que permite que una audiencia más amplia participe en la discusión sobre la equidad" (Rudin, Wang, y Coker, 2020, pp. 4-5) (traducción libre).

V. DD. HH. Y GARANTÍAS EN RIESGO

5.1. Derecho de contradicción y black box

Uno de los principales riesgos para las garantías y derechos humanos relacionados con el proceso penal, es precisamente el derecho de contradicción, ya que cuando la evaluación de riesgo es utilizada en la sentencia, en la determinación de la libertad durante el juicio, o para la concesión de penas alternativas, se hace necesario que el procesado pueda controvertir ese elemento que se constituye en un elemento de convicción para el juez. No se trata solo de la necesidad de conocer el resultado, ya que oponerse a la calificación de riesgo entregada por el algoritmo sería imposible de realizar sin el acceso a las operaciones realizadas por este. Las predicciones

> se generan a través de cálculos estadísticos que producen estimaciones, en el mejor de los casos; como todas las técnicas que extrapolan el futuro basándose en el pasado, asumen que el pasado es un prólogo. En consecuencia, los resultados son probabilísticos, no ciertos (Perry, McInnis, Price, Smith, y Hollywood, 2013, p. 8) (traducción libre).

Al respecto, Rudin, Wang y Coker, han enfatizado que "no es justo que decisiones que cambian la vida sean hechas con un sistema propenso a errores, sin derecho a una explicación clara y verificable" (Rudin, Wang, y Coker, 2020, p. 6), (traducción libre).

> Y no solo se trata de la accesibilidad al algoritmo, la cual ya hemos dicho normalmente no es completa, debido entre otras al secreto industrial; sino de la capacidad humana de entender el proceso semi-autónomo de ponderación y clasificación de datos, que llevan al algoritmo a la toma de la decisión. Para poner esta idea en proporción, basta señalar que cuando se habla de "auditorías" de códigos (donde esto significa leer el código) con participación de "auditores" puede subestimarse lo que esto implicaría en cuanto a la cantidad de horas necesarias para desenredar la lógica del código dentro de un complicado sistema de software (Burrell, 2016, p. 5) (traducción libre).

En un escenario procesal, una de las garantías básicas del procesado, es precisamente el acceso al material probatorio utilizado en el análisis de la responsabilidad, y ello se hace imposible cuando de por medio está la inescrutable caja negra del algoritmo predictivo de nivel de riesgo. Si el procesado no tiene acceso a la forma como esa herramienta ponderó y estableció relaciones entre las diversas variables, le es imposible controvertir esos resultados.

> Si la toma de decisiones judiciales está siendo informada por algoritmos patentados que el acusado no puede examinar o disputar entonces [...] se violan los derechos al debido proceso del acusado. El secreto en los detalles de los algoritmos de evaluación de riesgos también socava la confianza general del público en la integridad del sistema judicial (Rizer & Watney, 2018, p. 28), (traducción libre).

En ese sentido, es pertinente lo afirmado por la Corte Interamericana de Derechos Humanos al analizar el contenido del derecho al debido proceso:

> Las decisiones [...] que puedan afectar derechos humanos deber estar debidamente fundamentadas, pues de lo contrario serían decisiones arbitrarias. En este sentido, la argumentación de un fallo [...] deben permitir conocer cuáles fueron los hechos, motivos y normas en que se basó la autoridad para tomar su decisión, a fin de descartar cualquier indicio de arbitrariedad. Así mismo, la motivación [...] en aquellos casos en que las decisiones son recurribles, les proporciona la posibilidad de criticar la resolución y lograr un nuevo examen de la cuestión ante instancias superiores. Por todo ello, el deber de motivación es una de las debidas garantías [...] para salvaguardar un debido proceso" (Corte Interamericana de derechos Humanos, s.f., p. 146).

Es preciso indicar que las garantías arraigadas en el debido proceso se hacen nugatorias, cuando el resultado de evaluación de riesgo realizada por un algoritmo se convierte en elemento de convicción de una resolución judicial, en tanto que, el puntaje arrojado por aquel, no puede ser controvertido por el procesado, ya que no es posible acceder al proceso realizado por el algoritmo, y en ese sentido, al no implicar un proceso argumentativo por parte del juez, sino una incorporación del puntaje como un elemento fáctico, tanto el principio de contradicción, como en general la garantía de motivación, desparecen en manos de la insondable caja negra del algoritmo.

> el procesamiento algorítmico contrasta con la toma de decisiones tradicional, donde los tomadores de decisiones humanos pueden, en principio, articular su razón de ser cuando se les pregunta, limitados solo por su deseo y capacidad de dar una explicación, y la capacidad del interrogador para comprenderla. Por el contrario, la lógica de un algoritmo puede ser incomprensible para los humanos, lo que hace que la legitimidad de las decisiones sea difícil de cuestionar (Mittelstadt, Allo, Taddeo, Wachter, & Floridi, 2016, p. 7), (traducción libre).

5.2. Derecho de a la igualdad

> "Evaluar el "riesgo" asociado con un individuo, ya sea de cometer delitos en el futuro o de ser sospechoso de delitos pasados: es muy polémico y está plagado de preocupaciones sobre la privacidad persona" (Perry, McInnis, Price, Smith, & Hollywood, 2013, p. 81), (traducción libre).

Muchas de las variables utilizadas, por ejemplo, por el algoritmo COMPAS suscitan dudas acerca de si se están invadiendo ámbitos privados, pero también acerca de cómo se utiliza la información recogida.

De manera meramente ejemplificativa, llaman la atención, entre otras, las siguientes preguntas, que parecen clasificar a los individuos, en atención a factores que pueden relacionarse, por ejemplo, con la pobreza o marginalidad del vecindario. ¿No establecen esas preguntas una categorización desigual, al referirse a factores ajenos a la actuación del procesado?, ¿o es acaso que nos movemos hacia la criminalización de la pobreza?

Tabla 1. Tabla de categorización desigual

Escala	Pregunta
Asociados criminales/pares	¿Cuántos de sus amigos/conocidos toman drogas regularmente (más de un par de veces al mes)?
Oportunidad criminal	¿Tiene usted una situación regular de vivienda (una dirección donde rutinariamente se queda y pueda ser contactado)?
Personalidad criminal	¿Soy visto por otros como frío o insensible?
Criminalidad familiar	¿Fue criado por un padre o figura paterna con problemas de droga o alcohol?
Problemas de ajuste social	¿Con qué frecuencia tiene problemas para pagar las cuentas?

Problemas de ajuste social	¿Tiene un trabajo?
Problemas de ajuste social	¿Se aburre frecuentemente en sus actividades cotidianas?

Fuente: Elaboración propia con información tomada del documento *Measurement y treatment implications of Compas core scales* (Northpointe, 2009).

> El problema básico es que las puntuaciones de riesgo no se basan en el delito del acusado. Se basan principal o totalmente en características previas: antecedentes penales (un criterio legítimo), pero también factores no relacionados con la conducta. Los detalles varían según los estados, pero los factores comunes incluyen desempleo, estado civil, edad, educación, finanzas, vecindario y antecedentes familiares, incluidos los antecedentes penales de los miembros de la familia (Starr, 2014) (traducción libre).

Las mismas preocupaciones son aplicables a algoritmos como PREDPOL y PALANTIR, respecto de los que ya se ha evidenciado, capturan información de tan diversa índole que va desde multas de tráfico, hasta información de asistencia a ciertos servicios médicos, y respecto de terceras personas que no han estado en contacto con la persecución criminal. El *big data* ha permitido una hipervigilancia digital, que trasciende las fronteras de la privacidad de los ciudadanos.

No se trata de eliminar la predicción de riesgo, ya que es claro que, en el ejercicio de determinación de la sentencia, los jueces lo han hecho tradicionalmente tomando en cuenta muchos de los factores que utilizan también los algoritmos predictivos, solo que lo han hecho sin ayuda de la tecnología, la preocupación radica en la inclusión de variables que pueden generar discriminación, criminalización de la pobreza, o inclusive de la falta de sanidad mental. En particular, en relación con la predicción de niveles de riesgo, es cierto que,

> los jueces siempre han considerado informalmente el riesgo de delitos futuros y vale la pena considerar si los métodos actuariales pueden ayudar a que esas predicciones sean más precisas. El problema no es la evaluación de riesgos per se; sino que ella se base en los puntajes demográficos y socioeconómicos. En cambio, los puntajes podrían basarse en la conducta pasada y presente, y quizás otros factores dentro del control del acusado (Starr, 2014) (traducción libre).

Preocupa, por ejemplo, que una de las categorías de COMPAS, denominada "personalidad criminal", tiene en cuenta características propias del denominado trastorno antisocial de la personalidad, tales como la impulsividad, el narcicismo, ausencia de culpa, etc.; las cuales sin duda son importantes en el diagnóstico de tal patología, con miras, por ejemplo, al análisis de la imputabilidad; pero el riesgo aquí, es que no es posible establecer cómo el algoritmo pondera esta categoría al establecer el nivel de riesgo.

Si bien esta categoría hace parte de las que Northpointe denomina escalas de necesidad criminogénica, y afirma que estas no tienen una finalidad predictiva; teniendo en cuenta el aprendizaje autónomo, ¿cómo garantizar que esta información sea identificada por el algoritmo como independiente de las categorías predictivas?

En el caso de COMPAS, Northpointe ha justificado muchas de las categorías utilizadas en su encuesta *Core*, echando mano de diversas teorías criminológicas (del aprendizaje social, de las subculturas, del control, de la oportunidad criminal, tensión social, etc.), pero, no puede perderse de vista que todas estas teorías han sido objeto de críticas desde la academia, por tratarse todas ellas de teorías de alcance limitado, que además no ofrecen una explicación multifactorial, desde el punto de vista etiológico de la criminalidad.

Respecto del derecho a la igualdad, una de las principales críticas que se han hecho a las herramientas de predicción de niveles de riesgo, es que ellas arrojan predicciones basadas en grupos; ya hemos mencionado que para el caso COMPAS, sus creadores indican que la predicción no es individual, y añaden que el "puntaje de riesgo es estimado con base en resultados conocidos de grupos de ofensores que tienen similares características" (Northpointe, 2015, p. 31), (traducción libre).

Así las cosas, el resultado de las evaluaciones de riesgo si bien arroja resultados que ubican a un sujeto individual dentro de un grupo con el que es comparado, no implican un verdadero resultado individual, pero a pesar de ello, si es utilizado para tomar decisiones individuales, que afectan importantes derechos de ese individuo. Vale la pena señalar que

> una cuestión científica genera mucha controversia en el campo de la evaluación de riesgos, es si ¿se pueden extraer inferencias precisas sobre una persona individual, en este caso, sobre un delincuente condenado, a partir de datos derivados de grupos de personas (en este caso, de grupos de delincuentes condenados)? (Monahan, 2017, p. 86) (traducción libre).

Los algoritmos predictivos parten del establecimiento de relaciones entre datos entre variables, para hacer predicción de un resultado posible, y,

> actuar sobre las correlaciones puede ser doblemente problemático. Pueden descubrirse correlaciones falsas en lugar de un conocimiento causal genuino. En analítica predictiva, las correlaciones son doblemente inciertas (Ananny, 2016). Incluso si se encuentran fuertes correlaciones o conocimiento causal, este conocimiento solo puede afectar a las poblaciones mientras las acciones están dirigidos a individuos (Mittelstadt, Allo, Taddeo, Wachter, & Floridi, 2016, p. 5) (traducción libre).

Otro problema relacionado con el derecho a la igualdad tiene que ver con la profundización de las desigualdades sociales. Sabemos bien, que en general la clase baja, es afectada en mayor medida por las agencias de control, y en general, por la persecución penal, y los algoritmos predictivos podrían contribuir a perpetuar ese impacto desigual de la administración de justicia.

> Estados Unidos tiene una crisis de encarcelación masiva, pero es la gente pobre y las minorías, quienes llevan la peor parte. El perfil de castigo exacerbará esas desigualdades -incluyendo las desigualdades raciales- porque la evaluación de riesgo incluye muchas variables relacionadas con la raza. El perfilamiento envía el mensaje tóxico de que el Estado considera ciertos grupos de personas como peligrosas basándose en su identidad. Esto también confirma la impresión extendida de que el sistema de justicia criminal está amañado contra los pobres (Starr, 2014) (traducción libre).

Otro tema importante en cuanto a la igualdad frente al algoritmo es el contenido de esa igualdad, o de la equidad, el cual en el ámbito de la computación y de sus bases matemáticas, difiere de la percepción que, de aquellas en las ciencias sociales, o en las normas.

> Tampoco está claro cómo debería verse la ausencia de sesgo [...] Lo diferente de la informática es que el concepto de equidad debe definirse en términos matemáticos, como equilibrar las tasas de falso positivo y falso negativo de un sistema de predicción (Hao, 2019). Lo anterior implica la decisión del diseñador, en el sentido de definir hacia que lado se inclinará el algoritmo, y ello implica decidir si a juicio de este o de la empresa creadora, se considera más justo que hay más falsos positivos (personas etiquetadas como alto riesgo sin serlo) o falsos negativos (personas etiquetadas como bajo riesgo sin serlo). ¿Significa justicia, por ejemplo, que la misma proporción de personas blancas y negras debería obtener puntuaciones altas en la evaluación de riesgos? ¿O que el mismo nivel de riesgo debería resultar en la misma puntuación independientemente de la raza? Es imposible cumplir con ambas definiciones al mismo tiempo (aquí hay un análisis más detallado de por qué), por lo que en algún momento debe elegir una (Hao, 2019) (traducción libre).

5.3. Derecho de defensa y comprensión

Cuando los algoritmos extraen conclusiones de los datos que procesan utilizando estadísticas inferenciales y/o técnicas de aprendizaje automático, producen un conocimiento probable pero inevitablemente incierto. Cuando la conexión no es obvia, esta expectativa puede satisfacerse con un mejor acceso y con explicaciones adicionales (Mittelstadt, Allo, Taddeo, Wachter, y Floridi, 2016, p. 4) (traducción libre).

Los algoritmos procesan datos y, por lo tanto, están sujetos a una limitación compartida por todos los tipos de procesamiento de datos, a saber, que la salida nunca puede exceder la entrada (Mittelstadt, Allo, Taddeo, Wachter, y Floridi, 2016, p. 4) (traducción libre).

> El principio informal de "basura entra, basura sale" ilustra claramente lo que está en juego aquí, a saber, que las conclusiones solo pueden ser tan fiables (pero también neutrales) como los datos en los que se basan. Las evaluaciones de la neutralidad del proceso y, por conexión, de si la evidencia producida está mal orientada, dependen por supuesto del observador (Mittelstadt, Allo, Taddeo, Wachter, & Floridi, 2016, pág. 5) (traducción libre).

En ese escenario, si el individuo calificado con determinado nivel de riesgo no tiene la posibilidad de acceder a la totalidad del dato con el que el algoritmo ha sido entrenado y puesto en funcionamiento, así como a la totalidad de los procesos surtidos para la valoración, en un lenguaje comprensible y accesible, ello impedirá que pueda de manera informada controvertir el nivel de riesgo que le ha sido asignado.

> Los componentes principales de la transparencia son la accesibilidad y la comprensibilidad de la información. La información sobre la funcionalidad de los algoritmos a menudo es intencionalmente poco accesible. Los algoritmos patentados se mantienen en secreto en aras de la ventaja competitiva (Glenn y Monteith, 2014; Kitchin, 2016; Stark y Fins, 2013), la seguridad nacional (Leese, 2014) o la privacidad (Mittelstadt, Allo, Taddeo, Wachter, & Floridi, 2016, p. 6) (traducción libre).
>
> El aprendizaje automático es experto en crear y modificar reglas para clasificar o agrupar grandes conjuntos de datos. El algoritmo modifica su estructura de comportamiento durante la operación (Markowetz et al., 2014). Esta alteración de cómo el algoritmo clasifica las nuevas entradas es cómo aprende (Burrell, 2016: 5 (Mittelstadt, Allo, Taddeo, Wachter, & Floridi, 2016, p. 6) (traducción libre).

La dificultad en la comprensión de los procesos surtidos al interior del algoritmo, y de los que se desprende el resultado, se intensifican como consecuencia del *machine learning*, ya que una vez el algoritmo aprende por sí solo, se desprende del dato con el que inicialmente fue alimentado, y empieza a establecer nuevas conexiones entre los datos y las diversas categorías programadas, que no pueden ser rastreadas, ya que se alejan del parámetro del programador inicial. Esta nueva lógica algorítmica escaparía a la comprensión y eventual contradicción, del individuo calificado.

V. CONCLUSIONES Y RECOMENDACIONES

En el escenario planteado, han quedado evidenciadas las preocupaciones y riesgos para los DD. HH. derivados del uso de los algoritmos predictivos de riesgo en el ámbito penal. Ya muchas organizaciones y grupos de ciudadanos, en especial en Estados Unidos y Europa, han empezado a abogar por la reglamentación sobre el uso de este tipo de herramientas en la administración de justicia.

Entre otras, se ha empezado a hablar del diseño ético de los algoritmos, lo que implica desde el entrenamiento del algoritmo, hasta su puesta en funcionamiento, una revisión constante tendiente a la identificación de errores y sesgos, para poder implementar mecanismos correctivos. Esto significa, auditoría permanente.

> Se ha avanzado en la formación de métodos sólidos de validación y auditoría para la caja negra de los algoritmos ML. Con el conocimiento de los métodos de capacitación utilizados y el acceso a los resultados creados por el algoritmo en cuestión, es posible desarrollar un modelo proxy que los investigadores pueden probar para detectar sesgos. Este proceso se puede fortalecer aún más cuando el acceso a los datos subyacentes de entrenamiento también está disponible para análisis (Rizer & Watney, 2018) (traducción libre).

Por otra parte, se ha señalado que es necesario que pueda realizarse la trazabilidad que permita establecer la responsabilidad por el error o el sesgo, a fin de evitar que la misma se diluya, al no poder identificar, en cual momento humano se produjo ese error. Lo anterior, implica reconocer que "cuando una tecnología falla, se deben repartir culpas y sanciones. Uno o más de los diseñadores (o desarrolladores), fabricantes o usuarios de la tecnología suelen ser responsables" (Mittelstadt, Allo, Taddeo, Wachter, y Floridi, 2016, p. 10) (traducción libre).

También es pertinente indicar que "la concepción lineal tradicional de responsabilidad es adecuada para algoritmos que no son de aprendizaje. Cuando las reglas de toma de decisiones están "escritas a mano", sus autores conservan la responsabilidad" (Bozdag, 2013) (traducción libre), sin embargo, esa posibilidad de rastreo de responsabilidad se hace compleja cuando como consecuencia del aprendizaje autónomo, o del aprendizaje profundo, el algoritmo gana autonomía, lo que demanda nuevas modalidades de rastreo de responsables. Esto significa que "surgen desafíos particulares para los algoritmos con capacidades de aprendizaje, que desafían la concepción tradicional de responsabilidad del diseñador" (Mittelstadt, Allo, Taddeo, Wachter, y Floridi, 2016, p. 11) (traducción libre).

Y es que no puede perderse de vista que, en el caso de los algoritmos de aprendizaje automático, los datos empiezan a ser relacionados y ponderados con nuevas reglas que el propio algoritmo aprende de manera autónoma, por lo que un error en el dato de entrenamiento inicial, o datos incorporados en la fase de desarrollo, pueden desatar un ciclo de errores imposible de detener. Por ello,

> las decisiones algorítmicas necesitan la capacidad de corregir errores ajustando el resultado del algoritmo [...] especialmente cuando el resultado retroalimenta el conjunto de datos utilizado para entrenar o probar el algoritmo. Los algoritmos de aprendizaje automático aprenden de los datos existentes qué factores son importantes para un resultado dado. Si no se corrige, los errores pueden alimentar un ciclo en el que el error se convierte en parte del conjunto de datos del que depende el algoritmo (Martin, 2019, p. 135) (traducción libre).

Ya han empezado a desarrollarse algoritmos que revisan el algoritmo predictivo, en búsqueda de errores. Entre otras, por ejemplo, "se ha logrado un progreso sustancial en el desarrollo de modificaciones a los métodos populares de ML de caja negra que aumentan la interpretabilidad y transparencia de los resultados sin comprometer la precisión adicional que proporcionan estos algoritmos de ML" (Rizer y Watney, 2018) (traducción libre).

Bibliografía

Angwin, J., & Larson, J. Propública. "Bias in Criminal Risk Scores Is Mathematically Inevitable, Researchers Say." *Machine Bias,* 30 de diciembre de 2016.

Brayne, S. "Big Data Surveillance: The Case of Policing." *American Sociological Review* 85, no. 5 (2017): 977-1008.

Burrell, J. "How the Machine 'Thinks': Understanding Opacity in Machine Learning Algorithms." *Big Data & Society* 1, no. 12 (January-June 2016).

Cario, S. "Big Brother Watch. Defending Civil Liberties Protecting Privacy." *Big Brother Watch's Written Evidence on Algorithms in the Justice System for the Law Society's Technology and the Law Policy Commission,* febrero de 2019.

Corte Interamericana de Derechos Humanos. *Cuadernillo de Jurisprudencia de la Corte Interamericana de Derechos Humanos No 12: Debido Procedo.* s.f.

Gal, M. "Algorithmic Challenges to Autonomous Choice." *Michigan Telecommunications and Technology Law Review,* 23 de mayo de 2017, 1-40.

Hao, K. "This Is How AI Bias Really Happens—and Why It's So Hard to Fix." *MIT Technology Review,* 2019. Recuperado el septiembre de 2020, de https://www.technologyreview.com/2019/02/04/137602/this-is-how-ai-bias-really-happensand-why-its-so-hard-to-fix/.

Kraemer, H. C. "Coming to Terms with the Terms of Risk." *Archives of General Psychiatry* 54, no. 4 (1997): 337-343.

Martin, K. "Designing Ethical Algorithms." *MIS Quarterly Executive* 18, no. 2 (June 2019): 129-142.

Monahan, J. "Risk Assessment in Sentencing." *Reforming Criminal Justice* 4 (2017): 77-94.

Mittelstadt, B. D., Allo, P., Taddeo, M., Wachter, S., & Floridi, L. "The Ethics of Algorithms: Mapping the Debate." *Big Data & Society* 1, no. 21 (July-December 2016): 1-21.

Miró Llinares, F. "Inteligencia Artificial y Justicia Penal: Más Allá de los Resultados Lesivos Causados por Robots." *Revista de Derecho Penal y Criminología* 3a época, no. 20 (julio de 2018): 87-130.

Monahan, J. "Risk Assessment in Sentencing." *Reforming Criminal Justice* 4 (2017): 77-94.

Northpointe. "Risk Assessment Northpoint." 2013. Obtenido de https://assets.documentcloud.org/documents/2702103/Sample-Risk-Assessment-COMPAS-CORE.pdf.

Northpointe. "Measurement & Treatment Implications of COMPAS Core Scales." 30 de marzo de 2009.

Northpointe. "Northpointe Practitioner's Guide to COMPAS Core." 2015. Recuperado el septiembre de 2020, de http://www.northpointeinc.com/downloads/compas/Practitioners-Guide-COMPAS-Core-_031915.pdf.

Oswald, M., Grace, J., Urwin, S., & Barnes, G. C. "Algorithmic Risk Assessment Policing Models: Lessons from the Durham HART Model and 'Experimental' Proportionality." *Information & Communication Technology Law* (3 de abril de 2018): 223-250.

Perry, W. L., McInnis, B., Price, C. C., Smith, S. C., & Hollywood, J. S. *Predictive Policing: The Role of Crime Forecasting in Law Enforcement Operations.* Santa Mónica, CA: Rand, 2013.

PREDPOL. "What Is PredPol?" 2020. Obtenido de https://www.predpol.com/whatis-predpol/.

Rizer, A., & Watney, C. "Artificial Intelligence Can Make Our Jail System More Efficient, Equitable and Just." Recuperado el septiembre de 2020, de SSRN: https://papers.ssrn.com/sol3/papers.cfm?abstract_id=3129576#:~:text=Artificial%20intelligence%20(AI)%2C%20and,efficient%2C%20equitable%2C%20and%20just.&text=Thus%2C%20it%20is%20likely%20that,technology%20in%20the%20justice%20system.

Rudin, C., Wang, C., & Coker, B. "The Age of Secrecy and Fairness in Recidivism Prediction." *Harvard Data Science Review* 2, no. 1 (31 de marzo de 2020).

Starr, S. B. "Sentencing, by the Numbers." *The New York Times*, 10 de agosto de 2014.

Capítulo 2.

Entre la construcción de la víctima de trata con fines de explotación y trabajo sexual: una mirada crítica en México y Colombia[1]

CARLOS ALFONSO LAVERDE RODRÍGUEZ[2]

Resumen: La trata de personas con fines de explotación sexual es un delito complejo que habitualmente afecta a personas en situación de vulnerabilidad, y se expande con los crecientes flujos migratorios incentivados por la globalización y los regímenes de migración internacional restrictivos. Desde hace décadas, los estados intentan coordinar esfuerzos para combatir este delito transnacional por medio de convenciones internacionales. No obstante, el desacuerdo en las cifras sobre el número de víctimas directas de este delito refleja múltiples problemas tanto en la definición de la víctima de la trata para la explotación sexual, como en su diferenciación de la condición de quien ejerce el trabajo sexual autónomo. Este artículo valora críticamente el marco jurídico internacional y las corrientes de pensamiento que abordan esta diferenciación, explorando sus orígenes, así como algunas de sus consecuencias jurídicas en contextos de grandes ciudades como Ciudad de México y Bogotá.

Palabras clave: Trata de personas, explotación sexual, víctimas, industria o comercio sexual, migraciones, Ciudad de México, Bogotá.

Abstract: Human trafficking for sexual exploitation is a complex crime that routinely affects vulnerable individuals. It expands as increased illicit migratory flows are incentivized in the context of globalization and restrictive international migration policies. For decades States have made joint efforts to fight against this transnational crime by international conventions. Yet differing administrative figures about the number of direct victims of this crime, reveal problems concerning the legal definition of "victim" of trafficking for sexual exploitation, as well as its difference in relations to sex workers that autonomously earn their living. This article assesses the international legal framework and streams of thought that concur in discussing this differentiation from distinct perspective; it also explores their origins as well as some of their legal consequences in the context of large cities like Mexico City and Bogotá.

Key words: Trafficking, sexual exploitation, victim, sex trade, migrations, Mexico City, Bogotá.

---

1 Agradezco las importantes contribuciones a este texto del Dr. Misael Tirado y Bernardo Pérez Salazar. Los errores y omisiones son toda mi responsabilidad.

2 Sociólogo y economista por la Universidad Santo Tomas de Colombia, con Maestría en Estudios Políticos y Sociales por la Universidad Nacional Autónoma de México. Doctor en Ciencia Social con Especialidad en Sociología de El Colegio de México. smials1@gmail.com.

I. INTRODUCCIÓN

El fenómeno de trata de personas, especialmente con fines de explotación sexual, ha sido tema de debate recurrente en los pasados veinte años, a partir del establecimiento por la Asamblea de las Naciones Unidas en diciembre de 2000 de la Convención de Palermo contra el crimen transnacional, y el protocolo para prevenir, reprimir y sancionar la trata de personas, especialmente, de mujeres y niños. En su conjunto, fueron iniciativas promovidas por el gobierno de Estados Unidos de América (EUA) luego del final de la Guerra Fría a principios de la década de los 90. (United Nations, 2000; Andreas y Nadelmann, 2006).

México y Colombia, entre otros países latinoamericanos, suscribieron la Convención de Palermo y sus protocolos anexos, y luego aprobaron y establecieron las medidas destinadas a facilitar la cooperación internacional para combatir este delito. En Colombia, mediante la Ley 800 de 2003; en México, por medio de la "Ley general para prevenir, sancionar y erradicar los delitos en materia de trata de personas y para la protección y asistencia a las víctimas de estos delitos", en 2012.

Desde la incorporación a las legislaciones nacionales de las definiciones y disposiciones normativas contempladas en la Convención de Palermo, distintos sectores se han enfrentado en debates acerca de la definición de la víctima de trata para la explotación sexual y su diferenciación frente a la condición de quienes ejercen de manera autónoma el trabajo sexual. En él, han intervenido defensores/as del trabajo sexual (Lamas, 2014), de una parte, y de otra, quienes abogan posiciones abolicionistas y prohibicionistas oponiéndose a la prostitución (Orozco, 2011). En el caso mexicano, la ley promulgada en 2012 motivó una amplia discusión sobre la naturaleza y los alcances de la industria sexual (en inglés, *sex trade*), y si esta es equiparable o no a la trata de personas para la explotación sexual.

Con este antecedente, resulta pertinente profundizar el análisis de las posiciones encontradas en este debate. Para ello, este artículo inicia con una caracterización de las dimensiones y alcances de la trata y explotación sexual a escala global, para, posteriormente, exponer de forma sucinta cómo operan las redes transnacionales de tratantes de personas, a partir del estudio realizado por Casillas (2005).

Luego se contrastan los hallazgos de investigaciones realizadas sobre la trata con fines de explotación sexual en Ciudad de México y Bogotá con base en registros administrativos, poniendo a la vista las enormes diferencias en el número de víctimas afectadas por este tipo penal, según los registros administrativos de las autoridades competentes en cada país, frente a las alarmantes estadísticas divulgadas anualmente acerca de este fenómeno por organismos internacionales, principalmente, ONUDC. Para el caso de cada ciudad, se adelantan algunas hipótesis sobre el origen de las diferencias en las cifras sobre víctimas y se analizan algunas consecuencias de este estado de cosas.

En seguida, se rescata y problematiza el debate que se ha gestado desde dos perspectivas que abordan el tema de la trata de personas en relación con el trabajo sexual. Por un lado, se considera la corriente abolicionista que se opone a la prostitución en todas sus formas y reclaman la cesación de esta actividad, incluso por quienes ejercen el trabajo sexual de manera autónoma; por el lado, se recogen los argumentos de quienes sostienen la necesidad de reconocer el trabajo sexual autónomo como una actividad laboral digna de protección y garantías por parte de las autoridades.

En la conclusión se plantean algunas consideraciones sobre estas posturas y sus consecuencias sobre la condición de quienes ejercen el trabajo sexual de manera autónoma, así como sobre el fenómeno de las migraciones ilícitas, tipificadas bajo el delito de "tráfico de migrantes", y su relación con el fenómeno de la trata de personas.

II. MIGRACIÓN, TRÁFICO DE MIGRANTES Y TRATA DE PERSONAS CON FINES DE EXPLOTACIÓN SEXUAL

En la actualidad, los procesos migratorios internacionales exhiben un acelerado crecimiento a escala global y se prevé que estos flujos continúen aumentando en número durante las próximas décadas, debido a los marcados desequilibrios demográficos y las desigualdades socioeconómicas intergeneracionales en el mundo, al igual que por los avances en las comunicaciones y medios de transportes que cada vez facilitan más la movilidad a escala internacional.

Ante los crecientes flujos de migrantes internacionales, Martin y Zürcher (2008) se preguntan por las razones y motivaciones que llevan a que la gente migre. Según sus hallazgos las razones principalmente se deben a desequilibrios económicos, tanto en la demanda como en la oferta, que tienden a balancearse espontáneamente por medio de la movilidad hacia aquellos destinos donde los mercados de factores de producción ofrecen mejores condiciones y oportunidades. Los flujos migratorios también se facilitan gracias a condiciones como las mayores posibilidades de interconexión entre usuarios y fuentes de información, así como por la reducción de la fricción que representa la distancia de los desplazamientos.

No obstante, también es necesario reconocer que las dinámicas de la globalización tienen alcances negativos, como en el caso del tráfico de migrantes[3] o la trata de personas[4], que constituyen formas de victimización que suelen tomar ventaja de la intención de migrar de las personas, dentro o más allá de las fronteras de sus países de origen, y que con frecuencia terminan en el abandono a la deriva en alta mar, asesinatos y masacres cruentas, o en la explotación y esclavización más despreciables. Como se observa, en la práctica los delitos de tráfico de migrantes y trata de personas fácilmente se confunden. Con frecuencia, migrantes objeto de tráfico ilícito pueden terminar sin saberlo como víctimas de trata de personas (ONUDC, 2009a; OIM, 2011).

III. APROXIMACIONES A LA MAGNITUD DE LA TRATA DE PERSONAS CON FINES DE EXPLOTACIÓN SEXUAL

Como se desprende de la discusión anterior, el tráfico de personas con fines la trata de personas es un problema cuyas dimensiones son inciertas. Por consiguiente, con frecuencia las cifras estimadas de víctimas de estos tipos penales suelen ser alarmantes, dado que refieren serias violaciones de los derechos humanos de personas provenientes de grupos poblacionales especialmente vulnerables, entre ellos, niños, niñas, jóvenes y mujeres.

Según la ONUDC (2010, p. 39) "la trata de personas implica el uso de la violencia, las amenazas o el engaño para crear una fuerza de trabajo flexible y explotable". En este sentido, la trata es una actividad ilícita en la que la víctima está sujeta a actividades en las que su mano de obra está ligada a procesos de explotación, lo que supone una actividad en la que alguien

---

3 El tráfico de migrantes es un tipo penal que abarca las actividades por medio de las cual empresarios al margen de la ley, a cambio de un pago, disponen de medios para facilitar a migrantes que voluntariamente buscan la entrada ilícita a otros países.

4 La trata de personas es otro tipo penal que comprende actividades por medio de las cuales empresarios delincuentes abusan de condiciones de vulnerabilidad o utilizan medios como fraude, engaño, rapto, amenaza, uso de la fuerza u otras formas de coacción para la esclavitud u otras situaciones de similares a la esclavitud para la explotación sexual, laboral o extracción de órganos, etc., tanto dentro del propio país de origen como en otro de destino internacional.

usufructúa de personas y el trabajo ajeno por medio de la coacción. Por su complejidad, el fenómeno de la trata de personas involucra desde

> La persona que promueve, solicita, ofrece, facilita, consigue, traslada, entrega o recibe, para sí o para un tercero, a una persona, por medio de la violencia física o moral, el engaño o el abuso del poder, para someterla a explotación sexual, trabajo o servicios forzados, esclavitud o practicas análogas a la esclavitud, servidumbre, o a la extirpación de un órgano, tejido o sus componentes (CNDH, 2012, p. 5).

De acuerdo con la ONUDC (2009a), en la trata de personas el consentimiento de la víctima es irrelevante, ya que, generalmente, las víctimas son engañadas o están bajo amenaza mediante el uso de la fuerza o diversas formas de coacción, fraude o abuso de poder, con lo que las víctimas quedan reducidas a situaciones altamente vulnerables.

El fenómeno se observa globalmente: a finales de la primera década del siglo XXI se estimó que las víctimas de este delito procedían de 127 países, de un total de 137 países que aportaron informes oficiales sobre el tema (ONUDC, 2009a). En el último reporte de ONUDC (2020) se informó que las víctimas siguen siendo mayoritariamente mujeres. Según este informe, de cada 10 víctimas detectadas a nivel mundial, cinco eran mujeres adultas y dos eran chicas, aproximadamente.

La ubicuidad del fenómeno se atribuye a fenómenos geopolíticos, económicos y sociales que representan oportunidades para los tratantes, entre ellos, el fin de la Guerra Fría, la integración de China a la economía mundial, conflictos bélicos como las guerras en los Balcanes de finales de la década de los 90, y factores como la inestabilidad económica, la inseguridad y el escaso acceso a derechos como la educación en el caso de América Latina; este conjunto de coyunturas y factores contribuyen a perfilar y reproducir escenarios propicios para alimentar el negocio de la trata de personas con nuevas víctimas de manera sostenida. (ONUDC, 2010).

Algunas aproximaciones a las dimensiones del fenómeno también se hacen por la vía de cálculos de los ingresos que esta actividad genera: según cifras de la OIT en 2005 el negocio de la trata habría captado cerca de US $32 mil millones a través de sus operaciones globales. Aunque la naturaleza ilegal y clandestina de la actividad no permite estimativos confiables, este orden de magnitud sugiere que ella responde a claros incentivos para continuar extendiéndose en el futuro.

IV. PERFILES DE VÍCTIMAS, VICTIMARIOS, Y MODUS OPERANDI DE LA TRATA PARA LA EXPLOTACIÓN SEXUAL

Como se señaló arriba, el tráfico de migrantes ya sea con consentimiento o bajo engaño, tiene estrecha relación con la trata de personas. En ambos casos, situaciones como el acceso desigual a oportunidades y la pobreza intergeneracional son el común denominador entre quienes en la búsqueda de mejores oportunidades terminan como víctimas de alguno de estos delitos transnacionales. En su mayoría, están marcados por desigualdades de género, de clase social y pertenencia étnica. No obstante, también mayoritariamente muestran una característica común y es que han decidido emprender el proceso migratorio para huir de precariedades en sus lugares de origen (Kojima, 2011).

La trata de personas abarca numerosas modalidades según el destino asignado a la víctima. Cerca de cuatro de cada cinco víctimas son explotadas sexualmente. De estas, dos de cada tres son mujeres, y las demás se reparten entre niñas, hombres y niños. (ONUDC, 2012). El origen geográfico de estas víctimas se concentra en países y zonas económicamente deprimidas con desigualdades históricas; así mismo, contextos coyunturales de declive económico incentivan el incremento temporal de la victimización por medio de este delito.

Actualmente, hay un mayor crecimiento en número de víctimas de la trata para la explotación sexual, tiene lugar en países de Europa oriental como Rumania, Bulgaria, Ucrania, Polonia, Rusia; en el Lejano Oriente, se concentra especialmente en China. En África, países como Nigeria y Moroco son los que registran el mayor número de víctimas; y en América Latina, Brasil, Paraguay y Colombia, son los principales países con reportes de víctimas en el continente.

Las principales rutas desarrolladas por las redes de tráfico y trata se ubican sobre tres importantes fronteras a través de las cuales ocurren los principales flujos migratorios contemporáneos (Diéguez, 2011). La frontera entre México y EUA recibe flujos migratorios de gran parte de centro y sur América; la frontera de Polonia concentra el tránsito principal entre Europa oriental y occidental; y, finalmente, el mar Mediterráneo que conecta al norte de África con el sur de Europa. Por su parte, ONUDC (2014) señala que los destinos principales de las víctimas de trata son los países ricos de Oriente Medio, Europa Occidental y América del Norte; las víctimas provienen principalmente de países de menores ingresos del "sur global", de regiones como Asia Oriental y Meridional y del África Subsahariana.

Según la Red Española contra la Trata de Personas, las víctimas son en su mayoría mujeres entre los 18 y 40 años; dentro de este grupo poblacional puede existir gran diversidad respecto a niveles educativos y orígenes. En el más reciente informe de ONUCD (2020), el 50 % de las víctimas de trata son con fines de explotación sexual, 38 % para trabajo forzado, 6 % actividades criminales, entre las actividades más representativas. Para el caso colombiano, según Vargas, Flórez y Mendoza (2011) las víctimas de trata tienen edades entre 18 los 25 años, con bajo nivel de escolaridad. Antes de ser víctimas, las mujeres manifiestan haberse encontrado desempleadas o trabajando en prostitución. Según establecieron las autoras, las víctimas, además, depositaron grandes expectativas en su proceso migratorio, animadas por el propósito de contribuir a solucionar problemas económicos de sus familias.

En síntesis, el perfil de las víctimas de trata refiere condiciones comunes que se observan repetidamente en todo el mundo; en su mayoría son mujeres jóvenes que provienen de países con economías poco dinámicas donde se dificulta su inserción laboral o la generación de ingresos. Remediar esta situación es la principal motivación que lleva a las víctimas a exponerse al engaño, la explotación, y en algunos casos, a la esclavización.

Respecto a los operadores ilícitos que se benefician de la trata, los perfiles predominantes que se conocen son mujeres; situación que contrasta con las demás actividades criminales donde los hombres suelen dominar. En cuanto a su nacionalidad, a partir de registros de capturas, condenas judiciales y encarcelamiento, la mayoría de quienes son detenidos manifiestan ser oriundos del lugar en el que fueron apresados, lo que no permite establecer si las redes de trata transnacionales están controladas por redes situadas en los países de origen o en los países de destino. No obstante, es evidente que existen redes delictivas locales en los países de origen que se encargan de captar víctimas que luego serán entregadas a redes delictivas de otros países (ONUDC, 2009b).

Las víctimas son atraídas mediante diversas formas, pero, generalmente, el engaño sobre las condiciones de trabajo en el lugar de destino son la principal artimaña para captar a víctimas que se han decidido a migrar para mejorar sus posibilidades de ingreso y oportunidades de vida. Para el caso de los países de Europa oriental, comúnmente las víctimas son reclutadas por amigos o conocidos; en algunos casos se reclutan supuestamente para actividades ligadas a la industria del sexo como bailarinas y luego son destinadas a la prostitución forzada, bajo forma de coacción violenta. En el caso latinoamericano, también es usual que las víctimas sean reclutadas por amigos o familiares por medio de expectativas creadas en las que se refieren agencias de empleo, de turismo, de modelaje o matrimoniales, o la industria de entretenimiento de adultos.

Respecto a la organización y funcionamiento de las redes de trata, Casillas (2005) ha detallado el funcionamiento de estas a partir de casos estudiados en el sur de México. Según el autor, uno de los mayores obstáculos para comprender las estructuras delictivas dedicadas a este negocio es intentar comprender el fenómeno con base en categorías amplias y ambiguas, entre ellas, "bandas", "células" o "mafias", las cuales no permiten describir completamente la compleja red de relaciones que soportan el negocio.

Comúnmente, las organizaciones de tratantes se caracterizan como estructuras impenetrables cimentadas en sólidas jerarquías. No obstante, su observación más en detalle revela estructuras organizativas complejas y dinámicas que se adaptan en respuesta a necesidades cambiantes tanto de los mercados como de las operaciones delictivas para evadir las acciones con las cuales las agencias estatales intentan reprimirlas.

Generalmente, los tratantes operan por medio de redes que facilitan enlaces especializados para la intercomunicación entre agentes que se mueven en ámbitos privados, al igual que dentro de organizaciones públicas –entre ellos, funcionarios de institucionales estatales–, en distintas escalas que van desde lo transnacional y multinacional a carteles, sindicatos, redes domésticas, y células locales. Estas redes suelen ser "multipropósito" por lo cual se interconectan en diferentes niveles, dependiendo de la necesidad y objetivo específicos. Ordinariamente, operan con base en dos roles principales: de una parte, el "corresponsal" que tienen funciones de contacto, comunicaciones y coordinación logística; de otra, el "explotador" encargado de financiar las operaciones de sus corresponsales y usufructúa de forma directa de los beneficios de la explotación de las víctimas utilizando la coacción.

Esta estructura sencilla resulta difícil de atacar debido a su flexibilidad para recomponerse ante la eventualidad de la captura o baja de alguno de sus nodos; con facilidad cooptan nuevos elementos delincuenciales incluyendo agentes al servicio del Estado, como lo advierten Beltrán y Salcedo-Albarán (2008) al referir el fenómeno del desarrollo de capital social perverso en el ámbito de las redes criminales. Esta flexibilidad permite incorporar nuevos nodos, reconstruyendo así la red, allí donde es atacada por la acción represiva de las autoridades.

Otra característica que presta eficiencia a las redes de trata reside en su sensibilidad a los cambios en la demanda de los mercados y alta capacidad para responder adecuadamente gracias a su alto grado de especialización que se traduce, según Diéguez (2011), en capacidades para aprovechar recursos tecnológicos, informáticos y científicos, entre otros. En síntesis, la trata de personas opera a través de múltiples nodos que se interconectan y modifican con mayor velocidad que la acción de represiva del Estado, lo cual posibilita la continuidad de sus operaciones y negocios.

V. ANTECEDENTES DE LA LUCHA CONTRA LA TRATA PARA LA EXPLOTACIÓN SEXUAL

Conviene señalar aquí que la historia de la trata de personas tiene sus orígenes, como discurso y parte de la agenda política en el ámbito internacional, a partir de las referencias a la "trata de blancas" a comienzos del siglo XX, especialmente por el movimiento abolicionista que por motivos moralistas se oponía radicalmente a la prostitución en el Reino Unido, Europa y EUA. Al final de la Segunda Guerra Mundial, en atención a la turbulencia social que se vivió entre grupos poblacionales desplazados por la guerra en el continente europeo, se estableció en el seno de la Asamblea General de las Naciones Unidas la Convención de 1949 para la represión de la trata de personas y la explotación de la prostitución ajena. No obstante, este instrumento internacional perduró como letra muerta hasta finales de los años 80, cuando con el colapso de los regímenes comunistas en Europa oriental, los discursos sobre el tráfico y la trata de personas con fines de explotación sexual tomaron fuerza renovada (Andreas y Nadelmann; 2005; INM, 2006; Tirado, 2010).

Con el fin de la Guerra Fría a inicios de la década de los 90, EUA modificó su agenda internacional para promover la lucha contra diversas formas de crimen organizado, entre ellas, la trata de personas con fines de explotación sexual, intención que se formalizó con el establecimiento en 2000 de la Convención de Palermo y su respectivo protocolo sobre la trata de personas. Sin intención de desconocer el estado de vulnerabilidad de sus víctimas y los efectos nocivos de este delito que afecta las libertades individuales, sin embargo, es necesario señalar que desde entonces no ha cesado la polémica en relación con la tipificación de las conductas asociadas a la trata de personas (Tirado, 2010).

Algunas corrientes del feminismo cuestionan la manera como se gesta la lucha contra la trata para la explotación sexual, pues consideran que tales iniciativas encubren la intención de los sectores más conservadores de promover el abolicionismo de la prostitución en EUA, y emprender una cruzada de corte moralista dirigida en contra de la industria del comercio sexual, que incluye negocios que directa o indirectamente suministran productos y servicios relacionados con sexo y entretenimiento para adultos, asociándola de manera indisoluble con las conductas que tipifican la trata de personas[5] (Weitzer, 2014).

En el mismo sentido, Schaeffer-Grabiel (2010) afirma que organismos de las Naciones Unidas han jugado un papel central en la tendencia de amalgamar temas como la prostitución y otros ramos de la industria del sexo como nuevas expresiones de esclavitud sexual. Así, promueven la intervención penal del Estado para reprimir estas actividades como violaciones de los derechos humanos y, en algunos casos, como amenazas a la seguridad nacional representadas en redes criminales que supuestamente controlarían las ganancias obtenidas en estas actividades en todo el mundo. Según la autora, al eliminar distinciones fundamentales entre el delito de la trata de personas con fines de explotación sexual y todas las actividades de quienes participan y trabajan autónomamente en la industria o comercio del sexo (*sex trade*), se oscurece la discusión sobre ese delito y sus víctimas y a la vez se estigmatiza la industria del sexo en general[6].

---

5 Al respecto, Weitzer (2014) considera que en EUA se adelantan cruzadas morales con el propósito de inflar las estadísticas sobre la trata para la explotación sexual, y crear alarma por la extensión y gravedad de este delito. Por su parte, Kim y Chang (2007) afirman que, desde la expedición de la Ley de Tráfico y la Ley Global de SIDA en EUA de 2003, se prohíbe la financiación con fondos públicos de cualquier grupo que no se oponga explícitamente a la prostitución y al comercio sexual (*sex trade*). Por consiguiente, es probable que este sesgo impuesto a las investigaciones realizadas en ese país conduzca a hallazgos que clasifiquen con la etiqueta de "víctimas del delito de trata de personas" a quienes se desempeñan en actividades como la pornografía, la venta de parafernalia y juguetes sexuales, entre otras.

6 Llama la atención que en un informe de la ONUDC (2014) sobre el asunto, un pie de página advierte que las diferencias regionales en el registro de víctimas de este delito son atribuibles tanto a las distintas capacidades administrativas de detección y registro al igual que de definiciones en uso en cada región. Más aún, los análisis cuantitativos sobre este delito aparecen soportados con base en cifras porcentuales sin referencia a los correspondientes valores absolutos. Dado que los contenidos de estos informes se utilizan como referentes para investigaciones y procesos de evaluación de la efectividad de las políticas establecidas para combatir la trata, deficiencias como estas minan su credibilidad y alimentan dudas sobre la verdadera utilidad de instrumentos de cooperación internacional como la Convención de Palermo y su protocolo sobre la trata de personas.

Como consecuencia de lo anterior, cuando se discuten datos que ofrecen referentes acerca del orden de magnitud del fenómeno de trata de personas, con facilidad surgen polémicas en torno a las cifras, por cuanto, ciertos sectores sostienen que estas reflejan sesgos que tienden a inflar o menguar desmedidamente su magnitud, ignorando aspectos de contexto específicos que afectan los registros estadísticos sobre este fenómeno delictivo.

VI. EL ESTUDIO DE LA TRATA: PROBLEMAS DE MÉTODO Y DE IDEOLOGÍA

La mayoría de los informes con cifras sobre la trata de personas con fines de explotación sexual suelen presentar estimativos de magnitudes sustanciales de las víctimas, como lo ilustran las fuentes mencionadas en apartados anteriores de este artículo. Sin embargo, dichas cifras contrastan notoriamente con las que refieren las investigaciones en terreno que se desarrollan en contextos específicos. En el caso del Distrito Federal México, según información del Centro de Terapia de Apoyo a Víctimas de Delitos Sexuales (CTA) de la Procuraduría General de Justicia del Distrito Federal (PGJDF), entre 2008 y noviembre de 2012 apenas hay registros correspondientes a un total de 90 casos, lo que equivale en promedio a 15 casos por año. Por su parte, una investigación desarrollada por la Universidad de los Andes en Colombia con base en registros del Comité Operativo Anti-trata en el país y datos de la Fiscalía General de la Nación (2011), logró identificar en todo el país apenas un total de 207 casos válidos de trata de personas en el periodo comprendido entre 2005 y 2010. Ello equivale, en promedio, a menos de 35 víctimas registradas por año.

Tanto México como Colombia son señalados como países de donde provienen un número sustancial de víctimas del delito de trata. México es referido como un país de origen, tránsito y destino para la trata con fines sexual y laboral (Misión Diplomática de los Estados Unidos, 2014); Colombia, por su parte, se considera, principalmente, como un país de origen de víctimas de trata (OIM- Misión Colombia).

El contraste de estas apreciaciones generales con los datos sobre el número de víctimas registradas en los casos de Ciudad de México y Colombia lleva a considerar que si bien es probable que los registros oficiales presenten un subregistro significativo del número de víctimas del delito, esta situación no solo se debe a las dificultades propias de hacer seguimiento a una actividad delictiva que despliega esfuerzos intencionales para mantenerse en la clandestinidad, sino también a la manera como se aplican los criterios y procedimientos administrativos de registro y seguimiento de víctimas de trata para la explotación sexual.

Es lo que aparentemente sucede en el caso colombiano, donde los casos de trata de personas con fines sexuales se diluyen entre imputaciones basadas en otros numerosos tipos penales, entre ellos, inducción a la prostitución, proxenetismo, acceso carnal, y en algunos casos, secuestro y extorsión, entre otros. Comúnmente los propios funcionarios judiciales expresan dificultades para diferenciar claramente el delito de la trata de personas con fines de explotación sexual de manifestaciones asociados con la industria del sexo, entre ellas el trabajo sexual autónomo, tal como se constató una entrevista realizada en 2014 a la fiscal encargada de los delitos de trata en Bogotá, en la que manifestó lo siguiente:

> Bueno… yo he vivido experiencias en relación con ese tema. Lo que sucede, por ejemplo, le digo, en el delito de trata de personas las mismas víctimas no son conscientes de que son víctimas de ese delito de trata de personas, ¿cierto? No entienden, la ven como una profesión normal, la ven como un medio para recibir ingresos y se someten a esto porque no alcanzan a ver esta dimensión, ¿cierto?, ¿Pero por qué persisten? Entonces… muchas causas…, por ejemplo, ellas pueden permanecer por necesidades económicas a sabiendas de que están pasando por situaciones que no les favorecen… En operaciones que se han desarrollado y se ha podido entablar dialogo con las víctimas, uno quiere hacerles ver que son víctimas del delito de trata y darles como unas opciones de vida distintas, pero ellas ya están como muy encasilladas y el lucro que están obteniendo y que les ayuda a superarse, porque las víctimas de trata tienen unas necesidades específicas…[7].

Como se aprecia, la posición de esta funcionaria judicial en relación con el trabajo sexual está claramente influenciada por una visión ideológica paternalista desde la cual se juzga y define lo que se considera es el mejor interés de las personas que se dedican a esta actividad. En favor de su argumento, cita el Protocolo de Palermo, que en su definición de víctimas de trata incluye también a trabajadores sexuales autónomos sobre la presunción de que estas no tienen conciencia del delito del cual son víctimas. Es decir, el propio texto del protocolo reprocha el ejercicio de actividades asociadas a la industria del sexo (*sex trade*), y en vez de proteger a quienes las ejercen autónomamente, llama a que cesen de hacerlo, de conformidad con las co-

---

7 Esta entrevista fue parte del material de la investigación titulada: "Prostitución y trabajo: condiciones sociales y laborales de las mujeres trabajadoras sexuales en la ciudad de Bogotá".

rrientes abolicionistas de la prostitución[8]. La reglamentación expedida por Decreto Presidencial colombiano (Decreto 1609 de 2014) mediante el cual se establecen "medidas de protección y asistencia a las personas víctimas del delito de la trata de personas", reafirma esta misma línea de pensamiento[9].

Por su parte en México, como lo señala la investigadora del CIDE, Claudia Torres (2015), la Ley sobre Trata tampoco reconoce el consentimiento de quien es definido por la ley como víctima de este delito, contrariando las disposiciones sobre las credenciales de no asalariadas a trabajadoras sexuales en la ciudad establecidas con anterioridad desde la Secretaría del Trabajo del Distrito Federal.

En este contexto, el régimen antitrata se orienta hacia la protección de mujeres con fines de explotación sexual bajo el pretexto de ser el tipo de trata más documentado (Jiménez, 2017), sin embargo, la autoridad territorial competente en la materia ha reglamentado el trabajo sexual con anterioridad. Esta discrepancia en criterios sobre la definición de víctima del delito de trata de personas representa una grave amenaza para quienes ejercen autónomamente el trabajo sexual, por cuanto elimina las garantías sociales y laborales que previamente protegían los derechos de este grupo poblacional y los expone a persecución y penalización por las autoridades policiales y judiciales.

---

8 En el mismo sentido, Farrell y Pfeffer (2014) comentan el caso de EUA, donde pese a que desde 2000 tanto el gobierno federal como los cincuenta estados de la Unión han aprobado leyes penalizando la trata de personas, hasta la fecha son contados los casos de trata de personas conocidos y juzgados por el sistema criminal de ese país. Según las autoras, las preconcepciones y percepciones policiales sobre la trata de personas no son conducentes a la detección de una amplia gama de casos asociados a este delito, lo cual impide un registro adecuado de la magnitud del fenómeno en EUA; por consiguiente, según las estadísticas de criminalidad este es un delito prácticamente inexistente en ese país.

9 Esta norma, además, ha generado preocupación entre las autoridades administrativas de municipios y departamentos del país en relación con el cumplimiento de sus disposiciones, ya que no hay claridad frente a las fuentes de donde provendrán los recursos que deban apropiarse presupuestalmente para tal fin. No obstante, cabe aclarar que en el caso colombiano el trabajo sexual no está prohibido e incluso en ciudades como Bogotá está reglamentado su ejercicio. Aun así, existen vacíos en materia de derechos laborales y acceso al Sistema de Seguridad Social en Salud al igual que la protección frente a la explotación sexual. Algunos de estos elementos fueron recogidos en el Proyecto de Ley no. 079 de 2013, presentado por el senador Armando Benedetti que buscó proteger los derechos laborales de esta población. De acuerdo con la Sentencia T 629 de 2010 de la Corte Constitucional, las autoridades deben dar especial protección a las personas en situación de prostitución (Tirado, 2014).

VII. TRABAJO SEXUAL Y VÍCTIMAS DE TRATA PARA LA EXPLOTACIÓN SEXUAL: EL DEBATE NO RESUELTO

Como este artículo lo demuestra, después de veinte años de establecida la Convención de Palermo y el protocolo contra la trata de personas, crecen las discrepancias sobre los alcances de la definición de víctima de la trata de personas con fines de explotación sexual al igual que sobre las medidas establecidas para su "protección y asistencia". Esto se debe en parte a la complejidad de las conductas que abarca este delito y la naturaleza clandestina de las acciones y medios utilizados por las redes que se lucran de este negocio, y a la vez, al interés de ciertos sectores conservadores de utilizar este instrumento para abolir las actividades de la industria del sexo, entre ellas, el trabajo sexual autónomo. Por consiguiente, resulta útil enriquecer el debate en curso sobre este tema con aportes construidos al respecto desde el feminismo, los cuales han incidido en las agendas políticas nacionales de algunos países por medio de grupos de presión a favor o en contra del trabajo sexual autónomo y la industria del sexo.

Según Lamas (2014), desde el feminismo hay quienes matizan la noción de la autonomía en la elección del trabajo sexual como actividad económica, advirtiendo que tal decisión no es una expresión total de autonomía, sino una elección entre el menor de los males. Por otra parte, están quienes consideran que, en tanto, el trabajo sexual tiene lugar en condiciones de explotación y coerción, este no se puede clasificar como trabajo digno. Señalan además que ninguna mujer elige libremente prostituirse, pues la decisión siempre es presionada por el engaño, la violencia psicológica o cualquier otro elemento que impide que alguna mujer pueda optar por otra actividad.

Desde esta perspectiva, hablar de trabajo sexual y trata para la explotación sexual implica abordar discusiones complejas sobre elementos como la discriminación, el trabajo, la sexualidad, el uso del cuerpo, los límites de la aceptación/consentimiento y las concepciones dominantes sobre los roles masculinos y femeninos en la vida social.

Una puerta de entrada a estas discusiones es la pregunta que formula Loyden (1995, p. 60) "¿Cómo es que una mujer acepta colocarse en el lugar de un objeto sexual?"; y, en este sentido, ¿cuándo ello ocurre, hay consentimiento o coacción disfrazada?; ¿acaso el "consentimiento" no es apenas un gesto vacío que engalana la relación de dominación del orden de lo masculino sobre lo femenino? Estas preguntas sin duda apuntan a nodos centrales sobre los cuales gira el debate acerca de los límites que diferencian a las víctimas de la trata de personas con fines de explotación sexual, de quienes ejercen autónomamente el trabajo sexual.

La corriente de quienes abogan por el reconocimiento de los derechos laborales del trabajo sexual, en tanto se realice de forma voluntaria y bajo el consentimiento de quien lo realice, se originó en EUA durante los años setenta con el surgimiento de una organización liderada por trabajadoras sexuales denominada COYOTE (en inglés, *Call Off Your Tired Ethics*), que pretendía reivindicar el trabajo sexual como fuente legítima de trabajo. COYOTE, posteriormente, inspiró a organizaciones de defensa de derechos de trabajadoras sexuales en Europa y América Latina, en la lucha por el reconocimiento de la dignidad de su trabajo.

Desde hace años el movimiento que reúne estas organizaciones también combate el delito de trata de personas con fines de explotación sexual, y cuenta con el apoyo de una fracción del movimiento feminista que plantea la defensa de la libertad del uso del cuerpo con fines comerciales, desacralizar la sexualidad, desencajar la connotación de íntimo y de privado de la sexualidad femenina, y aprovechar las "ventajas" anatómicas de la receptividad femenina (Lamas, 2003).

Desde esta perspectiva, el trabajo sexual no es intrínseca ni extrínsecamente negativo, y constituye una manera de generar ingresos, permitiendo la movilidad y autonomía económica de las mujeres. Dentro de esta corriente abundan trabajos académicos, se resaltan autores como Osborne (1988), Juliano (2002), Petheerson (2000), Lamas (2004), Agustín (2008), Tirado (2005, 2010, 2014), Kempadoo y Jo (2012).

Desde la perspectiva opuesta, las corrientes abolicionistas consideran que tanto la prostitución como la trata para la explotación sexual representa formas de reproducción de la dominación masculina, ya que objetualizan la sexualidad de la mujer reduciéndola a una dimensión exclusivamente económica. Dentro de la misma corriente, McKinnon (2011) considera que la prostitución y la trata son ejemplos de cómo la sociedad construye la sexualidad femenina como objeto del deseo masculino; Carole Pateman (1995) afirma que la prostitución es una extensión de la opresión masculina por medio del capitalismo patriarcal en el que el hombre tiene acceso a cuerpos femeninos como a cualquier otro bien o servicio a través del mercado. En este mismo sentido, Barry (1995) define la prostitución como explotación sexual, lo que la hace equivalente a la trata para la explotación sexual, en tanto, reduce el cuerpo y la sexualidad a una mercancía; desde su perspectiva, haya o no consentimiento de la persona, el trabajo sexual constituye una violación de la dignidad humana. Entre otros autores que comparten esta perspectiva, sobresalen además Raymond (2009), Farley (2004), Jeffreys (1997) y Dworkin (1997).

La corriente abolicionista subyace al protocolo contra la trata de personas anexo a la Convención de Palermo, el cual establece que a pesar del consentimiento de quien ejerce trabajo sexual, dicho trabajo siempre se realiza en condiciones de explotación y, por lo tanto, sería conexo al delito de trata de personas con fines de explotación sexual.

Más allá de este debate, es necesario señalar que la generalización de regímenes migratorios restrictivos asociados a las políticas fronterizas de los países es una condición principal para la existencia de fenómenos como la trata de personas y el tráfico de migrantes en el mundo de hoy. Al respecto, Rivers-Moore (2011) señala que si bien la preocupación por la trata aparentemente es motivada por el deseo de proteger a grupos poblacionales vulnerables como las mujeres, en la práctica el discurso antitrata cumple funciones disuasivas ante el impulso migratorio de personas dispuestas a exponerse a dificultades y riesgos con tal de mejorar sus condiciones y oportunidades de vida.

Conviene considerar aquí los aportes representados por el trabajo de Kojima (2011) sobre la dimensión subjetiva y moral de quienes experimentan vivencias migratorias. Al respecto, esta investigadora destaca que los y las migrantes, –ya sea aquellos que se involucran en el tráfico de migrantes de forma voluntaria, o quienes bajo engaño resultan víctimas de la trata de personas–, generalmente arrancan con el sueño de una migración exitosa; no obstante, simultáneamente reconocen que tendrán que pagar algún precio frente al cual cada individuo en situación migratoria tiene diferentes umbrales de tolerancia.

Kojima señala que este umbral de tolerancia difiere en distintas etapas del proceso de migración y establecimiento económico y social. Cada etapa afecta la manera como el migrante se autopercibe y evalúa personalmente su experiencia migratoria en su conjunto, cuyo resultado tiene sus efectos sobre la persona. Según la autora, cada cual define de manera personal el umbral de tolerancia que está dispuesta a soportar. En ese proceso, los elementos culturales relacionados con la familia y el nivel educativo unidos al origen y situación social antes de la migración resultan significativos por cuanto son factores materiales que determinan las posibilidades de acceder en cada contexto a oportunidades de mejorar sus condiciones y calidad de vida, lo cual establece las dificultades y riesgos que quien migra está en disposición de valorar como moralmente aceptable.

VIII. CONCLUSIONES

Las posturas que pretenden imponer la definición de víctima de trata para la explotación sexual a quien autónomamente ejerce el trabajo sexual incurren en intromisión en el libre arbitrio de quien decide optar por esta última actividad, –aún como elección entre el menor de los males–, como alternativa de ingresos y oportunidad para mejorar sus condiciones iniciales de vida. Como lo que demuestra Kojima (2011), en muchos contextos condiciones como el género o la edad se intersectan negativamente para vulnerar los derechos de las personas hasta tal punto que aún "elecciones entre el menor de los males" resultan oportunidades para escapar y superar situaciones desesperadas de precariedad económica y social.

Es relevante, entonces, aclarar la distinción entre la víctima de la trata para la explotación sexual y la condición de quien ejerce el trabajo sexual de manera autónoma. Es fundamental atacar el delito de la trata, el cual en muchas ocasiones está ligado al tráfico de personas. Sin embargo, continuar aceptando la tesis que promueve que el consentimiento de la víctima no es relevante, es negar la capacidad de agencia y resistencia de quienes deciden de manera autónoma realizar el trabajo sexual como una alternativa laboral, que, si bien puede no ser la mejor elección, podría ser la menos mala en contextos en los que el acceso al mercado laboral a grupos poblacionales vulnerables es limitado y restringido.

Así mismo, resulta pertinente cuestionar los instrumentos jurídicos que encubren cruzadas moralistas contra el trabajo sexual y la industria del sexo (*sex trade*), promovidas por sectores abolicionistas. Tras una intencionalidad que aparentemente busca atacar el delito de la trata transnacional, también se agazapan agendas geopolíticas que se aferran al modelo restrictivo de control de las migraciones internacionales, el cual representa una de las principales condiciones de reproducción de delitos transnacionales como la trata, que someten a los grupos poblacionales más vulnerables a las formas más despreciables de explotación y esclavización.

Bibliografía

Agustín, Laura. "Sex and the Limits of Enlightenment: The Irrationality of Legal Regimes to Control Prostitution." *Sexuality Research & Social Policy* 5 (4) (2008): 73-86.

Andreas, Peter., and Ethan. Nadelmann. *Policing the Globe.* New York: Oxford University Press, 2006.

Barry, Kathleen. *The Prostitution of Sexuality: The Global Exploitation of Women.* New York: New York University Press, 1995.

Beltrán, Isaac., and Eduardo. Salcedo-Albarán. "Narcotráfico y Parapolítica en Colombia, 1980-2007: Evolución del Capital Social Perverso." Bogotá: Borradores Grupo Método. Disponible en: http://www.esalbaran.com/oldocs/50ksocialparapol.pdf, 2008.

Casillas, Rodolfo. *De las prácticas visibles e invisibles en la trata en Tapachula.* México, D.F.: El Colegio de México / FLACSO, 2005.

Comisión Nacional de los Derechos Humanos (CNDH). *La Trata de Personas.* México. Disponible en: http://www.cndh.org.mx/sites/all/fuentes/documentos/cartillas/8%20cartilla%20la%20trata%20de%20personas.pdf, 2012.

Diéguez, Laura. *Trata de personas con fines de explotación sexual.* Master's Thesis, Estudios Interdisciplinares de Género, Universidad de Salamanca, 2011.

Dworkin, Andrea. .*Intercourse.* Touchstone Books, USA, 1997.

Farley, Melissa.. "'Bad for the Body, Bad for the Heart': Prostitution Harms Women Even if Legalized or Decriminalized." *Violence Against Women* 10 (10): 1077801204268607, 2004. DOI: 10.1177/1077801204268607. Disponible en: http://www.prostitutionresearch.com/FarleyVAW.pdf.

Farrell, Amy., and Rrebecca. Pfeffer.. "Policing Human Trafficking: Cultural Blinders and Organizational Barriers." *The Annals of the American Academy*, 653, 2014.

Instituto Nacional de las Mujeres (INM). *Trata de personas: Aspectos básicos.* México, 2006. Disponible en: http://www.oas.org/atip/reports/trata.aspectos.basicos.pdf.

Jeffreys, Sheila. *The Idea of Prostitution.* Melbourne: Spinifex, 1997.

Juliano, Dolores. *La prostitución: El espejo oscuro.* Barcelona: Icaria, 2002.

Jiménez, Luis. "Aproximación a la trata de personas con fines de explotación sexual en México." *Revista Kula: Antropólogos del Atlántico Sur* 17, (2017): 38-54.

Kempadoo, Kamala., and D. Jo. *Global Sex Workers: Rights, Resistance and Redefinition.* New York: Routledge, 1998.

Kojima, Yu. "Migrant Women and Their Vulnerability in the Trafficking-Migration Continuum: Evidence from Asia." In *Transnational Migration and Human Security: The Migration-Development-Security Nexus*, edited by T. Truong and D. Gasper. Springer Heidelberg Dordrecht London New York, 2011.

Kim, Kathleen., and Grace. Chang. "Reconceptualizing Approaches to Human Trafficking: New Directions and Perspectives from the Field(s)." *Legal Studies Paper* 2007-47.

Lamas, Marta. "¿Prostitución, trata o trabajo?" *Nexos*, 2014. Disponible en: http://www.nexos.com.mx/?p=22354.

Laverde, Carlos. *Impacto de la normatividad jurídica del trabajo sexual en la ciudad de Bogotá: Condiciones sociales y laborales de mujeres trabajadoras sexuales.* Thesis, master's in political and social studies, UNAM, 2014.

Laverde, Carlos. *Prostitución y trabajo: Condiciones sociales y laborales de mujeres trabajadoras sexuales en la ciudad de Bogotá.* Bogotá: ILAE, 2015.

Loyden, Humbelina. "La mujer objeto. La feminidad en el juego de los imaginarios." *Revista Tramas* 2, July, 1991. Disponible en: http://bidi.xoc.uam.mx/busqueda.php?indice=AUTOR&terminos=Loyden,%20Humbelina&tipo_material=TODOS&indice_resultados=0&pagina=1.

MacKinnon, Catharine. "Trafficking, Prostitution, and Inequality." *Harvard Civil Rights-Civil Liberties Law Review* 46, 2011. Disponible en: http://harvardcrcl.org/wp-content/uploads/2011/08/MacKinnon.pdf.

Martin, Philip., and Gottfried. Zürcher. "Managing Migration: The Global Challenge." *Population Bulletin* 63 (1), 2008.

Misión Diplomática de los Estados Unidos de América en México. *Reporte de trata de personas 2014*. Disponible en: http://spanish.mexico.usembassy.gov/es/temas-bilaterales/democracia/reporte-de-trata-de-personas-2014.html.

Organización Internacional para las Migraciones (OIM). *La trata de personas en México: Diagnóstico sobre la asistencia a víctimas*. México, 2011. Disponible en: http://www.corteidh.or.cr/sitios/Observaciones/11/Anexo18.pdf.

OIM-Misión Colombia. "Programa de la lucha contra la trata de personas." Disponible en: http://www.oim.org.co/programas/contra-la-trata-de-personas.html.

Oficina de las Naciones Unidas contra la Droga y el Delito (ONUDC). *Manual sobre la investigación del delito de trata de personas: Guía de autoaprendizaje*. Costa Rica: UNODC – Representación Regional para México, Centroamérica y el Caribe, 2009a. Disponible en: https://www.unodc.org/documents/human.../AUTO_APRENDIZAJE.pdf.

ONUDC. *Informe Mundial sobre la Trata de Personas*, 2009b. Disponible en: http://www.ONUDC.org/documents/human-trafficking/Executive_summary_spanish.pdf.

ONUDC. *The Globalization of Crime: A Transnational Organized Crime Threat Assessment*, 2010. Disponible en: http://www.odccp.org/documents/data-and-analysis/tocta/TOCTA_Report_2010_low_res.pdf.

ONUDC. *Informe Mundial sobre la Trata de Personas*, 2014. Disponible en: www.ONUDC.org/documents/data-and.../GLOTIP14_ExSum_spanish.pdf.

ONUDC. *Global Report on Trafficking in Persons*, 2020. Disponible en: https://www.unodc.org/documents/data-and-analysis/tip/2021/GLOTiP_2020_15jan_web.pdf.

Orozco, Rosi., (coord.) *Trata de personas*. Inacipe: México, 2011.

Osborne, Raquiel. "Debates Actuales en Torno a la Pornografía y la Prostitución." *Revista de Sociología* 30, 1988. Disponible en: http://www.raco.cat/index.php/papers/article/viewFile/25030/191483.

Pateman, Carole. *El contrato sexual*. Barcelona: Anthropos, 1995.

Petheerson, Gail. *El prisma de la prostitución*. Madrid: Talasa, 2000.

Red Española contra la Trata de Personas. "Perfil de las víctimas y formas de coacción y de control." Disponible en: http://www.accem.es/ficheros/documentos/pdf_trata/Perfil_victimas_y_formas_de_coaccion.pdf.

Schaeffer-Grabiel, Felicity. "Sex Trafficking as the 'New Slave Trade'?" *Sexualities* 13 (2), 2010. Disponible en: http://sex.sagepub.com.

Tirado, Misael. *Comercio Sexual: Una Mirada desde la Sociología Jurídica*. Lima: Instituto Internacional de Derecho y Sociedad – IIDS, Bogotá: Fundación FEFSA, 2010.

Tirado, Misael. "Creencias y Comportamientos Socio-Culturales de Jóvenes del Género Masculino Prostituidos Homoeróticamente en Bogotá." *Revista Colombiana de Sociología* 24, (2005): 93-113. Disponible en: http://www.bdigital.unal.edu.co/11713/1/misaeltiradoacero.2005.pdf.

Tirado, Misael. "Contribuciones al Debate Jurídico del Trabajo Sexual en Colombia." *Revista Novum Jus* 8 (1), (2014): 11-37. Disponible en: http://portalweb.ucatolica.edu.co/easyWeb2/files/105_15047_contribuciones-al-debate-juradico.pdf.

Torres, Carlos. "Cuestionamientos a la Ley Anti Trata." *Cátedra Extraordinaria de Trata de Personas,* organized by the Instituto de Investigaciones Jurídicas de la UNAM, June 2, 2015.

Trujillo, Elvia., Carmen. Flórez, and Laura. Mendoza. *Trata de Personas en Colombia: Una Aproximación a la Magnitud y Comprensión del Problema.* Bogotá: Universidad de los Andes, 2011. Disponible en: http://www.mdgfund.org/sites/default/files/GEN_ESTUDIO_Colombia_Trata%20de%20personas%20en%20Colombia.pdf.

United Nations. *UN Convention Against Transnational Organized Crime* (Document A/55/383), 2000. Disponible en: http://www.odccp.org/palermo/theconvention.html.

Weitzer, Ronald. "El Movimiento para Criminalizar el Trabajo Sexual en Estados Unidos." *Debate Feminista* 50, (2014). México.

Capítulo 3.

Entre lo simbólico y lo fáctico: aproximación crítica a las decisiones judiciales en el Sistema de Responsabilidad Penal Adolescente colombiano

EDIMER LATORRE-IGLESIAS
MISAEL TIRADO ACERO [1]

Resumen: El Sistema de Responsabilidad Penal Adolescente, se enmarca en la dinámica altamente atractiva del constitucionalismo progresista, que imprime una fuerte tendencia en el ámbito de la adopción normativa de los jueces en Colombia. Pese a ser considerado internacionalmente como uno de los modelos a seguir, posiblemente el ámbito decisorial de los jueces estaría enmarcado en una narrativa simbólica, que tiene pocas posibilidades de cambiar la realidad de los adolescentes en Colombia. Este capítulo de libro evidencia resultados exploratorios, con metodologías de la hermenéutica jurídica, reflexionando críticamente sobre la brecha existente entre lo simbólico y lo fáctico.

---

1 Los resultados de investigación que se exponen a continuación son un producto del Proyecto de Investigación INV-DER 3160 "Eficacia simbólica de las decisiones judiciales en el Sistema de Responsabilidad Penal Adolescente" financiado por la Universidad Militar Nueva Granada para la vigencia 2020 (Bogotá, Colombia) en convenio con la Universidad Sergio Arboleda – Seccional Santa Marta.
Los autores: **Edimer Latorre-Iglesias**, Sociólogo de la Universidad de Antioquia. Doctor en Sociología Jurídica e Instituciones Políticas de la Universidad Externado de Colombia. Posdoctor en Educación, Ciencias Sociales e Interculturalidad de la Universidad Santo Tomás. Investigador Sénior Minciencias. Director del grupo de investigación Joaquín Aarón Manjarrés categorizado en A1 por Minciencias, adscrito a la Escuela de derecho de la Universidad Sergio Arboleda de Santa Marta. Contacto: edimer.latorre@usa.edu.co
Misael Tirado Acero, Sociólogo de la Universidad Nacional de Colombia, con posgrados en Economía y en Evaluación Social de Proyectos. Doctor en Sociología Jurídica e Instituciones Políticas de la Universidad Externado de Colombia, Posdoctor en Derecho de la Universidad de Buenos Aires, Argentina. Investigador Sénior Minciencias, adscrito a los grupos de investigación de Derecho Público y Red de Estudios Sociojurídicos Comparados y Políticas Públicas–RESCYPP de la Universidad Militar Nueva Granada. Docente Tiempo Completo de carrera, Facultad de Derecho–sede campus Nueva Granada. Correo electrónico: misael.tirado@unimilitar.edu.co

Palabras claves: Sistema de responsabilidad penal adolescente, eficacia simbólica del derecho, constitucionalismo progresista, Estado ambivalente.

Abstract: The Adolescent Criminal Responsibility System is part of the highly attractive dynamic of progressive constitutionalism, which prints a strong trend in the area of normative adoption of judges in Colombia. Despite being considered internationally as one of the models to follow, possibly the decision-making sphere of the judges would be framed in a symbolic narrative, which has little chance of changing the reality of adolescents in Colombia. This book chapter shows exploratory results, with methodologies of legal hermeneutics, critically reflecting on the gap between the symbolic and the factual.

Keywords: Adolescent criminal responsibility system, symbolic efficacy of law, progressive constitutionalism, ambivalent state

I. INTRODUCCIÓN

> De ahí la preservación de la dualidad de la sociedad colombiana, que hace que exista un país legal en las principales ciudades y un país alter-legal en la periferia. Los datos esgrimidos ... permiten afianzar la idea de dualidad, de cooptación de lo público por parte de lo privado y de una ciudadanía cínica que se niega a asumir su papel protagónico en el proceso de materialización de la norma social. Para que una norma pueda ser real, necesita una sociedad que lo posibilite, de ahí que la noción de los derechos sobre participación como mascarada neoliberal, adquiere validez a la luz de la debilidad de la norma, de una norma que existe en el papel y en ciertos lugares del país, pero que debe transitar los peligros de la periferia para poder materializarse" (Latorre-Iglesias, 2015a, p. 88).

En el año 2006, Colombia, inmersa en una guerra de larga data con múltiples actores armados, agravado por la debilidad de un Estado ambivalente que oscilaba como fuerte en el centro y muy débil en la periferia y con millones de desplazados por la violencia arribando a las ciudades, producto de la existencia de una fuerte brecha entre el país real y la Colombia profunda (ciudad-campo), trata de materializar un conjunto de promesas legales que se dan en el marco de la Constitución Política de 1991. La esperanza de la norma moviliza institucionalmente un Estado anquilosado, dual y ambivalente que no alcanza a cubrir el territorio nacional.

El pacto constitucional del 91 ofrece fuertes expectativas a grupos sociales fragmentados entre las promesas incumplidas de un neoliberalismo rapaz y una ciudadanía postergada históricamente. Como ya se mencionó en otras investigaciones, estas dinámicas conflictivas, tanto alter-legales como de debilidad del Estado, crean un campo de ambivalencia y dualidad, de múltiples y cruentas formas de violencia sistémica, que tiende a perpetuarse de forma exponencial:

> Estas formas sui generis de violencia se manifiestan y se reproducen de tal manera que terminan siendo el reflejo de una sociedad carcomida por el conflicto, que no solo da lugar a la aparición de la violencia armada, sino también desde un campo imperceptible e invisibilizando a otras formas de violencias que interactúan con la misma, tal y como lo son: la inestabilidad laboral, precariedad en el empleo, exclusión social, descomposición del tejido social y baja organización en la sociedad civil, que a su vez es dinamizado por un modelo de vida de consumo que teleológicamente mantiene en tensión al individuo y su entorno. Desde este enfoque, el fluctuar legal del Estado colombiano oscila entre la necesidad de llenar los vacíos dejados por la ausencia de Estado y las fuerzas que tienden a defender estos escenarios. Existe una pugna entre lo legal y lo alter-legal, entre el código y el contra-código, entre las instituciones y lo no institucional. Es decir, entre lo normativo y lo contra-normativo. Esta pugna hace que muchas de las normas que surgen del ámbito social terminen siendo manifestaciones de un orden legal que no alcanza el objetivo para el cual fue diseñado (Latorre-Iglesias; Tirado Acero; Ardila Mora, 2018a, pp. 22-23).

Es en este contexto *sui generis*, donde se desarrolla e implementa el nuevo Sistema Penal Adolescente en Colombia (en adelante SRPA) el cual se da en el marco de una coyuntura compleja, cuyos efectos sociales y económicos se postergan en la actualidad. La propuesta de este novedoso y progresista sistema trataba de conciliar dos miradas jurídicas (el punitivismo que caracteriza a sistemas jurídicos de Estados Unidos, China o Chile y el proteccionista que caracteriza a países como Alemania, Francia y España), por ende, se presentaba como restaurativo, es decir, un sistema donde se resarce el daño y en ese proceso de restauración se resocializa a la persona que lo comete.

Sin lugar a duda, el sistema está acorde con el constitucionalismo progresista, que asume decisiones que crean normas, donde deben prevalecer los derechos fundamentales de los adolescentes; la institucionalidad, así como sus funcionarios, deben velar porque los derechos de los adolescentes no sean vulnerados. Por lo tanto, el SRPA plantea un conjunto de sanciones que giran en torno al resarcimiento del daño y a la reincorporación y resocialización del adolescente en la sociedad, el cual es entendido por el derecho colombiano como un sujeto de especial protección constitucional.

Esta declaración axial de principios constitucionales progresistas en ocasiones se da de bruces con la realidad fáctica, puesto que las limitaciones (restricciones) para el resarcimiento y el posible exceso de garantismo por parte de las instituciones y, por ende, de sus funcionarios, termina impidiendo que las víctimas sean reparadas, creando un fenómeno de desfase, en la proporcionalidad normativa entre los derechos de los victimarios y los derechos de las víctimas, a una genuina y real materialización de la reparación.

Las últimas cifras de delincuencia juvenil en Colombia, alertan del incremento de delitos en jóvenes que son altamente instrumentalizados por los diferentes actores criminales, cifras que podrían están señalando un serio problema de laxitud en el SRPA, puesto que solo durante el año 2019, según la dirección de protección y servicios especiales de la Policía Nacional, fueron detenidos 9.659 menores de edad, de esta cifra 7.114 eran menores entre los 16 y 17 años de edad y 2.481 estaban en los rangos de edad de 14 y 15 años y en el transcurso del año 2020, 248 jóvenes fueron apresados diariamente. Es en este contexto antinómico y de ambivalencia, con una violencia que lacera a los adolescentes y jóvenes del país, que el presente documento, invita a la reflexión, desde la formulación de la siguiente pregunta problema: *¿Cuál es el impacto sociojurídico que se genera en la reparación integral de las víctimas, por el uso simbólico de las normas en la estructuración de la decisión judicial del SRPA colombiano?*

Para dar respuesta a la pregunta problema, el capítulo de libro entrega los resultados exploratorios a nivel teórico sobre la ambivalencia entre la norma y la realidad que paradójicamente es más fuerte en Estados tardomodernos, dejando claro que esta ambivalencia también es una oportunidad, tal y como lo plantea Bauman (2005, p. 240) en su análisis de los problemas del desarrollo y que se asume como complemento a la metodología hermenéutica, que orientó el proceso de investigación:

> El mundo es ambivalente, aunque a sus colonizadores y gobernantes no les gusta que sea asi y de alguna u otra manera traten de hacerlo pasar por uno que no es. Las certidumbres ya no son mas que hipótesis, los relatos no mas que construcciones, las verdades no más que estaciones de tránsito en un camino que siempre empuja para adelante, pero nunca termina.

La estructura de los argumentos propende por realizar un proceso de recopilación teórica de las decisiones jurídicas en torno al SRPA, efectuar un análisis hermenéutico de la normativa que posibilite comprender el concepto de eficacia normativa y precisar algunos elementos críticos del proceso de reparación de las víctimas en el sistema jurídico nacional e internacional. En un primer aparte, se señalan las premisas teóricas que posibilitarían entender algunos paradigmas jurídicos sobre la debilidad de la norma en contextos de Estados débiles y con grandes espacios anómicos, es decir, aquellos lugares donde la contranorma prevalece. La segunda parte, gira en torno a las posibles ausencias de una efectiva reparación a las víctimas en el SRPA. El trabajo concluye con un listado de recomendaciones mínimas que dan pautas de mejoramiento en pro de la eficacia normativa.

II. SÍMBOLOS, NORMAS Y REALIDADES: ¿UN POSIBLE DERECHO QUE NO MOVILIZA?

> La Nación colombiana después de más de cinco décadas de conflicto y de un largo proceso de diálogo con la guerrilla de las Farc, inicia un proceso transicional, que algunos denominan postacuerdo, otros postconflicto. Este interregno vital, implica asumir el tremendo desafío de la reconstrucción del tejido social, pero también conlleva a la necesaria solución de los problemas históricos no resueltos, en la convulsa y violenta conformación del Estado-Nación. Uno de estos conflictos, que retorna constantemente con la fuerza de las postergaciones estructurales, es la brecha existente entre el país urbano y el país rural o entre el país legal y el país real (Latorre-Iglesias, 2020, p. 292).

Las tendencias actuales dentro de la sociología jurídica insisten en la búsqueda incesante de herramientas que logren aproximarse a entender las condiciones sociales e institucionales que posibilitarían hacer efectiva una normatividad. En ese sentido, un conjunto de autores ha señalado el campo de batalla que es el derecho (Bourdieu y Teubner, 2004) como producto a su vez de luchas ideológicas (Kennedy, 2010), las cuales tienden a movilizar sociedades en el marco de procesos estructurales a gran escala denominados como ingeniería jurídica (Puga, 2012). Estos procesos de crítica de la debilidad normativa y de la eficacia jurídica, son vistos desde el análisis focalizado del síndrome normativo (Botero Bernal, 2019) como ineficientes *per se*, pero señalan la importancia simbólica de la norma y la capacidad de movilización de la misma (Lemaitre, 2009; García Villegas, 2014).

La sugestiva e innovadora teoría sociológica del *campo* trata de acercarse de una forma altamente provocativa a entender el poder en sus múltiples variantes y en sus dinámicas que reflejan lo amorfo y conflictivo del mismo. La fuerza del poder en el *campo* se entiende como el producto de la configuración social que emerge de las relaciones objetivizadas en las posiciones que ocupan los actores en el presente o en el futuro, que toman, detentan, distribuyen y preservan, en luchas enconadas, sus diversas tipologías de poder (aunando a los diversos capitales que poseen). El derecho termina siendo un campo de poder, donde actores legitimados por la imagen social o la pericia de las técnicas, poseen *el derecho de decir que es el derecho.* Como lo resume Bourdieu y Teubner (2004), el derecho termina siendo una narrativa aceptada por detentadores de un poder que publican: *"Textos que consagran la visión legitima, recta del mundo social"*. De estos enconados enfrentamientos emerge un conjunto de acciones prácticas y discursos que terminan imponiendo en el marco de una hegemonía, el pensamiento oficial.

Pero estas luchas simbólicas y fácticas no están ausentes de ideologías, ni tampoco carecen de visiones dogmáticas y cerradas sobre lo que debería ser el ordenamiento social. La vertiente de los estudios críticos, paradigma planteado por las agudas investigaciones de Duncan Kennedy, así lo plantea. Lo que se nos presenta como un derecho objetivo, imparcial, altamente idealizado con la figura de la imagen de una justicia ciega, obedece más a un derecho subjetivo, radical en cuanto a posturas ideológicas que evidencia: "*… visiones irreconciliables de la humanidad y de la sociedad*" (Kennedy, 2010).

Puga (2012), es mucho más explícita en su análisis sobre la fuerza del derecho. En un marco crítico reflexivo sobre la fuerza de lo jurídico para transformar realidades, se analiza en Argentina y Colombia, el inicio de una fuerte tendencia denominada por la precitada autora como experimentalismo jurídico. Producto de decisiones jurídicas que obligan a materializar cambios sociales, el constitucionalismo progresista, a través de fallos estructurales, dinamiza Estados precarios. Los jueces devienen en ingenieros jurídicos, sustituyendo a los legisladores al dictar la política pública. Esta ingeniería jurídica se da en torno a la forma como los colectivos sociales, es decir, poblaciones en situación de vulnerabilidad, se organizan para dialogar con la institucionalidad en torno a estas decisiones jurídicas.

En el análisis de Puga, se hace vital en el proceso de apropiación de la norma por parte de los colectivos vulnerables socialmente, los desaventajados, los que, por lo general, terminan siendo los ciudadanos aplazados en la materialización de sus derechos reales. Las decisiones de los jueces implican una movilización social, mediática y de abordaje desde las políticas públicas. Como caso exitoso, Puga precisa el largo camino de los desplazados para que el Estado colombiano garantizara un conjunto de políticas públicas existentes, ello implicó un fallo estructural y la declaración del Estado de cosas inconstitucionales. Este hecho logró una de las mayores ingenierías jurídicas en la historia del derecho colombiano, la Corte Constitucional dictaminó la política pública, dio órdenes precisas a las instituciones y vigiló el proceso de coordinación de las mismas, mejorando ostensiblemente las condiciones de este grupo poblacional víctima del conflicto armado.

En un foco de análisis más crítico, Botero Bernal (2019) plantea el síndrome normativo, como esa pulsión *obsesivo-compulsiva* por plantear normativas cuasi perfectas para un mundo imperfecto, viéndose convencidos los legisladores de que la sola promulgación de la norma iniciará el proceso de transformación social idealizado, este síndrome persiste en la actualidad, donde se promulgan normas para hacer frente a problemáticas sociales, con la fuerte esperanza de que el solo hecho de legislar permitirá el anhelado cambio social, nos dice al respecto el autor (Botero Bernal, 2019):

> Resulta que, gracias al análisis que se hará de la normativa sobre caminos, bajo el marco psicoanalítico, se vislumbrará la presencia, siempre en el marco de la alegoría, de una idea irracional repetida que termina sustituyendo la realidad y la repetición de una conducta que calma la ansiedad que genera la misma idea repetida que se ha vuelto fantasía. La idea es la de pretender cambiar la realidad con la mera promulgación normativa y desear legitimarse por la misma vía, por decir algo; la conducta es la producción desmesurada de normas jurídicas que, por consiguiente, caen en la ineficacia. Ahora bien, esa idea se convierte en irracional y fantasiosa en la medida en que la conducta repetida no cumple en el mundo real el objetivo deseado en la idea, pero, paradójicamente, la reacción es repetir la conducta, lo que puede estar acompañado del reconocimiento de que la repetición no resuelve la tensión –cosa que puede llamarse perversidad– o que, ingenuamente, se actúe así creyendo que la repetición, tarde que temprano, satisfará el deseo detrás de la idea. Todo esto es lo que aquí se denominará «síndrome normativo». (p. 172).

Lemaitre (2009), en esta misma direccionalidad, vincula el derecho con el psicoanálisis, pero también agrega la importancia del fetiche simbólico y las movilizaciones sociales que se dan en torno al mismo. La producción simbólica del derecho es dinamizar lo social y es esta la que garantizará las promesas esperanzadoras de la ley. El presupuesto clave dentro del paradigma de la eficacia simbólica del derecho desarrollado por García Villegas (2014) se centra en la importancia de las normas para apelar a estos símbolos que logren estas movilizaciones sociales que terminen creando un efecto real de la norma.

En su detallado análisis sobre la dinamización de Estados con recursos escasos, en ocasiones esta eficacia simbólica conduce a la desesperanza, porque podría terminar transmitiendo un mensaje que apacigua la rebeldía social, y luego en las múltiples interpretaciones de las gramáticas jurídicas, termine siendo totalmente desvirtuado el ideal con el cual se diseñó la norma. Dicho de otra manera, las normas son herramientas simbólicas que se hacen para que la sociedad civil se organice en torno a ellas, creando las necesarias protestas sociales. Nos dice al respecto García Villegas (2014):

> En síntesis, el derecho sirve para reactivar las esperanzas de la gente mediante la expedición de textos jurídicos que aseguran el cambio y el respeto de los derechos de todos; en este sentido, las normas responden a las exigencias de los ciudadanos, latentes en el sentido común y manifiestas en el lenguaje cotidiano, de un orden social igualitario, solidario, justo, unitario, etc. Así se satisface la sensibilidad filantrópica que se plasma en el lenguaje de los derechos y de los principios. Esa reactivación de la esperanza puede tener como ya dije dos efectos posibles: apaciguar las demandas ciudadanas o empoderar a la gente para que luche por sus derechos. (p. 271).

Posiblemente, el SRPA esté imbuido de una toma de decisiones judiciales en torno a la eficacia simbólica del derecho que podría terminar siendo un síndrome normativo. En este orden de ideas, adquiere sentido la necesidad de entender la articulación entre la reparación integral de las víctimas y el uso simbólico de las normas, lo que conlleva un paso más en la búsqueda de una mejora en el proceso de administración de justicia en Colombia, el mismo que deberá garantizar la justicia restaurativa, la verdad y la reparación del daño.

Puesto que, si bien los adolescentes infractores requieren de un trato diferenciado y especial, requisito que surge de la naturaleza misma de la concepción de esta etapa de la vida, definida como:

> El periodo de crecimiento y desarrollo humano que se produce después de la niñez y antes de la edad adulta, entre los 10 y los 19 años (...) Se trata de una de las etapas de transición más importantes en la vida del ser humano, que se caracteriza por un ritmo acelerado de crecimiento y de cambios, superado únicamente por el que experimentan los lactantes. Esta fase de crecimiento y desarrollo viene condicionada por diversos procesos biológicos. El comienzo de la pubertad marca el pasaje de la niñez a la adolescencia (OMS, 2018, p. 1).

El principio de *interés superior del menor* asume diversas posibles conceptualizaciones que se pueden analizar desde dos grandes dimensiones como lo señala Hernández (2007, p. 63): *"en su aspecto positivo, este concepto hace referencia a una ventaja afectiva para el niño, niña o adolescente y, en su aspecto negativo busca evitar un perjuicio o una previsible desventaja para el menor"*. En concordancia con esto, se plantea como una orientación de la acción social que, en su carácter deóntico busca comprender que los menores son *sujetos de especial protección*, por su estado de indefensión respecto de las demás personas. Es necesario recordar que Alexy (1993, p. 83) entendía los principios como *"razones para juicios concretos del deber ser"*, por tanto, la necesidad de una protección reforzada a los menores de edad donde el garantismo jurídico no solo privilegie la sociedad mayoritariamente mestiza, sino la necesidad de que prevalezcan los derechos de los niños y las niñas de los pueblos indígenas, negros, raizales, rom, entre otros, y el respeto a los tratados internacionales ratificados mediante el bloque de constitucionalidad y su enlace con el control de convencionalidad (Bahamón Jara, M. 2020, pp. 247-284).

Sin embargo, a pesar del amplio marco normativo y, en especial, del trato diferenciado de los que cursan esta etapa de la vida, la víctima también merece ser tenida en cuenta de forma real, más no simbólica en el marco del proceso de estructuración de las decisiones judiciales que son proferidas en el SRPA. La reparación integral no puede terminar siendo una herramienta meramente retórica, debe denotar un compromiso de reparación fáctica de las víctimas, las cuales en ocasiones terminan enmarcadas en una especie de posible derecho postergado.

Así mismo, respecto a las implicaciones e impacto sociojurídico que se genera en la reparación integral de las víctimas, por el uso simbólico de las normas en la estructuración de la decisión judicial del SRPA colombiano, se podría estar generando una ineficacia de las normas que integran dicho sistema, el cual también quedaría atrapado en las restricciones institucionales, tales como la falta de capacidad institucional y ausencia de cooperación interinstitucional y la precariedad en la efectividad de las sanciones.

En este aparte es vital detenernos a revisitar el concepto de víctima. El connotado jurista Resumil (1992) aborda el concepto basándose en la *"Declaración de los Principios Básicos de Justicia para las Víctimas de Delito y del Abuso de Poder"*, adoptada por la Asamblea General de Naciones Unidas, el 11 de diciembre de 1985, en donde se consideró que se entiende por víctimas a:

> Aquellas personas que, individual o colectivamente han sufrido perjuicio incluyendo daño físico o mental, sufrimiento emocional, pérdida económica o deterioro substancial de sus derechos fundamentales por medio de actos u omisiones en infracción de las leyes penales operantes en los Estados Miembros, incluyendo aquéllas que establecen prescripciones relativas al abuso del poder (p. 224).

El siguiente gráfico basado en la obra de Antonio García (2003, pp. 145-148) ejemplifica la clasificación del proceso de victimización por la doctrina en tres grandes categorías, las cuales, también se definen retomando los postulados del autor y especificando una serie de niveles que ubican a la víctima y su necesidad de reparación:

Gráfico 1. Tres categorías de la victimización

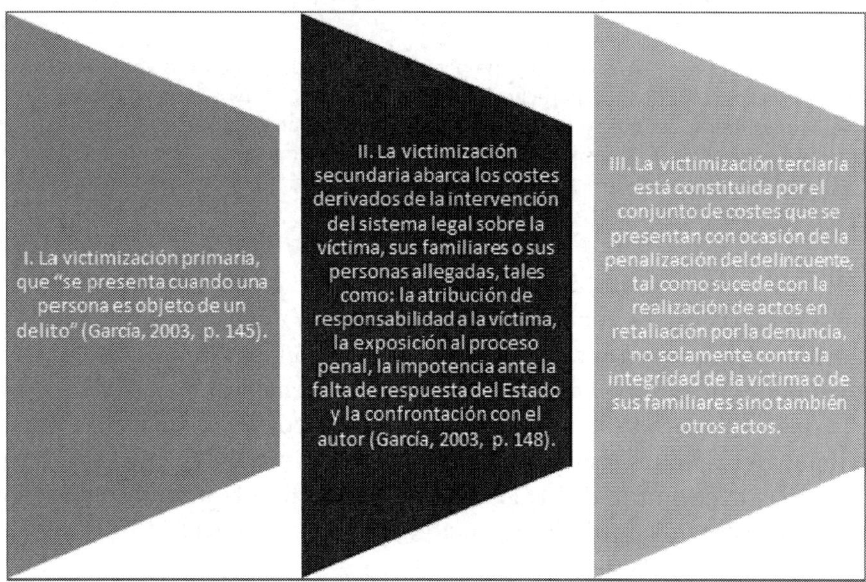

Fuente: adaptación de García (2003).

En cuanto al tema de la responsabilidad al respecto, Farrando y Martínez refieren que el concepto de responsabilidad en el ámbito del derecho implica *"evitar que se produzca cualquier daño injustificado, que deba soportarlo la comunidad"* (1999, p. 545), con lo cual se actualizó el modelo doctrinal y se incorporó la idea del respeto fundamental por aquellos derechos que fueron catalogados en el derecho internacional como derechos humanos y, en el derecho interno como derechos fundamentales.

En este contexto argumental, Ballesteros (2007, p. 124) explica que la responsabilidad implica una *"relación entre un acto que produce un resultado dañoso y un sujeto, por virtud de cuya relación se imputan a este los efectos que el acto genera"*, con lo cual se adiciona al concepto el término de nexo causal, en donde se requiere una relación causa-efecto que permite establecer los hechos que pueden ser precisados como elementos determinantes del daño que ocasionan el perjuicio tangible.

Un elemento claro en estas definiciones es el daño, el cual ha sido entendido como *"todo detrimento menoscabo o perjuicio que a consecuencia de un acontecimiento determinado experimenta una persona en sus bienes espirituales o patrimoniales"* (Gil, 1989, p. 165). Por tanto, dicho daño, conlleva una afectación del sujeto frente a su cuerpo, mente o patrimonio, lo cual puede conducir a coartar precisamente el ejercicio de sus derechos, siendo estos inherentes al individuo, lo cual lleva a una instrumentalización y no necesariamente a una reparación o resarcimiento en términos reales (Tirado y Molina, 2020, p. 87).

Al respecto, Juan Carlos Henao explica que, el daño antijurídico como aquel que

> Afecta los intereses lícitos de una persona, trátese de derechos pecuniarios o de no pecuniarios, de derecho individuales o de colectivos, que se presenta como lesión definitiva de un derecho o como alteración de su goce pacífico y que, gracias a la posibilidad de accionar judicialmente, es objeto de reparación si los otros requisitos de la responsabilidad se encuentran reunidos (Henao y Ospina, 2015, p. 35).

En este mismo sentido, reparar también implica asumir los costos de los daños materiales, los cuales pueden dividirse *en daño emergente y lucro cesante,* sobre el primero nos apegamos a la definición de Henao (1998, p. 196) quien lo define como: *"aquel bien económico que salió o saldrá del patrimonio de la víctima"* (Henao, 1998, p. 196). Este daño puede ocasionar en la persona víctima, afectaciones físicas o afectaciones patrimoniales, puesto que pueden darse un conjunto de erogaciones patrimoniales y aumento de pasivos, debido a los gastos por la disminución física o la muerte.

Otra arista de la reparación implica asumir el lucro cesante, esto tiene que ver con el futuro de la persona, es decir, la pérdida de un bien económico que podría a largo plazo ingresar al patrimonio de la víctima y que debido a la afectación física o a la muerte no podrá contabilizarse; al respecto nuevamente Henao (1998, p. 197) lo explicita: "corresponde a la ganancia frustrada, a los intereses no percibidos o a la utilidad esperada y no obtenida". Esto implica que nos detengamos en las afirmaciones de Diego González (2006):

> Desde la expedición de la Ley 1098 del 2006 (Código de Infancia y Adolescencia) se entendía que la responsabilidad penal para los menores de edad, se fundaba en la comisión de una conducta típica y antijurídica, siempre que no concurrieran las causales eximentes de responsabilidad previstas en el Código Penal (Ley 599 del 2000). Lo anterior respondía a la concepción del menor de edad como inimputable, y por ende incapaz de culpabilidad, es decir, se consideraba que éste no podía ser censurado por actuar de forma contraria, ya que se entendía que atendiendo a criterios estrictamente biológicos, los menores de 18 años carecían de la capacidad de comprender a cabalidad la ilicitud de su conducta y de determinarse conforme a tal comprensión, por tanto, debían ser sometidos a un procedimiento de orden tutelar, encaminado a su rehabilitación y protección carente de naturaleza propiamente penal.

Por lo cual, se hace imperativo lograr una mejora en la articulación del papel de la víctima en el SPRA, se requiere trazar estrategias o mecanismos que permitan analizar de forma sistemática el proceso de la adolescencia, así como su protección en el derecho interno y en el ámbito jurídico internacional, para lo cual se debe examinar el concepto de la adolescencia desde la perspectiva semántica y doctrinal, así como su relación con los derechos humanos y, con la protección de los derechos fundamentales de los niños, las niñas y los adolescentes en el marco constitucional y legal colombiano tendiente a explorar como resarcir a las víctimas y encontrar proporcionalidad en las decisiones jurídicas.

Este desfase también implica revisar las restricciones que imposibilitaron la política pública; al parecer, se promulgan leyes sin la necesaria propuesta de reformas de instituciones que tienen la labor de hacer cumplir la ley. Las restricciones, así mismo, implican reorganizar la arquitectura organizacional y el marco de competencias y sinergias que se hacen imperativas para poder cumplir con el ideal propuesto en la ley. En este entendido, se analizarán las restricciones tanto institucionales como de capacidades del Estado para hacer efectiva la normatividad, y seguiremos explorando el problema de la proporcionalidad, en tanto, la evidencia fáctica del proceso de resarcimiento de las víctimas en el SRPA nos está arrojando un desequilibrio en cuanto a la capacidad del resarcimiento.

III. LA PRETENSIÓN DE EFICACIA NORMATIVA: IDEALES VERSUS REALIDADES

> Pero cada vez es mayor el desfase entre la norma y la realidad, y cada vez resulta más difícil materializar las promesas de cambio que promete el ordenamiento jurídico. De igual forma, se hace muy difícil en el plano de lo real, materializar el ideal jurídico. No existen mecanismos efectivos que logren cristalizar el mundo de las normas y no existe una supeditación del mundo de lo alter-legal al mundo de lo legal. En este punto nuevamente la debilidad del Estado e ineficacia de la norma se toman de la mano. (Latorre-Iglesias, Edimer, 2015b, pp. 123,124).

Cuando se crea una norma, está siempre tiene que apelar a la legitimidad y a la legalidad, ese equilibrio que Weber (2014) planteaba como vital para la existencia adecuada de un sistema jurídico, una especie de pareja indisoluble que garantizaría el orden social. Visto de otra manera, sin las condiciones sociales necesarias, un conjunto de leyes no podría tener capacidad de inserción y modelamiento de lo social, en este sentido, lo jurídico necesita de un tipo ideal de factores sociales para que pueda insertarse socialmente y ser agente de cambio.

Pese a esto, en la actualidad colombiana, estamos asistiendo a la dinámica creativa en la construcción de enunciados normativos altamente progresistas, con el conjunto de decisiones jurídicas que conllevan, e interpretaciones normativas por parte de jueces que tienden a darle primacía al ideal, posiblemente esperanzados en las movilizaciones y en la promesa de cambio social que podrían traer aparejadas estas decisiones.

Posiblemente, dos factores expliquen estas tendencias progresistas en las decisiones de los operadores jurídicos, González (2002) precisa lo siguiente a este respecto: *"por un lado, a una pretensión de eficacia normativa en términos de protección de derechos y, por otro, a una pretensión de completitud del sistema constitucional"*.

Ello hace que el jurista esté en pro de un ideal, pero este se enfrenta a la realidad de contextos altamente complejizados por la debilidad del Estado y la ausencia de una institucionalidad que logre materializar ese plano normativo. El debate entre legitimidad y legalidad se transfiere a un debate entre el ideal propugnado por la norma y el alejamiento de la sociedad del mismo, lo que hace que el derecho termine siendo un campo de construcción de un tipo ideal de sociedad, donde la ciudadanía que se moviliza termina siendo el protagonista principal del cambio social.

Es por ello por lo que hablar de la eficacia simbólica del derecho implícito en la reparación integral de las víctimas y a la eficacia de la política pública frente al SRPA, es preguntarse por la decisión o interpretación correcta del derecho frente a un determinado caso. Lo cual solo tiene sentido si se asume que el derecho tiene *per se* un contenido que no admite discusión —aplicable a los casos fáciles— y que, sin embargo, el mismo no agota la solución a todos los casos jurídicos posibles, en tanto, hay lugar a la discrecionalidad judicial en aquellos casos —difíciles— en los que la posibilidad de subsumir una norma en un determinado enunciado se presenta como vaga.

Aquí tiene cabida el debate por los derechos fundamentales, los cuales son el epicentro axial de las constituciones políticas en la modernidad, son los derechos que orientan la acción social en el marco de la moralidad y en palabras de Elster tienen la pretensión de: "*... proteger a los ciudadanos de una interferencia arbitraria por parte del Estado y, garantizan la provisión de algunos bienes procedimentales y sustantivos*" (Elster, 2002, p. 123).

En las diferentes interpretaciones por parte de los jueces, toma relevancia el valor polisémico de las palabras que describen los derechos interpretados o pretendidos. Para García Villegas, respecto a la polisemia, existe un mayor grado de movilidad e incertidumbre de las palabras, esta es mayor cuando se hace referencia a valores como la justicia o la igualdad, y menor cuando se definen objetos materiales, como casa o árbol, sin embargo, existen pocas dudas cuando se evalúa un solo valor a la vez, y una gran dificultad cuando se presenta dos o más valores en un análisis. El ejemplo por excelencia es la tensión existente entre la igualdad y la libertad, con los cuales, sin importar que sean altamente valiosos, en la práctica su protección genera confrontaciones:

> Un modelo de organización social que privilegie la libertad deberá enfrentar la desigualdad de sus individuos, viceversa, un modelo empeñado en lograr igualdad deberá restringir algo de libertad para lograrlo. Toda la tensión entre el liberalismo y el socialismo parte de esa dificultad para conciliar estos dos valores (García Villegas 2014, p. 55).

De esta manera, para García Villegas el éxito de una sociedad, se encuentra en lograr un balance adecuado entre las tensiones que se generan al confrontar determinados valores, existen amplios ejemplos, como la solidaridad versus la meritocracia, o las dinámicas conflictivas entre un ambiente sano y la libertad de empresa, o para el caso que nos atañe, las tensiones generadas entre el especial tratamiento que se otorga a los adolescentes por parte del SPRA y la reparación integral de las víctimas.

Son justamente estas tensiones las que resuelven los tribunales constitucionales, llamadas subreglas, y, al respecto, García Villegas, abordando a Robert Alexy, nos dirá que son estas las denominadas *"normas adscritas"* y que: "*las condiciones bajo las cuales un principio precede a otro constituyen el supuesto de hecho de una regla que expresa la consecuencia jurídica del principio precedente*" (Alexy, 1993, p. 72).

Adicionalmente, es prioritario abordar el Sistema de Responsabilidad Penal para Adolescentes de forma específica, sus elementos estructurales y normativa aplicable, para determinar por medio de cifras y valores estadísticos, la ineficacia de dicho sistema judicial y, el problema actual que existe en torno a la reparación integral de las víctimas por el uso simbólico de las normas en las decisiones judiciales que son proferidas en dicho contexto judicial.

Es necesario la implementación de políticas públicas que permitan la creación o de medidas alternativas de tipo o categoría pedagógica, técnica y social para adolescentes y, centros de atención del ICBF, como una necesidad que al ser ejecutada por la administración permite que la reintegración de los jóvenes en la sociedad aumente en su nivel de efectividad, con lo cual se reduciría la reincidencia en la comisión de conductas prohibidas y se incrementaría la eficacia y operatividad del sistema que conlleven establecer formas alternas de reparación.

Este conjunto de acciones también implica asumir el debate de contrastar los paradigmas sobre la justicia, en especial el análisis sobre las limitaciones de la justicia restaurativa que nos permita adentrarnos a nuevos paradigmas como el que ofrece la justicia correctiva. La filosofía del derecho ha abordado el problema de la justicia correctiva insistiendo en un concepto vertebral: el de responsabilidad. Aristóteles define este valor como: "*... la virtud de las virtudes y la más perfecta, porque el que la posee puede hacer uso de ella con los otros y no sólo consigo mismo*" (Aristóteles, 2014, p. 30).

En este sentido, la justicia correctiva gira en torno a generar un equilibrio, una armonía entre los modos de trato, voluntarios o involuntarios, produciendo una igualdad, de tal modo, que "*la ley sólo mira a la especie del daño y trata como iguales al que comete la injusticia y al que la sufre, al que perjudica y al perjudicado*" (Bernal, 2013, p. 89). Para finalizar, es perentorio asumir críticamente lo que señala Gardner (2013, p. 45): "*... la ley sólo mira a la naturaleza del daño y tratará a ambas partes de igual manera, sea al que comete la injusticia o al que la sufre*".

IV. CONCLUSIONES

Las restricciones socio-estructurales siguen impidiendo la materialización efectiva de los acuerdos de paz en Colombia. De ahí que seguir analizando la fuerza o debilidad de las instituciones se hace fundamental en la coyuntura actual. Así mismo, seguir caracterizando restricciones socio-jurídicas para

> poder aproximarnos a entender un país polarizado, divido por la fuerza de la opinión, los juegos mediáticos y las luchas políticas por el poder, se hace necesario para encontrar el camino a la transición efectiva como garantía de no repetición". (Latorre-Iglesias; Tirado Acero, *et al.*, 2018b, p. 72).

El Sistema de Responsabilidad Penal para Adolescentes en el modelo normativo colombiano, ha sido definido como *"un conjunto de comportamientos, actividades, instituciones y personas que trabajan en equipo para investigar y decidir las acciones a seguir con los adolescentes de 14 a 18 años que han realizado algún delito"* (Rama Judicial, 2018, p. 1). Ante todo, termina siendo un modelo normativo que, abarca la investigación y sanción punitiva de los adolescentes que hayan cometido una infracción a la ley, para lo cual, se tiene en cuenta, especialmente, los derechos y principios fundamentales y, el derecho a la rehabilitación y resocialización, lo que es materializado por medio de planes y programas que son ejecutados por el Estado e implementados por las instituciones y organizaciones creadas para tal fin.

Al respecto, la Ley 1098 de 2006 —actual Código de la Infancia y la Adolescencia— señala que en el proceso adelantado en contra de los niños, las niñas y los adolescentes que transgreden la ley penal, así como los principios constitucionales aplicables, tiene el propósito estructural de garantizar la prevalencia del orden jurídico, la normatividad internacional que consagra los derechos de la infancia y adolescencia, el debido proceso con garantías, el derecho a la defensa, pero, especialmente, la protección de sus derechos fundamentales, los cuales han sido considerados como *"derechos singulares que adquiere cada individuo con exclusión de los demás son universales, indispensables, inalienables atribuidos por normas jurídicas a todos en cuanto personas, ciudadanos o capaces de obrar dentro de un Estado"* (Ferrajoli, 2011, p. 61).

En la actualidad, se hace fundamental caracterizar el impacto real que ha tenido el SRPA, en cuanto a capacidad de reparación y justicia para las víctimas, y, en especial, a la cuestionada capacidad institucional para la resocialización y educación del menor infractor. Los altos índices de delincuencia juvenil y la creciente instrumentalización de los menores en actividades criminales estarían señalando la gran distancia entre decisiones jurídicas altamente simbólicas que no logran materializarse en una sociedad ambivalente.

Pero a partir de la evidencia en cuanto a las fallas del SRPA, los cantos que claman por un retorno al esquema punitivista y por los famosos endurecimientos de las penas y los límites de la edad, en cuanto, a los parámetros para ser juzgados como adultos, dejan de ver las fallas estructurales tradicionales, de promulgar normas simbólicas sin los necesarios ajustes y las necesarias sinergias institucionales.

Por ejemplo, creer que es el proceso judicial el culpable de la falla de un sistema que no ha creado una transformación institucional efectiva. En este caso, al necesario acompañamiento del victimario y de la víctima. La resocialización implica un cambio en los esquemas institucionales que permitan un verdadero, real y efectivo acompañamiento entre familia, acusado y víctima. Que este acompañamiento se dé en el marco de las penas que se proyecten hacia un servicio a la comunidad y que se promulguen políticas públicas para la prevención del delito, el cual se encuentra bastante focalizado.

Es necesario reflexionar y proponer una posible salida a la falta de efectividad y de eficacia de las sanciones que son impuestas a los menores infractores, por ende, analizar dicha situación en articulación con el uso simbólico de las normas en la estructuración de la decisión judicial del SRPA colombiano, puede conllevar determinar cuáles son las medidas alternativas que se deberían implementar en el sistema jurídico colombiano para corregir el problema planteado, lo que permitiría optimizar la aplicabilidad de las normas de dicho sistema penal, aumentando su eficacia y efectividad, disminuir el grado de reincidencia juvenil y hacer operativo el principio de interés superior, que se relaciona de manera directa con otros postulados y derechos fundamentales consagrados en la Constitución Política de Colombia.

Referencias

Alexy, Robert. *Teoría de los derechos fundamentales.* Traducido por E. G. Valdez. Madrid: Centro de Estudios Constitucionales, 1993.

Aristóteles. *Ética a Nicómaco.* Barcelona: Gredos, 2014.

Bahamón Jara, Martha. Lucia. "Protección mixta de los derechos humanos en la Corte Constitucional de Colombia en relación con los derechos de los pueblos indígenas: el principio pro homine como centro de gravedad." *Revista VIEI* 15 (1) (2020): 247-284,.

Ballesteros, Ángel. *Manual de responsabilidad patrimonial de los entes locales.* Madrid: La Ley, 2007.

Bernal, Carlos. "Es el derecho de daños una práctica de justicia correctiva?" En *Derecho de daños, principios morales y justicia social,* editado por D. M. Papayannis, 81-99. Madrid: Marcial Pons, 2013.

Botero Bernal, Andrés. "El síndrome normativo: estudio de la eficacia de la normativa sobre caminos en el siglo XIX antioqueño." *Revista Precedente* 15 (julio-diciembre): 149-208, 2019.

Bourdieu, Pierre., y Gunther. Teubner. *La fuerza del derecho.* Bogotá: Uniandes. Pensar y Siglo del Hombre Editores, 2000.

Elster, Jon. *Ulises desatado. Estudios sobre racionalidad y restricciones.* Barcelona: Gedisa, 2002.

Farrando, Ismael., y Patricia. Martínez. *Manual de Derecho Administrativo.* Buenos Aires: Ediciones de Palma, 1999.

Ferrajoli, Luigi. *Principia Iuris, Teoría del Derecho y de la Democracia.* Madrid: Trotta, 2011.

García Villegas, Mauricio. *La eficacia simbólica del derecho.* Bogotá D.C.: Penguin Random House, 2014.

García, Antonio. *Criminología.* Valencia: Tirant Lo Blanch, 2003.

Gardner, John. "La justicia correctiva corregida." En *Derecho de daños, principios morales y justicia social,* editado por M. Papayannis, 39-60. Madrid: Marcial Pons, 2013.

Escobar Gil , Rodrigo. *Responsabilidad Contractual de la Administración Pública.* Bogotá: Temis, 1989.

Henao, Juan. Carlos. *El daño.* 1ª ed. Bogotá: Universidad Externado, 1998.

Henao, Juan. Carlos., y Andres. Ospina. *La responsabilidad extracontractual del Estado.* Bogotá: Universidad Externado de Colombia, 2015.

Kennedy, Duncan. *Ensayos de teoría jurídica crítica.* Buenos Aires: Siglo XXI, 2010.

Latorre-Iglesias, Edimer. *Participación ciudadana y democracia experimentalista en la constitución política de Colombia de 1991: análisis de una realidad local en Colombia.* Bogotá: Universidad Sergio Arboleda, 2015.

Latorre-Iglesias, Edimer. *Litigio estructural y experimentalismo jurídico: análisis sociojurídico a los cambios generados por la Sentencia T-025 en la población desplazada.* Santa Marta: Universidad Sergio Arboleda, 2015.

Latorre-Iglesias, Edimer., Misael. Tirado Acero, y Julian. Ardila Mora. "Postconflicto y menores infractores." En *Sistema de responsabilidad penal adolescente en una sociedad transicional: una mirada interdisciplinaria al caso colombiano,* 1-40. Bogotá: Universidad Sergio Arboleda, 2018a.

Latorre-Iglesias, Edimer., Misael. Tirado Acero, et al. *Derechos colectivos, tierras y extractivismo en Colombia.* Bogotá: ILAE, 2018b.

Latorre-Iglesias, Edimer. "Cicatrices en la memoria: posconflicto, Mass Media y Víctimas. Un acercamiento cualitativo a la tierra del olvido". En *Apuntes del derecho y la justicia en un mundo globalizado,* editado por B. Narváez Mercado, 111-130. Sincelejo: Editorial Cecar, 2020.

Lemaitre Ripoll, Julieta. *El derecho como conjuro: fetichismo legal, violencia y movimientos sociales.* Bogotá: Siglo XXI, 2009.

Puga, Mariela. *Litigio y cambio social en Argentina y Colombia.* Buenos Aires: Clacso, 2012.

Resumil, Olga. *Criminología General.* 2ª ed. Puerto Rico: Editorial de la Universidad de Puerto Rico, 1992.

Tirado Acero, Misael., y N. Molina Ramírez. "Masculinidades: entre el eurocentrismo, el patriarcado y la metamorfosis del cuerpo." En *Mujer. Entre la violencia, las luchas y las reivindicaciones en 200 años de vida republicana,* editado por J. Pinilla León y M. Tirado Acero, 89-102. Bogotá: ILAE, 2020.

Weber, Max. *Economía y sociedad.* México: Fondo de Cultura Económica, 2014.

Capítulo 4.

Eutanasia en menores de edad y derecho penal: dignidad, principio de legalidad y política criminal[1]

GLORIA CRISTINA MARTÍNEZ MARTÍNEZ[2]

Resumen: La despenalización del homicidio por piedad, en Colombia, tuvo lugar con la Sentencia C-239 de 1997, con base en la dignidad del paciente, entendida como autonomía. En la Providencia T-544 de 2017 se abordó, por primera vez, la eutanasia de los niños, niñas y adolescentes (NNA), en quienes se reconoció autonomía de acuerdo con su desarrollo neurocognitivo y psicosocial; se consideró que no existe una razón constitucionalmente válida para excluirlos del ejercicio del derecho a morir con dignidad, pues un entendimiento contrario, conllevaría obligarlos a padecer tratos crueles, inhumanos y degradantes, proscritos en la norma fundamental. A pesar de los reiterados exhortos hechos por el Tribunal Constitucional al Congreso de la República para que regule el tema, y ante la Comisión legislativa, el Ministerio de Salud y Protección Social, mediante la Resolución 825 del 2018, reglamentó el procedimiento eutanásico en NNA. El propósito de esta ponencia es demostrar que la mencionada resolución es contraria al precedente constitucional, hace nugatorio e ineficaz el ejercicio del derecho a una muerte digna respecto de NNA e incide en la responsabilidad penal del personal médico; circunstancia que plantea unos escenarios de reflexión en torno al principio de legalidad sustancial y la política criminal. Se acude a una metodología cualitativa, centrada en la investigación documental, con enfoque descriptivo, analítico y correlacional, que desarrolla los hallazgos en tres acápites: en el primero, se estudian las problemáticas que suscita la eutanasia en NNA, según la resolución mencionada, frente al delito de homicidio por piedad; en el segundo, se debate sobre los efectos del principio de legalidad en los médicos en relación con el tema y, finalmente, se plantean algunas disquisiciones sobre la tipificación del homicidio por piedad en NNA y la política criminal.

---

1 Esta ponencia es producto del proyecto de investigación INV-DER-2951 financiado por la Vicerrectoría de Investigación de la Universidad Militar Nueva Granada.

2 Abogada, Especialista en Instituciones Jurídico Penales, Especialista en Derechos Humanos y Derecho Internacional Humanitario, Magister en Ciencias Penales y Criminológicas. Docente de tiempo completo de la Universidad Militar Nueva Granada, del programa de Derecho de la sede campus Cajicá, líder del semillero en Política Penal Internacional e investigadora de la Red de Estudios Socio Jurídicos Comparados y Políticas Públicas de la misma entidad.

Palabras claves: Homicidio por piedad, niños, niñas y adolescentes, procedimiento eutanásico, legalidad sustancial, política criminal.

Abstract: The decriminalization of mercy killing in Colombia occurred with Sentence C-239 of 1997, based on the dignity of the patient, understood as autonomy. In order T-544 of 2017, the euthanasia of children and adolescents (NNA) was addressed for the first time, in whom autonomy was recognized according to their neurocognitive and psychosocial development; It was considered that there is no constitutionally valid reason to exclude them from the exercise of the right to die with dignity, since a contrary understanding would lead them to force them to cruel, inhuman and degrading treatment, proscribed in the fundamental norm. Despite the repeated calls made by the Constitutional Court to the Congress of the Republic to regulate the issue and by legislative omission, the Ministry of Health and Social Protection, through Resolution 825 of 2018, mentions the euthanasia procedure in children and adolescents. The purpose of this presentation is to demonstrate that the aforementioned resolution is contrary to the constitutional precedent, renders without effect the exercise of the right to a dignified death with respect to NNA and affects the criminal responsibility of medical personnel; a circumstance that raises some scenarios for reflection on the principle of legality and criminal policy. A qualitative methodology is used, focused on documentary research, with a descriptive, analytical and correlational approach, which develops the findings in three sections: in the first, the problems posed by euthanasia in children and adolescents are studied in accordance with the aforementioned resolution against crime. of death for mercy, in the second, it reflects on the effects of the principle of legality on physicians in relation to the subject and, finally, some disquisitions are raised about the classification of merciful homicide in children and adolescents and criminal policy.

Keywords: Homicide for mercy, children and adolescents, euthanasian procedure, substantial legality, criminal policy.

I. INTRODUCCIÓN

El artículo 106 de la Ley 599 de 2000 tipifica el comportamiento de dar muerte a otro por piedad, para poner fin a intensos dolores y sufrimientos provenientes de lesión corporal o enfermedad grave e incurable, con una pena que va entre los 16 a los 54 meses de prisión. El precedente constitucional, principalmente, a partir de la Sentencia C-239 de 1997, ha determinado los eventos en los cuales, la conducta no es punible, con fundamento en la autonomía del ser humano en decidir hasta cuando la vida es compatible con su dignidad y la prohibición, para el Estado y la sociedad, de obligarlo a padecer tratos crueles, inhumanos y degradantes en el tiempo escaso de su existencia, teniendo en cuenta que la eutanasia hace parte del derecho a morir con dignidad y adelanta un hecho cierto; pues se sabe que el paciente ¡Va a fenecer en un tiempo muy corto!

La autonomía en los adultos, en Colombia, parece no plantear mayores problemas, al menos no desde la perspectiva jurídica, gracias a su capacidad libre de raciocinio y autodeterminación, pueden ejercer plenamente el derecho a una muerte digna; incluso en aquellos casos en los cuales, no pueden expresar su voluntad, el ordenamiento jurídico permite la decisión subrogada, esto es, que otra persona autorice el procedimiento eutanásico en su nombre. Sin embargo, la eutanasia en los menores de edad presenta diversas problemáticas debido a que, en ellos, se discute sobre la existencia de capacidad de formarse un juicio propio, desde la filosofía y el derecho.

En la Sentencia T-544 de 2017, la Corte Constitucional legitimó, por primera vez, la eutanasia de los NNA y zanjó la discusión de dos maneras: la primera, mediante el reconocimiento de su autonomía, dependiendo del nivel de desarrollo cognitivo y psicosocial; la segunda, con fundamento en el interés superior del niño, en virtud del cual, se prohíbe todo tipo de discriminación. El Ministerio de Salud y Protección Social, mediante la Resolución 825 del 2018, reglamentó el procedimiento eutanásico para NNA, ante la omisión del Congreso de la República. No obstante limitó, de manera injustificada, el ejercicio del derecho, porque lo supeditó a que los dolores no hubieran sido aliviados con cuidados paliativos pediátricos y, además, excluyó de la eutanasia a los recién nacidos y neonatos, a la primera infancia (de cero a seis) y a los NNA que presenten estados alterados de conciencia, con discapacidades intelectuales o con trastornos psiquiátricos diagnosticados, que perturben la competencia para entender, razonar y emitir un juicio reflexivo.

Respecto de estas personas, prohibió el consentimiento sustituto, pues esta figura, únicamente quedó establecida para aquellos individuos mayores de seis años que tengan un concepto de la muerte como universal, irreversible e inexorable, hayan alcanzado a dar el consentimiento en las distintas valoraciones y, luego, sea imposible hacerlo; siendo, únicamente, los padres —y no otros representantes legales ante la ausencia de estos—, los únicos legitimados para subrogarse en la decisión.

Las restricciones contenidas en la Resolución 825 del 2018, frente al ejercicio del derecho a la muerte digna para NNA, plantea diversas problemáticas en el escenario de la responsabilidad penal del personal médico que aplica el procedimiento eutanásico, con respecto al delito de homicidio por piedad, cuando los sujetos pasivos son menores de edad. A su vez, plantea serias reflexiones en torno al principio de legalidad y a la política criminal.

En atención con la problemática descrita, la pregunta que resuelve la presente ponencia es la siguiente ¿Cuáles son los diversos escenarios de responsabilidad penal que genera la Resolución 825 del 2018 para el personal médico en torno al delito de homicidio por piedad cuando los sujetos pasivos son NNA?

La hipótesis que da respuesta a la pregunta planteada afirma que la Resolución 825 del 2018 es contraria al precedente constitucional y hace nugatorio e ineficaz el derecho de los menores de edad a una muerte digna; en razón a lo anterior, plantea diversos escenarios de responsabilidad penal, por el delito de homicidio por piedad, para el personal médico que realice el procedimiento eutanásico en NNA como los siguientes: (i) cuando estos, en ejercicio de su autonomía, o de manera concurrente con los padres, rechazan los cuidados paliativos pediátricos y solicitan la aplicación de la eutanasia directamente; (ii) cuando se le da prelación a la autonomía del menor de catorce años, por encima de la voluntad de los padres y se realiza el procedimiento eutanásico, a pesar de haberse comprobado su madurez, desarrollo cognitivo y psicosocial; (iii) cuando la anticipación de la muerte se hace atendiendo la decisión sustituta de los padres o representantes legales en relación con los recién nacidos y neonatos, la primera infancia (de cero a seis) y los NNA que presentan estados alterados de conciencia, con discapacidades intelectuales o con trastornos psiquiátricos diagnosticados, que perturben la competencia para entender, razonar y emitir un juicio reflexivo; (iv) cuando se trata de mayores de seis años que poseían un concepto de la muerte como universal, irreversible e inexorable y no alcanzaron a dar el consentimiento en las distintas valoraciones, encontrándose en la imposibilidad de hacerlo; (v) cuando se procede a la eutanasia con base en el consentimiento sustituto de otros representantes legales del niño o adolescente ante la ausencia de los padres.

El propósito de la ponencia consiste en identificar los diversos escenarios de responsabilidad penal que genera la Resolución 825 del 2018, para el personal médico en torno al delito de homicidio por piedad cuando los sujetos pasivos del procedimiento eutanásico son NNA, a fin de plantear algunas reflexiones en relación con el principio de legalidad sustancial y la política criminal del Estado colombiano.

Se acude a una metodología cualitativa, centrada en la investigación documental, con enfoque descriptivo, analítico y correlacional, que desarrolla los hallazgos en tres acápites: el primero estudia las problemáticas que suscita la eutanasia en NNA, según la resolución mencionada, frente al delito de homicidio por piedad; el segundo debate sobre los efectos del principio de legalidad en los médicos en relación con el tema y, finalmente, el tercero plantea algunas disquisiciones sobre la tipificación del homicidio por piedad en NNA y la política criminal del Estado colombiano.

II. PROBLEMÁTICAS DEL PROCEDIMIENTO EUTANÁSICO EN NNA Y HOMICIDIO POR PIEDAD

El artículo 326 del Decreto 100 de 1980 tipificó el homicidio por piedad, como la conducta de matar a otro para poner fin a intensos sufrimientos provenientes de lesión corporal o enfermedad grave e incurable, con una pena de prisión de seis meses a tres años. La Corte Constitucional, en Sentencia C-239 de 1997, estableció los presupuestos bajo los cuales, la conducta se justificaba; dentro de ellos, aludió a la voluntad libre, espontánea e informada del paciente que manifestará el deseo de acudir al procedimiento eutanásico. La autonomía del ser humano, erigida en su capacidad racional y su autodeterminación, como uno de los alcances de la dignidad humana, para decidir hasta cuándo la vida es compatible con dicha dignidad, fue el argumento central de la providencia.

El precedente constitucional edificado sobre el contenido y alcance de la dignidad humana, ha indicado que esta contiene tres ámbitos de aplicación: el primero, como autonomía ("vivir como se quiere"); el segundo, como la garantía de ciertas condiciones materiales de existencia ("vivir bien) y el último, como la intangibilidad de bienes no patrimoniales —integridad física y moral— ("vivir sin humillaciones) *(Corte Constitucional T-532, 1992; C-221, 1994; C-239, 1997; C-336, 2008; C-143, 2015; C-095, 2019).*

Sin embargo, la Sentencia C-239 de 1997 únicamente analizó el primero de ellos, esto es, la autonomía del individuo, como núcleo esencial de la dignidad, reconociendo que el derecho a la vida no se reduce a la mera subsistencia y que el paciente es un sujeto moral, capaz de asumir en forma responsable sus decisiones, sin que le sea exigible someterse a los decretos o creencias de los demás, por lo que se fundamentó en la teoría iusfilosófica de origen kantiano que ha entendido al ser humano como un fin en sí mismo y no como un medio para lograr fines ajenos a él *(Kant 2003, 2004, 2007)*[3].

El Congreso de la República, con el actual Código Penal, derogó el Decreto 100 de 1980 y tipificó el homicidio por piedad en el artículo 106 *(Ley 599 2000)*, de esta manera, incumplió el exhorto que le hizo la Corte Constitucional en la Providencia C-239 de 1997, en torno a la necesidad de regular el tema de la muerte digna. Pese a ello, la Corte Constitucional,

---

3 En el precedente constitucional es recurrente la remisión a la autonomía según los desarrollos teóricos de Kant, para fundamentar el núcleo esencial de la dignidad humana, como sucede en las siguientes providencias emitidas por la Corte Constitucional: T-532, 1992; C-221, 1994; C-239, 1997; C-336, 2008.

en adelante, consolidó una sólida jurisprudencia sobre el procedimiento eutanásico, en virtud de la cual, no se configura la responsabilidad penal del médico que lo aplica, ante la acreditación de la fase terminal de la enfermedad y del padecimiento de intensos dolores o sufrimientos, cuando existe el consentimiento libre, voluntario e informado del paciente *(Corte Constitucional T-493, 1993; C-239, 1997; T-970, 2014; T-423, 2017)*. Estas circunstancias fueron recogidas en la Resolución 1216 de 2015 emitida por el Ministerio de Salud y Protección Social, que es la norma que, actualmente, regula la muerte digna en adultos y cumple las reglas establecidas por el Alto Tribunal Constitucional *(MINSALUD Res. 1216, 2015)*.

Sobre el requisito del consentimiento, la Corte Constitucional y el Ministerio de Salud y Protección Social, han avalado la decisión sustituta, en relación con aquellos pacientes que se encuentren ante la imposibilidad de manifestar su voluntad y se erige en aras de no prolongar su sufrimiento; su procedencia no quedó condicionada a que el paciente haya alcanzado a exteriorizar su deseo, como sucede en estados *vegetativos*, pues, establecer una condición de ese talante, haría nugatoria la figura e involucraría un trato discriminatorio *(Corte Constitucional T-544, 2017; T-970, 2014; T-721, 2017; MINSALUD Res. 1216, 2015)*. Puede advertirse cómo, la normatividad enunciada, da cabida al tercer ámbito de aplicación de la dignidad humana, que hace referencia al derecho de toda persona de "vivir sin humillaciones", esto es, a la prohibición de someter a los individuos a tratos crueles, inhumanos y degradantes.

La autonomía, que como se ha visto, es el fundamento del procedimiento eutanásico y la base constitucional de su despenalización *(Vega 2007; Iracheta 2012; Lampert 2019)*, no ha planteado mayores problemáticas respecto de los adultos, reconocidos, desde la filosofía y el derecho, como seres racionales con capacidad de autodeterminación *(Roxin 1999; Beca & Leiva 2014; Bolívar & Gómez 2016; Salazar 2015; Gutmann 2019)*. En aquellos eventos, en los cuales, la decisión del paciente es subrogada, la norma constitucional impone la prohibición de infligir, sobre ellos, tratos crueles, inhumanos y degradantes.

Sin embargo, tratándose de NNA *sí suscita diversas problemáticas* que atienden a la falta de certeza sobre su capacidad para tomar decisiones sobre el final de la vida *(Moreno y Galeano 2005)*. En la filosofía siempre se ha abordado el tema de la dignidad con fundamento en la autonomía reconocida a seres racionales, en épocas históricas, en las cuales, el estudio de su titularidad se ha centrado en los adultos y no en los niños *(Ariés, 1988)*, por la capacidad libre de raciocinio y poder de autodeterminación de aquellos, que es una de las propuestas centrales de Kant. Justamente, Adorno *(1996)*, Brandt *(1994)*, Louden *(2000)* y Gutmann *(2019)* critican los postulados kantianos porque no plantean un reconocimiento igual y amplio de todos los seres humanos, excluyendo del primer imperativo categórico, *a niños,* personas con discapacidades intelectuales, trastornos mentales o en permanente estado de coma. Sin embargo, se considera que Kant no se propuso intencionalmente la exclusión de estas personas, comoquiera que, también, abordó la mayoría de edad, desde una visión epistemológica, esto es, conforme a la madurez de la razón y no a la edad cronológica *(Kant 2004).*

En la perspectiva jurídica, hasta finales del siglo XX, la expresión "minoría de edad" significó minusvalía e inferioridad; categoría sociológica que, al ser llevada al campo del derecho, postuló la visión del menor de edad como objeto de protección y no como sujeto de derechos. En los inicios del siglo XXI, se empieza a hablar de capacidad y autonomía de los NNA, con la Convención Internacional de los Derechos del Niño[4], primer documento de naturaleza vinculante, que los reconoce como sujetos de derechos, es decir, con autonomía y esta se erige como el núcleo esencial de su interés supremo *(Ariés 1988; Platt 1988; García 1994, 1999; Rivero 2000; Rodríguez 2000; Díaz 2004; Baratta 1995, 2004; Beloff 1999, 2004, 2011; Aguilar 2008; Balana 2009; López 2015; Markova 2017).*

La autonomía de los NNA fue reconocida en el ordenamiento jurídico colombiano, primero, en la legislación *(Ley 12,1991)* y, seis meses después, en la carta política de 1991, que *añade el deber para el Estado, la sociedad y la familia de garantizarl*a de manera plena y hacerla prevalecer frente a los derechos de los demás *(Const., 1991, art. 44).* A su vez, el Código de Infancia y Adolescencia reconoce la dignidad, la autonomía y el libre desarrollo de la personalidad de los NNA, como sujetos de derechos, mediante la garantía de su pleno ejercicio *(Ley 1098, 2006, art. 1, 3, 37, 39.3 y 15).*

De esta manera, aun cuando las decisiones al final de la vida de NNA involucran las posturas de los padres o representantes legales, las cuales, no siempre son *fácil*es de conciliar con la voluntad del paciente *(Reyes y Suárez 2019; Silva y Nunes 2015)*, debe acatarse el marco jurídico planteado, que concuerda con los desarrollos de la psicología evolutiva; según esta, los menores de edad poseen autonomía, dependiendo de su desarrollo

[4] La Convención Internacional de los Derechos del Niño, en los artículos 12 y 13, establece que los NNA tienen derecho a formarse un juicio propio en función de la edad y madurez, a participar en las decisiones que les afectan; así como a ser escuchados por los adultos, de manera que sus opiniones sean tenidas en cuenta.

neurocognitivo y psicosocial —madurez— y no necesariamente de la edad *(Romero 2000; Rodríguez 2004; Beltrán 2007; De Torres 2009; Markova 2017; Esparza 2019).* Incluso, desde la bioética la autonomía del paciente/menor/maduro *(Martínez-Pereda 1997; Pinto y Gulfo 2013),* junto con los principios de beneficencia, no maleficencia y justicia, constituyen orientaciones mínimas y universales para tomar decisiones que pueden llegar a comprometer la ética y tienen incidencia en el campo del derecho *(Hottois 1991; Beauchamp 1999; Rodríguez 2004; González 2005; De Lorenzo 2014; Bellver 2015; Fundación Merck Salud 2016; Correa 2020).*

Atendiendo a las tendencias esbozadas, la Sentencia T-544 de 2017 abordó, por primera vez, la eutanasia de los NNA, con base en dos argumentos centrales, en torno a su dignidad: (i) la prevalencia del interés superior del niño cuya esencia es el reconocimiento de su autonomía dependiendo del nivel de desarrollo cognitivo y psicosocial; (ii) la prohibición de la discriminación, teniendo en cuenta que a nadie se le puede obligar a padecer tratos crueles, inhumanos y degradantes. Con base en este último postulado, la providencia avala el consentimiento sustituto de padres, personas o entidades a cargo de NNA que se encuentren ante la imposibilidad de tomar una decisión; no obstante, aclara que en aquellos eventos en los cuales, *"la representación legal sea ejercida por otros individuos o que los NNA se encuentren bajo la protección del Estado, la valoración del consentimiento sustituto deberá ser estricta".*

El Ministerio de Salud y Protección Social, mediante la Resolución 825 de 2018, reglamentó el procedimiento eutanásico de los NNA; no obstante, lo hizo contrariando el precedente constitucional, comoquiera que contempló diversos aspectos que hacen nugatoria e ineficaz la eutanasia para esta tipología de población, con incidencia en el campo penal, como se pasa a ver a continuación:

(i) La mencionada resolución reglamenta el derecho a una muerte digna a partir de los doce años, siempre que los dolores no fueran aliviados *(MINSALUD Res. 825, 2018, arts. 7.1 y 8).* Significa lo anterior, que desconoce la autonomía del paciente de acuerdo con su desarrollo cognitivo y psicosocial, en relación con la decisión de rechazar los cuidados paliativos *(Roxin 1999)*; potestad que sí es garantizada en adultos; por lo tanto, se erige un tratamiento discriminatorio, fundado en una diferencia de estatus *(Ferrajoli 2001)* y en un paternalismo y asistencialismo segregativo *(Beloff 1999; Markova 2017),* que impide el ejercicio pleno de los derechos de los NNA, en este escenario, el de morir con dignidad.

(ii) Las personas entre los seis y los doce años, de manera excepcional, pueden solicitar la eutanasia si alcanzan un desarrollo neurocognitivo y psicológico, que les permita tomar una decisión libre, voluntaria, informada e inequívoca y que posean un concepto de muerte como irreversible, universal e inexorable —el cual será valorado por psiquiatría infantil— *(MINSALUD Res. 825, 2018, art. 2.3.4, art. 3 parág, art. 9.3)*. Asimismo, de los seis a los catorce años, la mencionada resolución, exige la voluntad concurrente de los padres; requisito que no está presente a partir de los catorce años. Al respecto, la norma citada desconoce el interés supremo del menor que, ya se ha dicho, contiene la autonomía como su núcleo esencial. De esta manera, no ofrece una solución a la colisión o conflicto entre la voluntad de los padres y la de los NNA, menores de catorce años, cuando estos manifiesten el deseo de acogerse a una muerte anticipada y aquellos no. Si ello sucede, la norma estudiada parecería negar el procedimiento eutanásico, comoquiera que su procedencia quedó condicionada a la voluntad concurrente —y no disidente— de los padres.

(iii) Por su parte, los recién nacidos y neonatos, la primera infancia (de cero a seis *años*) y los NNA que presenten estados alterados de conciencia, con discapacidades intelectuales o con trastornos psiquiátricos diagnosticados que perturben la competencia para entender, razonar y emitir un juicio reflexivo, fueron excluidos de una muerte anticipada; de esta manera, respecto de ellos, ni siquiera se avala el consentimiento sustituto *(MINSALUD Res. 825, 2018, art. 3)*; se los obliga a padecer intensos dolores y sufrimientos durante el corto tiempo de su existencia.

(iv) En relación con el consentimiento sustituto o subrogado, la nombrada resolución contiene las siguientes regulaciones: (a) ***únicamente***, se puede subrogar en el consentimiento del paciente quien ejerza sobre él la patria potestad —padres—; (b) está prohibido para otros representantes legales subrogarse en la decisión; (c) el paciente, en las distintas valoraciones, debió haber alcanzado a manifestar el consentimiento libre, informado e inequívoco, con capacidad para comunicar su decisión, entendimiento de la muerte como universal, irreversible e inexorable, raciocinio y juicio, así como haber expresado ante el médico tratante el sufrimiento constante e insoportable; (d) el paciente debe estar en imposibilidad de reiterar el consentimiento; (e) está prohibido subrogarse en el consentimiento de los recién nacidos y neonatos, la primera infancia (de cero a seis *años*) y los NNA que presenten estados alterados de conciencia, con discapacidades intelectuales o con trastornos psiquiátricos diagnosticados que perturben la competencia para entender, razonar y emitir un juicio reflexivo *(MINSALUD Res. 825, 2018, art. 8, 9, 10 y 11)*.

En vista de lo anterior, se evidencia que la Resolución 825 del 2018 es contraria al precedente constitucional y hace nugatorio e ineficaz el derecho, de los menores de edad, a una muerte digna. Si se atiende tal regulación, el personal médico que realice el procedimiento eutanásico en NNA, sería responsable penalmente por el delito de homicidio por piedad en los siguientes eventos:

(i) cuando los NNA, en ejercicio de su autonomía, o de manera concurrente con los padres, rechazan los cuidados paliativos pediátricos y solicitan la aplicación de la eutanasia directamente;

(ii) cuando se le da prelación a la autonomía del menor de catorce años, por encima de la voluntad de los padres y se realiza el procedimiento eutanásico, habiéndose comprobado su madurez, desarrollo cognitivo y psicosocial;

(iii) cuando la anticipación de la muerte se hace atendiendo la decisión sustituta de los padres o representantes legales en relación con los recién nacidos y neonatos, la primera infancia (de cero a seis *años*) y los NNA que presentan estados alterados de conciencia, con discapacidades intelectuales o con trastornos psiquiátricos diagnosticados, que perturben la competencia para entender, razonar y emitir un juicio reflexivo;

(iv) cuando se trata de mayores de seis años que poseían un concepto de la muerte como universal, irreversible e inexorable, manifestaron su voluntad en una oportunidad; empero, no alcanzaron a reiterar el consentimiento en las distintas valoraciones, y, luego, se encuentran en la imposibilidad de hacerlo;

(v) cuando se procede a la eutanasia con base en el consentimiento sustituto de otros representantes legales del niño o adolescente ante la ausencia de los padres.

III. EFECTOS DEL PRINCIPIO DE LEGALIDAD EN LOS MÉDICOS Y EL PROCEDIMIENTO EUTANÁSICO EN NNA

El principio de legalidad sustancial exige que el comportamiento prohibido y la sanción se encuentren descritos en la ley penal con carácter previo, inequívoco, estricto, taxativo y escrito *(Ferrajoli, 1995)*. A partir de los planteamientos de Cesare Beccaria (*nullum crimen sine praevia lege, nulla poena sine praevia lege) (Beccaria 2010)* y las conquistas de las revoluciones burguesas, los ordenamientos jurídicos de tradición continental europea adoptaron el principio de legalidad, el cual se vino a consolidar con los desarrollos del positivismo jurídico en los Estados de derecho *(López y Sánchez, 2008)*.

Pese a que, después de la Segunda Guerra Mundial y con la constitución del Tribunal de Núremberg, el principio de legalidad fue reformulado —para los crímenes graves— y de ello quedó constancia en los nacientes instrumentos internacionales de protección de derechos humanos (*nullum crimen sine iure*) *(Hormazabal, 2005)*, el núcleo esencial del mencionado principio se ha mantenido como norma de *ius cogens,* esto es, con carácter imperativo y vinculante, que no se puede suspender, ni siquiera en los estados de excepción *(Echeverri, 2011).*

Lo que dicho núcleo esencial busca, es que al individuo le sea previsible y accesible la prohibición y la sanción *(Ramelli, 2012)*, para que, con fundamento en ese conocimiento, pueda orientar su comportamiento conforme o contrario a la norma. El ideal liberal clásico exigió que fuera el legislador, como administrador legítimo del depósito público, el facultado para crear los tipos penales, atendiendo a los ideales contractualistas y burgueses que lo veían como la expresión de la voluntad popular; por ello, la definición de los delitos, las penas, los órganos competentes, así como las garantías sustantivas y procedimentales, le quedaron reservadas dentro de su órbita de competencia *(Jiménez, 1950).*

Con el surgimiento de los Tribunales Constitucionales en los Estados, se exigió que la ley se expidiera conforme a los principios, valores y cánones rectores del modelo constitucional vigente en cada país *(Botero 2007; Petzold 2012)*; su no conformidad con la carta política empezó a generar el retiro del ordenamiento jurídico de la norma de inferior jerarquía, por la vía de la acción de inconstitucionalidad; circunstancia que fortaleció la democracia y el respeto por los derechos humanos de los habitantes de un territorio, entre ellos, el principio de legalidad como garantía de un juicio justo, teniendo en cuenta que su contenido y alcance iba a ser decantado por dichos Tribunales Constitucionales en el mismo nivel jerárquico de la norma fundamental.

En este escenario, el principio de legalidad sustancial en el campo penal se vio fortalecido, porque además de estar recogido en las Constituciones de los Estados, fue contemplado en los instrumentos internacionales de derechos humanos, que fueron incorporados en los ordenamientos jurídicos domésticos, en virtud de cláusulas de inclusión contenidas en las propias cartas políticas y se facultó al Tribunal Constitucional para establecer su contenido y alcance, conforme a esas incorporaciones *(Uprimny 2009; Martínez 2019).*

En Colombia, el principio de legalidad se encuentra contemplado en el artículo 29 de la Constitución Política de 1991 y ha sido entendido por la jurisprudencia de la Corte Constitucional como un principio rector del ejercicio del poder en el Estado social de derecho —que evita la arbitrariedad—; en tal sentido, como principio constitucional, funge como regla obligatoria *(Pérez 2005)*, con un contenido material de valor jerárquico superior que condiciona la actividad de todo el poder público y busca que el derecho que de él emerge sea eficaz *(Corte Constitucional T-406, 1992)*. Igualmente, el principio de legalidad se ha reconocido como un derecho de naturaleza ius fundamental, que hace parte de las garantías del debido proceso. En la teoría jurídica, los derechos fundamentales son mandatos de optimización; esto es, normas de principio que ordenan la realización de algo en la más alta medida, de acuerdo con las posibilidades fácticas y jurídicas (*Alexy 2009, p. 8*).

En esta comprensión, la Corte Constitucional, al incorporar los instrumentos internacionales sobre derechos humanos en el ámbito nacional *(Martínez, 2019)*, particularmente, la Declaración Universal de los Derechos Humanos (art. 11. 2), el Pacto Internacional de Derechos Civiles y Políticos (art. 15.1), la Declaración Americana de los Derechos y Deberes del Hombre (art. 26) y la Convención Americana de Derechos Humanos (art. 9), ha determinado el contenido del principio de legalidad, así *(Corte Constitucional C- 127, 1993; C-2465, 1993; C- 344, 1996; C- 133, 1999; C- 559, 1999; C-843, 1999; C- 957, 1999; C- 739, 2000; C- 996, 2000; C-200, 2002; T-685, 2003; C-873, 2003; C-592, 2005)*:

(i) Le corresponde únicamente al legislador como representante del pueblo —no al poder judicial ni a la administración— establecer de manera clara, taxativa, concreta e inequívoca la conducta prohibida y la respectiva sanción, las autoridades competentes y las reglas sustantivas y adjetivas aplicables; por lo tanto, sobre estos asuntos existe reserva legal, en razón de que la ley es general, impersonal e igualitaria;

(ii) dicha ley debe ser anterior o preexistente al comportamiento punible;

(iii) los servidores públicos y particulares no pueden ejercer ninguna facultad o hacer alguna conducta si no está prescrita o autorizada en la ley; de manera que la ley es una herramienta que garantiza seguridad jurídica, pues solo de este modo los ciudadanos conocen previamente, cuándo y por qué motivos pueden ser investigados en el campo penal;

(iv) existe la prohibición de la aplicación retroactiva de las leyes que crean delitos o aumentan penas.

De acuerdo con lo anterior, cuando una ley entra en vigor genera efectos jurídicos obligatorios para sus destinatarios, pues solo a partir de ese momento, estos orientan su comportamiento (de manera lícita o ilícita) confiados en la validez de aquella. Desde que se expidió la Constitución

Política de 1991, los particulares y los servidores públicos responden ante las autoridades por infringir la Constitución y las leyes, según lo dispone el artículo 6 *supra.* Empero, la carta política debe entenderse en sentido material, y no meramente formal, es decir, fundamentada en principios y valores, así como en la prevalencia de un amplio catálogo de derechos fundamentales, con mecanismos que los hacen exigibles de modo inmediato y bajo la obligación de interpretarlos de acuerdo con los logros de la comunidad internacional, consignados en instrumentos internacionales sobre derechos humanos *(Martínez y Rodríguez, 2020).*

Pese a ello, y como se ha visto, la responsabilidad con trascendencia en el campo punitivo surge cuando se ha infringido únicamente la ley, establecida con carácter previo, de manera taxativa, cierta y clara. La evolución del principio de legalidad en los sistemas jurídicos de tradición continental europea, desde Beccaria hasta nuestros días, con su fortalecimiento en el positivismo jurídico y su adopción en los Estados de derecho, ha generado en la conciencia de los individuos de los territorios, la convicción de que, mientras una conducta esté tipificada como delito en la ley, la misma sigue estando prohibida, aun cuando el Tribunal Constitucional del Estado la haya despenalizado en ciertos ámbitos.

El personal médico en Colombia, de acuerdo con las diversas exposiciones que han hecho en sede de tutela (como sucedió en el trámite de las Sentencias T-970 de 2014 y T-544 de 2017), se ha negado a practicar el procedimiento eutanásico, con base en el reiterado alegato de que, con el mismo, están incurriendo en una conducta que se encuentra tipificada en el Código Penal, aun cuando el Tribunal Constitucional la haya despenalizado, siempre que obre el consentimiento directo o subrogado del paciente y padezca intensos dolores que sean generados por una enfermedad terminal.

Por ello, no es fortuito que la Corte Constitucional en la Sentencia C-239 de 1997 (para adultos) y T-544 de 2017 (para NNA) haya llamado la atención del Congreso para que regule el tema de la muerte digna, pues se entiende que así como el comportamiento prohibido y la sanción tienen reserva legal, dicha reserva también debe operar en el establecimiento de las causales de exoneración de responsabilidad, pues ello incide en la seguridad jurídica de saber si la actividad que realiza el individuo es legal o ilegal.

En el escenario de los NNA el asunto se vuelve, aún más, problemático. La Corte Constitucional consideró procedente el procedimiento eutanásico en menores de edad, con fundamento en el reconocimiento de su autonomía de acuerdo con el nivel de desarrollo cognitivo y psicosocial; asimismo, conforme a la prevalencia del interés superior del niño y a la prohibición de la discriminación, pues no existe un argumento válido desde la perspectiva constitucional, que obligue a la población infantil y juvenil a padecer tratos crueles, inhumanos y degradantes; demostraciones que, incluso, harían procedente la decisión sustituta, para aquellos pacientes que no pueden expresar su consentimiento. El principio de legalidad, en estas arenas, exige que sea el legislador quien regule los presupuestos bajo los cuales, no se configura la responsabilidad penal del médico que realiza al procedimiento eutanásico. Comoquiera que tal legislación no ha sido expedida, el Ministerio de Salud y Protección Social, mediante la Resolución 825 de 2018, estableció las condiciones en las cuales, se puede realizar, haciendo nugatorio e ineficaz dicho procedimiento por las razones expuestas en el acápite anterior; la pregunta que surge es si ¿esta última norma es obligatoria y oponible? o, por el contrario, ¿el médico puede aplicar directamente el precedente constitucional como la materialización de la propia Constitución?

En virtud de cláusulas expresas contenidas en la carta política, particularmente, en los artículos 1 (dignidad humana), 2 (eficacia de los principios y valores constitucionales), 4 (supremacía constitucional), 5 (primacía de los derechos inherentes), 6 (sujeción de los servidores públicos y los particulares a la Constitución Política), 12 (prohibición de tratos crueles, inhumanos y degradantes), 13 (derecho a la igualdad y prohibición de la discriminación), 43 (interés supremo de NNA —léase autonomía—), 93 y 94 (prevalencia de los tratados internacionales sobre derechos humanos), el personal médico debe sujetar su actuación a los mandatos que emergen de la norma fundamental[5] y garantizar el derecho fundamental a una muerte digna, tal y como fue interpretada por el Tribunal Constitucional en la Providencia T-544 de 2017 que despenalizó el homicidio por piedad con NNA siempre que se verificara en estos, autonomía para tomar una decisión en torno a la solicitud del procedimiento eutanásico, de acuerdo con el nivel de desarrollo cognitivo y psicosocial el cual, se considera, debe ser estudiado en cada caso y no atendiendo a una edad cronológica establecida.

Asimismo, no se puede perder de vista que, el derecho a una muerte digna en NNA, según la Sentencia T-544 de 2017, tuvo como argumento principal la prohibición de la discriminación respecto de los adultos y la

---

5 Esa fue la postura adoptada por la Corte Constitucional en la sentencia T-970 de 2014, en la que dijo *"(...) la garantía y efectividad de los derechos no depende exclusivamente de la voluntad del legislador. Sin duda es un actor muy importante en la protección de los derechos fundamentales, pero la Constitución, siendo norma de normas, es una norma jurídica que incide directamente en la vida jurídica de los habitantes y se debe utilizar, además, para solucionar casos concretos".*

necesidad de no someter a los NNA a tratos crueles, inhumanos y degradantes; de esta manera, el personal médico debe inaplicar la Resolución 825 de 2018 del Ministerio de Salud y Protección Social y, en su lugar, garantizar el procedimiento eutanásico para todos aquellos NNA que no alcanzaron a manifestar su voluntad en distintas y reiteradas valoraciones, así como, los recién nacidos y neonatos, la primera infancia (de cero a seis) y aquellos que presenten estados alterados de conciencia, con discapacidades intelectuales o con trastornos psiquiátricos diagnosticados que perturben la competencia para entender, razonar y emitir un juicio reflexivo, pues en estos casos, debe admitirse el consentimiento sustituto no solo de los padres sino, en general, de quienes tengan la representación legal del paciente; lo contrario, generaría un trato discriminatorio a esta población, al obligarla a padecer tratos crueles proscritos por la norma fundamental.

En suma, ante la ausente ley que regule el tema de la muerte digna y establezca con claridad las situaciones en las cuales no se configura la responsabilidad penal en el delito de homicidio por piedad cuando el sujeto pasivo es un menor de edad, el personal médico debe sujetarse a lo ordenado directamente por la Constitución y a la interpretación que de esta ha hecho el Tribunal Constitucional en la Sentencia T-544 de 2017, en torno al procedimiento eutanásico para NNA, sin limitarlo a una edad cronológica específica, sin prohibir el consentimiento sustituto y sin excluir del mismo, a una tipología de población infantojuvenil.

IV. EL HOMICIDIO POR PIEDAD, EL PROCEDIMIENTO EUTANÁSICO EN NNA Y LA POLÍTICA CRIMINAL

En el abordaje de la eutanasia para adultos y NNA existen puntos de confluencia en los fundamentos constitucionales: por un lado, el respeto por la autonomía del paciente y, por el otro, la prohibición, para el Estado y los particulares, de someterlo a tratos crueles, inhumanos y degradantes. El precedente constitucional sobre el tema, no expresa con claridad si la eutanasia configura una causal de atipicidad, justificación o inculpabilidad; pese a ello, la Corte Constitucional, alude a "una conducta justificada", lo que conllevaría entender que se trata de un evento en el cual, es la norma constitucional la que establece la permisión, porque crea en favor del ciudadano, el derecho a la muerte digna, cuando la vida no es compatible con la dignidad humana, en razón a intensos dolores y sufrimientos que padece el paciente, producto de una enfermedad en fase terminal, grave e incurable.

El procedimiento eutanásico, como parte del derecho a morir con dignidad, anticipa la muerte de un paciente que padece una enfermedad terminal; existe prueba de que la muerte tendrá lugar en un tiempo muy corto (es cierta, próxima, infalible e inevitable) y, por ello, el adelantamiento de ese hecho, a cargo del personal médico, cumple con el propósito humanitario de acortar un sufrimiento que, desde la perspectiva jurídica, constituye un trato cruel y degradante *(Delgado, 2017)*. En razón a lo anterior, el consentimiento del paciente debe verse como la decisión de poner fin a tratos crueles, inhumanos y degradantes y no bajo una decisión simplista de disponer de su vida *(Ausín y Peña 1998; Roxin 1999)*.

Por ello, contrario a los salvamentos de voto que tuvieron lugar en la Sentencia C-239 de 1997, la exoneración de la conducta no se produce en virtud del "consentimiento válidamente emitido por parte del titular del bien jurídico, en los casos en los que puede disponer del mismo", como causal de atipicidad establecida en el numeral 2, del artículo 32 del Código Penal —que, en estricto sentido, desestructura el nexo causal *(López 1996)*—, porque se entiende que la vida no es un bien jurídico del que se pueda disponer libremente. Justamente, Kant *(2007)* planteaba que, si una persona decide suicidarse por desesperación, está haciendo uso de su persona como medio: *"No puedo, pues, disponer del hombre, en mi persona, para mutilarle, estropearle, matarle"* (p. 43); por lo tanto, su acción no es conforme con *"la idea de la humanidad como fin en sí"* (p. 43).

Sin embargo, en el procedimiento eutanásico, el individuo no dispone de su vida, ni permite que otro disponga de la misma; se tiene certeza de que esa vida va a extinguirse en un tiempo muy corto; esto es, que la muerte está cerca. En ese lapso, el ser humano padece intensos dolores y sufrimientos; la anticipación de la muerte, como hecho cierto e indiscutible, evita el padecimiento intolerable. El primer imperativo categórico ordena obrar "de tal modo que uses la humanidad, tanto en tu persona como en la persona de cualquier otro, siempre como un fin al mismo tiempo y nunca solamente como un medio" *(Kant 2007, 42);* de esta manera, se plantea como una ley universal.

En el tema de la eutanasia se avizora, con claridad, que no puede tomarse a la humanidad como un medio y, en tal escenario, valdría preguntarse, si se puede plantear como ley universal que se someta a la humanidad o se la obligue a padecer tratos crueles, inhumanos y degradantes. En efecto, el primer imperativo categórico de Kant exigiría, como ley universal, la prohibición de esos tratos que, hoy en día, están proscritos por el orden constitucional y es, justamente, el consentimiento del paciente, de no quedar sometido a la crueldad, que vivifica a la humanidad como fin y no como medio.

Por ello, aterrizando estos postulados filosóficos al ámbito punitivo, se evidencia que en la eutanasia, la exoneración de la responsabilidad para el médico que la aplica, se presenta porque no hay desvalor de acción; esto es, porque el comportamiento no va en contra de todo el ordenamiento jurídico en su conjunto, debido a que optimiza el ejercicio del derecho a una muerte digna y es el paciente, como titular de ese derecho, quien decide hasta cuando su vida es compatible con dicha dignidad, si se entiende está como autonomía y decisión de no ser sometido a humillación.

Si tratándose de NNA, el carácter terminal de la enfermedad y los sufrimientos insoportables están acreditados, no se encuentran razones válidas para que el personal médico se abstenga de realizar el procedimiento eutanásico, fundamentado en las limitaciones que plantea la Resolución 825 del 2018. El derecho constitucional y el internacional confluyen en reconocer la autonomía del menor de edad, como núcleo esencial de su interés superior y del carácter prevalente de este, frente a los derechos de los demás. Si, además, se acredita la condición de menor maduro, esto es, con capacidad para formarse un juicio propio, independiente de la edad cronológica, y, en virtud de ello, solicita la eutanasia, dicha decisión debe ser preferente respecto de la voluntad de los padres o representantes legales. En estos eventos, debe aplicarse el trinomio interés supremo del menor/autonomía/vivir como se quiera.

De otro lado, en cualquier caso que el NNA, frente a una enfermedad terminal y ante el padecimiento de dolores graves, intensos e insoportables, esté en la imposibilidad de manifestar su consentimiento, ya sea por la edad cronológica (de cero a seis años) o por una situación médica —estados alterados de conciencia, con discapacidades intelectuales o con trastornos psiquiátricos diagnosticados, que perturben la competencia para entender, razonar y emitir un juicio reflexivo—, el personal médico debe inaplicar la resolución y aplicar directamente la norma constitucional, comoquiera que nadie puede ser obligado a padecer tratos crueles, inhumanos y degradantes. En este escenario, debe aplicarse el trinomio interés supremo del menor/máxima realización de sus derechos/vivir sin humillaciones.

Ahora bien, en virtud de la Resolución 825 del 2018, el ejercicio del derecho a una muerte digna en NNA se encuentra condicionado a la falta de alivio de los dolores y sufrimientos. En principio, el cuidado paliativo pediátrico es prevalente *(Ochoa 2017)*; sin embargo, la realidad colombiana, verificable en las acciones de tutela que se han analizado, demuestra que la tramitología y la burocracia impiden su materialización; en otros casos, se muestra como fútil y desproporcionado *(Salamanca 2009; Silva & Nunes 2015)*. En estos escenarios, la carga de una política pública sostenible que garantice los cuidados paliativos que, en Colombia, es ausente no puede invertir los objetivos de la política criminal.

La política criminal en Colombia busca enfocarse en el reproche punitivo de conductas verdaderamente graves para el colectivo social y, por ello, se compone de diversos principios de raigambre constitucional: el principio de mínima intervención o de *ultima ratio,* el derecho penal como protector de bienes jurídicos, el principio de lesividad, el de mínima intervención, el principio de culpabilidad, el derecho penal de acto —y no de autor— *(Corte Constitucional C-936, 2010),* son solo alguno de ellos.

La tipificación del homicidio por piedad, en apariencia, se fundamentaría en la protección de la vida, como bien jurídico digno de tutela punitiva; una vida que, desde el derecho y la filosofía, es indisponible. Sin embargo, la política criminal debe respetar el orden constitucional, pues, además, de él emerge. La dignidad humana como principio y fin del sistema jurídico exige el respeto, la protección y la garantía de la autonomía y del derecho a vivir sin humillaciones. Si con la eutanasia se anticipa un hecho que se evidencia como cierto, próximo e indiscutible, pero mientras llega, el individuo sufre niveles de dolor insoportables, el médico que la aplica no está dañando o vulnerando la vida, porque se sabe que esta se extinguirá en un tiempo muy corto, simplemente, optimiza la realización de un derecho fundamental; esto es, el derecho a una muerte digna.

> La política criminal conecta con las causas del delito (…) se preocupa de cómo ha de recogerse correctamente los tipos penales para responder a la realidad de aquél, intenta determinar los efectos de las sanciones empleadas en él, considera hasta qué límite puede extender el legislador el derecho penal para no restringir la esfera de libertad del ciudadano, más allá de lo absolutamente indispensable, y examina si el derecho penal material se encuentra configurado de manera que pueda realizarse en el proceso penal". (Jescheck 1993, 18).

Por ello, en el contexto de la criminalización primaria, como uno de los eslabones de la política criminal *(Baratta 2004),* debe reflexionarse acerca de sí es o no necesario, continuar con la tipificación de una conducta que restringe la libertad del ciudadano, más allá de lo absolutamente indispensable, porque pone en el escenario de una acción pública —como es la acción penal— un asunto que es de raigambre privada y solo le compete al paciente; en su lugar, genera inseguridad jurídica para el personal médico y, en razón a ello, se atiborran los juzgados con acciones de tutela que, cuando encuentran una respuesta definitiva, el objeto de protección, ya se encuentra superado, porque acaeció la muerte del paciente, luego de haber sido sometido a padecer tratos crueles, inhumanos y degradantes, producto de una enfermedad terminal.

V. CONCLUSIONES

1. El procedimiento eutanásico en NNA debe ser regulado mediante una ley de la república que materialice el derecho a morir con dignidad y que acate el orden constitucional; esto es, que respete, integralmente, la autonomía del NNA, cuando se verifique que este puede formarse un juicio propio conforme a su desarrollo cognitivo y psicosocial y no con fundamento en la edad cronológica.

2. Mientras el legislador no regule el tema de la muerte digna y no exprese con claridad los presupuestos objetivos de la causal de justificación del homicidio por piedad, el personal médico está obligado a observar directamente la Constitución Política y, en tal sentido:

Si el NNA puede formarse un juicio propio conforme a su desarrollo cognitivo y psicosocial, independiente de la edad, y posee un concepto de la muerte como universal, inexorable e irreversible, manifiesta su deseo de rechazar los cuidados paliativos y acogerse directamente al procedimiento eutanásico, debido a los dolores y sufrimientos graves que padece, como consecuencia de una enfermedad terminal, dicha decisión debe respetarse aún por encima de la de sus padres o representantes legales. Lo anterior, en aplicación del interés supremo del NNA entendido como autonomía.

En los mismos presupuestos del inciso anterior, si los padres o representantes legales son quienes manifiestan el deseo del procedimiento eutanásico para el NNA; empero, este lo rechaza o no lo acepta, el personal médico debe respetar la voluntad del paciente, con el mismo fundamento: el interés supremo del NNA entendido como autonomía, evento en el cual, se deben garantizar los cuidados paliativos en el espectro más amplio posible.

Así las cosas, en el procedimiento eutanásico del NNA, la voluntad concurrente de los padres no es necesaria, pues la condición es que se acredite la madurez suficiente en el niño o adolescente para acogerse a una muerte anticipada y poder manifestar una autonomía que, en virtud del interés supremo del menor, debe ser respetada.

Si se trata de un NNA que padece una enfermedad terminal y que, de acuerdo con criterios científicos, se sabe de los intensos dolores y sufrimientos que padece; no obstante, no los puede exteriorizar y, además, se encuentra en imposibilidad para manifestar el consentimiento; el procedimiento eutanásico puede aplicarse, con base en el consentimiento sustituto de los padres y, a falta de estos, de los representantes legales. Lo anterior, en aplicación del interés supremo del NNA entendido como máxima realización de sus derechos *(Solórzano 2006)*, porque a nadie se puede obligar a soportar tratos crueles, inhumanos y degradantes.

3. En los anteriores eventos, se debe entender que el médico no ha vulnerado el bien jurídico de la vida, pues esta se va a extinguir en un tiempo muy corto; lo que hace el personal de la salud es evitar los atentados contra la integridad física y moral del paciente, durante el tiempo que le queda de existencia; luego, en el escenario de la política criminal y frente al eslabón de la criminalización primaria, debe reflexionarse acerca de sí es o no necesario continuar con la tipificación del homicidio por piedad, teniendo en cuenta que, según esta, el derecho penal es protector de bienes jurídicos y la eutanasia no implica la afectación de ningún bien jurídico; por el contrario, optimiza el ejercicio del derecho a morir con dignidad y, dentro de este, la prohibición de ser sometido a tratos crueles, inhumanos y degradantes.

Bibliografía

Adorno, Theodor. *Probleme der Moralphilosophie. Nachgelassenen Schriften.* Frankfurt a. M: Suhrkamp, 1996.

Aguilar, Gonzalo. *El principio del interés superior de los niños y niñas y la Corte Interamericana de Derechos Humanos.* Chile: Estudios Constitucionales, 2008.

Ariés, Philippe. *El niño y la vida familiar en el antiguo régimen.* Madrid: Taurus, 1988.

Ausín, José, y Lorenzo Peña. *Derecho a la vida y eutanasia: ¿Acortar la vida o acortar la muerte?* España: Boletín Oficial del Estado, BOE, 1998.

Balana, María. *Autonomía de la voluntad del paciente menor de edad en Navarra.* Navarra: Revista Jurídica de Navarra, 2009.

Baratta, Alessandro. "La niñez como arqueología del futuro," 85-106. Argentina: Espacio, 1995.

———."Infancia y democracia," 27-54. Bogotá: Temis, S.A, 2004.

———.*Criminología crítica y crítica del derecho penal. Introducción a la sociología jurídico penal.* Buenos Aires: Siglo XXI Editores, 2004.

Beauchamp, Tom, y James Childress. *Principios de ética biomédica.* Barcelona: Masson, 1999.

Beca, Juan, y Alejandro Leiva. "¿Podría ser aceptable la eutanasia infantil?" *Revista Chilena de Pediatría,* 2014.

Beccaria, Cesare. *De los delitos y las penas Ed. 250 años.* Medellín: Ediciones Nuevo Foro, 2010.

Bellver, Vicente. *Participación de menores en los ensayos clínicos: cuestiones éticas y jurídicas.* Granada: Revistas de la Universidad de Granada, 2015.

Beloff, Mary. *Modelo de la protección integral de los derechos del niño y de la situación irregular: Un modelo para armar y otro para desarmar.* Chile: Justicia y Derechos del Niño, 1999.

———.*Protección integral de derechos del niño vs derechos en situación irregular.* Buenos Aires: Editores del Puerto, 2004.

———.*La protección de los niños y las políticas de la diferencia.* Buenos Aires: Lecciones y ensayos, 2011.

Beltrán, Juan. *La capacidad del menor de edad en el ámbito de la salud.* Salamanca: Extraordinario VX Congreso "Derecho y salud", 2007.

Bolívar, Piedad, y Ana Gómez. *Voluntades anticipadas al final de la vida. Una aproximación desde la regulación colombiana y en el derecho comparado.* Cajicá: Revista Latinoamericana de Bioética, 2016.

Botero, Andrés. *Haciendo memoria de la defensa judicial de la Constitución.* Bogotá: Universidad Nacional de Colombia, 2007.

Brandt, Reinhard. *Ausgewählte probleme der kantischen anthropologie. En der ganze mensch: Anthropologie und literatur im-18. Jahrhundert.* Stuttgart: JB Metzler, 1994.

Correa, César. *El derecho a no ser informado en el ámbito médico.* Madrid: Universidad Carlos III de Madrid, 2020.

De Lorenzo, Ricardo. "La eutanasia infantil sin mínimo de edad." *Redacción médica,* 2014. https://www.redaccionmedica.com/opinion/ricardo-de-lorenzo/la-eutanasia-infantil-sin-minimo-de-edad-6888.

De Torres, José. *El interés del menor y derecho de familia, una perspectiva multidisciplinar.* Madrid: Iustel, 2009.

Delgado, Elkin. *Eutanasia en Colombia: Una mirada hacía la nueva legislación.* Cúcuta: Justicia, 2017.

Díaz, Lina. *El menor como sujeto de derechos: Base para un modelo de responsabilidad.* Bogotá: Revista Internacional de Derecho Penal Contemporáneo, 2004.

Echeverri, Pablo. "IUS COGENS en sentido estricto y en sentido lato: Una propuesta para fortalecer la consecución de la paz mundial y la garantía del Corpus Iuris Internacional de protección al ser humano." *Revista Memorando del Derecho,* Pereira, 2011.

Esparza, Estefanía. *Disposición del derecho a la vida de los menores de edad: Una necesaria discusión sobre eutanasia y suicidio asistido en Chile.* Temuco: Acta Bioethica, 2019.

Ferrajoli, Luigi. *Teoría del garantismo penal.* Madrid: Trotta, 1995.

———.*Derechos Fundamentales. En derechos y garantías. La ley del más débil.* 2ª ed. Madrid: Trotta, 2001.

Fundación Merck Salud. *Menor maduro y salud. Informe del experto No. 15.* Madrid: Fundación Merck Salud, 2016.

García, Emilio. *Derecho de la infancia-adolescencia en América Latina de la situación irregular a la protección integral.* Bogotá: Forum Pacis, 1994.

———.*Infancia, ley y democracia: una cuestión de justicia.* En *Infancia, ley y democracia en América Latina.* Bogotá: Temis Depalma, 1999.

González, Pablo. "Autonomía sanitaria del menor y responsabilidad médica.", 2005. https://www.adolescenciasema.org/ficheros/Congreso16/Autonomia_sanitaria_del_menor.pdf.

Gutmann, Thomas. *Dignidad y autonomía. Reflexiones sobre la tradición Kantiana.* Traducido al español del alemán. Antioquia: Revista Estudios de Filosofía, 2019.

Hormazabal, Hernán. *Crímenes Internacionales, jurisdicción y principio de legalidad penal.* Valencia: Tirant Lo Blanch, 2005.

Hottois, Gilbert. *El paradigma bioético. Una ética para la tecnociencia.* Barcelona: Antropos, 1991.

Iracheta, Francisco. *Sobre dignidad y eutanasia voluntaria: tres aproximaciones morales (II parte).* Arica: Universidad de Tarapacá, 2012.

Jescheck, Hans. *Tratado de Derecho Penal, Parte General.* 4ª ed. Traducido y corregido por José Luis Manzanares. Samaniego: Comares, 1993.

García, Emilio. *Infancia, ley y democracia: una cuestión de justicia.* En *Infancia, ley y democracia en América Latina.* Bogotá: Temis Depalma, 1999.

Jiménez, Luis. *Tratado de Derecho Penal. Tomo II Filosofía y Ley Penal.* Buenos Aires: Editorial Losada, 1950.

Kant, Immanuel. *Crítica de la razón práctica.* Buenos Aires: Losada S.A., 2003.

———. *¿Qué es la Ilustración? Y otros escritos de ética, política y filosofía de la historia.* Roberto Rodríguez Aramayo, ed. Madrid, España: Alianza editorial, 2004.

———. *Fundamentación de la metafísica de las costumbres.* Texto íntegro de la traducción de Manuel García Morente. San Juan: Pedro M. Rosario Barbosa, 2007.

Lampert, María. *Aplicación de la eutanasia: Bélgica, Colombia, Holanda y Luxemburgo.* Chile: Biblioteca del Congreso Nacional de Chile (BCN), 2019.

López, Claudia. *Introducción a la imputación objetiva.* Bogotá: Universidad Externado de Colombia, Centro de Investigaciones de Derecho Penal y Filosofía del Derecho, 1996.

López, Diego, y Astrid Sánchez. *La armonización del derecho internacional de los derechos humanos en el derecho penal colombiano.* Bogotá: Editorial Pontificia Universidad Javeriana, 2008.

López, Rony. "Interés superior de los niños y niñas: Definición y contenido". *Revista Latinoamericana de Ciencias Sociales, Niñez y Juventud,* 2015.

Louden, Robert. *Kant's Impure Ethics. From Rational Beings to Human Beings.* Nueva York: Oxford University Press, 2000.

Markova, Angelina. *El derecho de autodeterminación del menor maduro en el ámbito de la salud.* Murcia: Centro de Estudios en Bioderecho, ética y salud, Universidad de Murcia, 2017.

Martínez, Gloria. *Aplicación del derecho internacional por los jueces y tribunales nacionales módulo de autoformación.* Bogotá: Escuela Judicial "Rodrigo Lara Bonilla", 2019.

Martínez, Gloria, y Pedro Rodríguez. *El modelo constitucional actual, la actividad médica, biomédica y asistencial: los aportes de la bioética.* Bogotá: Ibáñez, 2020.

Martínez-Pereda, José. *La minoría madura, ponencia presentada en el IV Congreso Nacional de Derecho Sanitario.* Madrid, 1997.

Moreno, José, y María Galiano. *La eutanasia en niños de Holanda: ¿El final de un plano inclinado?* Murcia: Asociación Española de Bioética y Ética Médica, 2005.

Ochoa, Jorge. *Órgano de difusión del centro colaborador en materia de calidad y seguridad del paciente.* Ciudad de México: Boletín Conamed – OPS, 2017.

Pérez, Antonio. *Derechos Humanos, Estado de Derecho y Constitución.* Madrid: Tecnos, 2005.

Pinto, Boris, y Raisa Gulfo. "El derecho a morir con dignidad y el consentimiento informado en el marco de los derechos fundamentales del niño." *Revista Bioética y Derecho,* Buenos Aires, 2020.

latt, Anthony. *Los salvadores del niño o la invención de la delincuencia.* Ciudad de México: Siglo XXI, 1988.

Ramelli, Alejandro. *Reflexiones sobre el principio de legalidad en investigaciones por crímenes de lesa humanidad en Colombia.* Bogotá: Universidad Sergio Arboleda, 2012.

Reyes, Dayron, y Gabriela Suárez. "Eutanasia para menores de edad en Colombia, dilemas éticos y jurídicos de la muerte digna en niños, niñas y adolescentes.", 2019. https://doi.org/10.6018/bioderecho.401751.

Rivero, Francisco. *El interés del menor.* Madrid: Dykinson, 2000.

Robert, Alexy. "Derechos fundamentales, ponderación y racionalidad." *Revista Iberoamericana de Derecho Procesal Constitucional,* 2009.

Rodríguez, Carlos. *Autonomía del niño en las decisiones sobre su propio cuerpo.* Madrid: Universidad Complutense de Madrid – Instituto de Derechos Humanos, 2004.

Rodríguez, Pascual. "¿Sociología de la infancia? Aproximaciones a un campo de estudio difuso." *Revista Internacional de Sociología* (RIS), Tercera Época, 2000.

Romeo, Sergio. "El valor jurídico del consentimiento prestado por los menores de edad en el ámbito sanitario, parte I." *La Ley Revista Jurídica Española de Doctrina, Jurisprudencia y Bibliografía,* 2000.

Roxin, Claus, y Miguel Olmedo. "Tratamiento jurídico-penal de la eutanasia." *Revista Electrónica de Ciencia Penal y Criminología.* Editorial Trotta, 1999.

Salamanca, José. "Eutanasia y dignidad." *Revista Derecho y Vida,* núm. IXXXII., (2009).

Salazar, Carlos. *Cartilla propedéutica iusfilosófica.* Bogotá: Ibáñez, 2015.

Silva, Filipa, y Rui Nunes. "Caso Belga de la eutanasia en niños, ¿solución o problema?" *Revista Bioética.* Brasilia, (2015).

Solórzano, Justo. *Los derechos humanos de la niñez.* Ciudad de Guatemala: UNICEF, Argrafie, 2006.

Uprimny, Rodrigo. *Bloque de constitucionalidad, derechos humanos y proceso penal.* Bogotá: Consejo Superior de la Judicatura, Escuela Judicial "Rodrigo Lara Bonilla", 2009.

Vega, Javier. "La práctica de la eutanasia en Bélgica y la 'pendiente resbaladiza'." *Cuadernos de Bioética,* Murcia, 2007.

Normatividad internacional

Comisión de Derechos Humanos de las Naciones Unidas. 1948. *Declaración Universal de los Derechos Humanos.* Naciones Unidas.

Naciones Unidas. 1966. *Pacto Internacional de Derechos Civiles y Políticos.* Nueva York: Asamblea General de las Naciones Unidas.

Naciones Unidas. 1989. *Convención Sobre los Derechos del Niño.* Nueva York: Asamblea General de las Naciones Unidas.

Organización de los Estados Americanos. 1969. *Convención Americana Sobre Derechos Humanos (Pacto de San José).* San José: Secretaría de Asuntos Jurídicos, Organización de los Estados Americanos.

Organización de los Estados Americanos. 1948. *Declaración Americana de los Derechos y Deberes del Hombre.* San José: Secretaría de Asuntos Jurídicos, Organización de los Estados Americanos.

Normatividad Nacional

Congreso de la República de Colombia. 1991. *Constitución Política de Colombia.* Bogotá: 1ra Ed. Nueva Jurídica.

———. 1980. *Decreto 100 de 1980, Por el cual se expide el nuevo Código Penal.* Bogotá: Diario Oficial, Año CXVI, N. 35461, 20 de febrero de 1980, pág. 1.

———. 1991. *Ley 12 de 1991, Por medio de la cual se aprueba la Convención sobre los Derechos Del Niño adoptada por la Asamblea General de las Naciones Unidas el 20 de noviembre de 1989.* Bogotá: Diario Oficial, Año CXXVII, No. 39640, 22 de enero de 1991, pág. 1.

———. 2000. *Ley 599 de 2000, Por lo cual se expide el Código Penal.* Bogotá: Diario Oficial No. 44.097, 24 de julio de 2000.

———. 2006. *Ley 1098 de 2006, Por la cual se expide el Código de la Infancia y la Adolescencia.* Bogotá: Diario Oficial No. 46.446, 8 de noviembre de 2006.

Ministerio de Salud y Protección Social. 2015. *Resolución número 1216 de 2015, Por medio de la cual se da cumplimiento a la orden cuarta de la Sentencia T-970 de 2014 de la Honorable Corte Constitucional en relación con las directrices para la organización y funcionamiento de los Comités para hacer efectivo el derecho a morir dignamente.* https://www.minsalud.gov.co/Normatividad_Nuevo/Resoluci%C3%B3n%201216%20de%202015.pdf

———. 2018. *Resolución número 825 de 2018, Por medio de la cual se reglamenta el procedimiento para hacer efectivo el derecho a morir con dignidad de los niños, niñas y adolescentes.* https://www.minsalud.gov.co/sites/rid/Lists/BibliotecaDigital/RIDE/DE/DIJ/resolucion-825-de-2018.pdf

Jurisprudencia Nacional

Corte Constitucional. Sala Primera de Revisión. 1992. *Sentencia T-406.*

———. Sala Segunda de Revisión. 1992. *Sentencia T-532.*

———. Sala Segunda de Revisión. 1993. *Sentencia T-493.*

———. Sala Plena. 1993. *Sentencia C-127.*

———. Sala Plena. 1993. *Sentencia C-565.*

———. Sala Plena. 1994. *Sentencia C-221.*

———. Sala Plena. 1996. *Sentencia C-344.*

———. Sala Plena. 1997. *Sentencia C-239.*

———. Sala Plena. 1999. *Sentencia C-559.*

———. Sala Plena. 1999. *Sentencia C-133.*

———. Sala Plena. 1999. *Sentencia C-843.*
———. Sala Plena. 2000. *Sentencia C-739.*
———. Sala Plena. 2000. *Sentencia C-996.*
———. Sala Plena. 2002. *Sentencia C-200.*
———. Sala Plena. 2003. *Sentencia C-873.*
———. Sala Plena. 2005. *Sentencia C-592.*
———. Sala Plena. 2008. *Sentencia C-336.*
———. Sala Plena. 2010. *Sentencia C-936.*
———. Sala Plena. 2015. *Sentencia C-143.*
———. Sala Séptima de Revisión. 2003. *Sentencia T-685.*
———. Sala Novena de Revisión. 2014. *Sentencia T-970.*
———. Sala Sexta de Revisión. 2017. *Sentencia T-423.*
———. Sala Quinta de Revisión. 2017. *Sentencia T-544.*
———. Sala Cuarta de Revisión. 2017. *Sentencia T-721.*

Capítulo 5.
Implicaciones del delito de Fraude de Subvenciones como un tipo penal pluriofensivo y la necesidad de una adecuada interpretación de sus ingredientes normativos

DAVID FERNANDO RINCÓN BAUTISTA[1]

"Hay delitos económicos que son más graves que los homicidios porque son más conscientes y son la causa no de una, sino de muchas muertes y de la corrupción."

P. Luis Alberto Miguel Hurtado Cruchaga.

Resumen: Este capítulo propone un análisis comparado del delito de Fraude de Subvenciones, el cual nace en la legislación colombiana a partir de la Ley 1474 del 2011, quedando tipificado en el Artículo 403-A, Título XV "de los Delitos contra la administración pública" del Código Penal *(Ley 599 del 2000)*. Es pertinente aclara que, actualmente, el tipo penal materia de estudio no cuenta con un análisis jurisprudencial mediante sentencias de casación, motivo por el cual se llevará a cabo un estudio desde la doctrina jurídico penal especializada, teniendo en cuenta el desarrollo histórico que ha tenido el delito económico como conducta que vulnera lineamientos estatales en protección a los bienes jurídicos del Orden Económico y Social y la Administración Pública en el marco de la intervención del Estado en la economía.

Como resultado de lo anterior, se entregará al lector conceptos de interpretación claros desde una postura académica y litigiosa, que permita evidenciar los vacíos que el tipo penal tiene desde su incorporación a la ley penal colombiana, así como un llamado a la Sala de Casación Penal de la Corte Suprema de Justicia para que en el momento de emitir conceptos que desarrollen el delito de Fraude de Subvenciones, inicie con un estudio amplio y suficiente de los ingredientes normativos del tipo, tal cual lo ha desarrollado la doctrina, para que con, posterioridad, no se generen interpretaciones erradas que terminen generando inseguridad jurídica.

---

1 Abogado, especialista en Ciencias Penales y Criminológicas, con experiencia en litigio penal, ha sido docente y Secretario Académico en UNICERVANTES. Actualmente, es docente del área de Derecho Penal en el programa de Derecho de UNICERVANTES.

Palabras clave: Delito económico, tipo penal, subsidio, subvención, ayuda, orden económico y social del Estado, Administración Pública, intervención, bienes jurídicos.

Abstract:

This chapter proposes a comparative analysis of the crime of Fraudulent Misappropriation of Subsidies, which was introduced into Colombian legislation by Law 1474 of 2011, and is codified in Article 403-A, Title XV "Crimes against Public Administration" of the Penal Code (Law 599 of 2000). It is important to clarify that, currently, there is no jurisprudential analysis of this criminal offense through cassation rulings, which is why a study will be carried out based on specialized criminal law doctrine, taking into account the historical development of economic crimes as conduct that violates state guidelines for the protection of the legal assets of the Economic and Social Order and the Public Administration within the framework of state intervention in the economy.

As a result of the foregoing, the reader will be provided with clear interpretive concepts from an academic and litigious standpoint, which will make it possible to evidence the gaps that the criminal offense has since its incorporation into Colombian criminal law, as well as a call to the Criminal Cassation Chamber of the Supreme Court of Justice to initiate, at the time of issuing opinions that develop the crime of Fraudulent Misappropriation of Subsidies, with a broad and sufficient study of the normative ingredients of the type, as developed by the doctrine, so that, subsequently, erroneous interpretations are not generated that end up generating legal uncertainty.

Keywords: Economic crime, criminal offense, subsidy, grant, aid, state economic and social order, Public Administration, intervention, legal assets.

I. INTRODUCCIÓN

El derecho tiene como instrumento la ley y como fin la justicia, es por ello por lo que la consulta de la doctrina para la actualización de los conocimientos y para la práctica del derecho es indispensable, más aún, cuando los tipos penales en Latinoamérica, frecuentemente, se prestan para distintas y discutidas interpretaciones, al punto que en ocasiones se torna complejo encontrar una línea sólida sobre el núcleo fundamental o el alcance de un tipo penal en particular, por ejemplo, la jurisprudencia que emite la Corte Suprema de Justicia colombiana, frecuentemente cambia las reglas jurídicas que pueden aplicarse en los diferentes casos, aunque los hechos que fundamentan el proceso devengan de circunstancias similares y en aplicación de tipos penales homólogos.

En ese orden de ideas, la doctrina es de gran importancia para determinar una adecuada interpretación del derecho sustantivo penal, razón por la cual debe ser examinada por la jurisprudencia para lograr seguridad y estabilidad jurídica. Al respecto, es importante resaltar que en materia penal la seguridad jurídica en la interpretación de los tipos penales tiene un carácter reforzado, dado que la tipificación de conductas tiene por objeto desalentar en los ciudadanos su ocurrencia, empero, en caso de existir múltiples interpretaciones sobre un mismo precepto, el mensaje no es aprehendido por el ciudadano al no tener claridad sobre la conducta que no puede realizar y, por lo mismo, la norma penal pierde su efecto persuasivo.

Como consecuencia de lo anterior, el rastreo de las sentencias que desarrollaran el delito de Fraude de Subvenciones cumpliría la finalidad de identificar la línea jurisprudencial en la que se basa cada sistema judicial, por lo que para lograr complementar y cotejar algunos avances sobre la materia, podríamos tener en cuenta el tipo penal de Fraude de Subvenciones legislado en Colombia, y la jurisprudencia emitida por la Sala Penal de la Corte Suprema de Justicia, comparándolos con algunos de los principales desarrollos doctrinales que se han realizado sobre el tipo penal materia de estudio; sin embargo, a la fecha no existe jurisprudencia en la materia, siendo indispensable que la honorable Corte Suprema al momento de generar un precedente jurisprudencial acoja el desarrollo doctrinal en una línea interpretativa responsable que genere seguridad jurídica teniendo en cuenta su efecto vinculante.

Ahora bien, el delito en mención surge con la Ley 1474 del 2011, y como se refiere en el párrafo anterior, a la fecha no ha sido estudiado a fondo ni por la honorable Corte Suprema de Justicia, ni por los Tribunales Superiores del Distrito Judicial, dejando un amplio margen para realizar el análisis del delito desde el punto de vista legal, constitucional y doctrinal, por lo que, desde esos conceptos, el derecho comparado resulta de gran importancia para el análisis de los delitos financieros.

Así las cosas, es pertinente entender el concepto de delito económico que se ha venido desarrollando en la legislación colombiana de forma permanente desde el Código Penal de 1980 y aplicable de forma análoga a la legislación latinoamericana, como desarrollo de la obligación del Estado de intervenir en la economía como director y garante del bien común, al ser la economía uno de los pilares fundamentales para el desarrollo de las garantías sociales y de seguridad. El Estado, por medio de su dirección, guía a la economía limitando a los intervinientes o ejecutores como las entidades financieras o empresas exportadoras que tienen un efecto directo en la estabilidad socioeconómica de la nación.

Asimismo, la doctrina y la jurisprudencia ampliamente han desarrollado el tema de intervención del Estado en la economía, analizando frecuentemente la necesidad de garantizar la existencia de un modelo de desarrollo económico dirigido con el fin de mantener un bien colectivo para la sociedad. Así, podemos afirmar que la protección del Estado en esta materia ha evolucionado considerablemente en las últimas dos décadas.

La existencia de una economía libre, pero regulada, surge de la necesidad de contrarrestar algunos efectos propios de la dinámica económica que repercuten de forma negativa en la sociedad. Hablando de las causas perturbadoras del *orden público económico* que dan origen a la tipificación de este tipo de conductas. Los profesores Bernal Cuéllar y Osorio Bustos (1985) afirman que:

> pues bien, las causas perturbadoras del orden público económico que se traducen en malestar sociopolítico tienen, a nuestro juicio dos grandes fuentes:
> a) Los desajustes institucionales, propios de las economías subdesarrolladas, que se traducen en: 1) progresivo desequilibrio entre la producción y el empleo; 2) creciente deterioro monetario; 3) desempleo de la fuerza de trabajo; 4) galopante infracción; 5) progresivo debilitamiento en el ahorro público; 6) profundo desequilibrio fiscal; 7) notable postración en sectores de la economía, tales como: las industria, el comercio, la construcción, las exportaciones; 8) deterioro progresivo de las inversiones productivas; 9) incremento del gasto público; 10) evasión fiscal y tributaria en proporciones asombrosas; 11) creciente tendencia a la utilización del crédito externo, entre otros.
> b) Como si los anteriores factores desestabilizadores del orden económico social del país fueran pocos, a ellos se agrega un conjunto de conductas que, por su naturaleza, se hacen merecedoras a la imposición de determinadas sanciones penales de carácter administrativo.
> El reproche jurídico penal que hace el legislador ordinario o extraordinario consiste en sancionar todos aquellos comportamientos que impiden a la sociedad el aprovechamiento ordenado, racional de la riqueza pública; que generan desequilibrios de diverso orden en la industria, el comercio...

Entonces, las anteriores posibles situaciones perturbadoras del orden económico y social, justifican el uso del derecho penal como medio para regular la economía, no obstante, esto no ha tenido el alcance buscado, por un lado, porque siguen existiendo las causas perturbadoras del orden público económico, las cuales en lugar de disminuir, han aumentado con el trascurrir de los años, y por otro, porque las acciones contra el orden económico cada vez son más complejas y estructuradas, creando delincuentes especializados. En razón a lo anterior, la Ley 599 del 2000, actual Código Penal Colombiano, consignó nuevos tipos penales en materia económica, aumentando el catálogo de delitos preexistentes.

Atendiendo a lo referido, para lograr definir el delito financiero debe entenderse que el derecho penal, como parte del ordenamiento jurídico, busca principalmente regular la conducta humana, garantizar los derechos de los gobernados, propugnar por una justicia igualitaria, y en general, establecer los límites de cada uno de los asociados dentro de un Estado social de derecho. Hablando de las funciones del derecho penal:

> Se le asigna la función de promover la integración de los sistemas sociales, esto es, el derecho opera como un mecanismo de cohesión de la sociedad pues establece mecanismos que regulan la actividad de los gobernantes y de los gobernados y que posibilitan la convivencia. Por otra parte, el derecho se orienta a la satisfacción de las necesidades colectivas pues regula no solo la manera como se ha de constituir el poder público sino también como y para que debe ejercerse, concibiendo los mecanismos para que se oriente a la satisfacción de las necesidades de los coasociados, esto es, a la realización del bien común. Igualmente, el derecho establece pautas de conducta y tratar los conflictos suscitados entre los distintos miembros de la sociedad por desconocimiento de esas pautas, función con la cual sustrae el tratamiento de los conflictos de las manos de sus protagonistas y los somete a la decisión de un juez superior e imparcial. (URBANO MARTÍNEZ, 2002, p. 19).

Es por ello por lo que, el legislador con el fin de proteger el orden económico y social del Estado ve en el derecho penal un instrumento jurídico idóneo para garantizar dicha protección y ejercer el control social deseado para los coasociados sin vulnerar las libertades económicas individuales que llevan consigo un sistema económico mixto de mercado.

Así las cosas, **el delito económico está dirigido fundamentalmente a la protección del orden económico y social del Estado, creando sanciones penales para los actos delictivos que vulneren dicho ordenamiento**, por lo que la Corte Constitucional afirma al respecto de la finalidad de los delitos económicos que "es la protección del orden económico social del Estado sobre el comportamiento delictivo." (Corte Constitucional Colombiana, 2009, Sentencia C-224).

En esa misma línea argumentativa, la Corte Constitucional ha mantenido dentro del concepto de delito económico, que debe tenerse en cuenta la existencia de una concepción estricta y una concepción amplia del orden económico social; al respecto se establece:

> ...i) a una concepción estricta, según la cual es el conjunto de normas jurídico-penales que protegen el orden económico, entendido como regulación jurídica del intervencionismo estatal en la economía y ii) a una concepción amplia, como el conjunto de normas jurídico-penales que protegen el orden económico, entendido como regulación jurídica de la producción, distribución y consumo de bienes y servicios. (Corte Constitucional Colombiana, 2009, Sentencia C-224).

Bajo este supuesto, se ha definido el delito económico de la siguiente manera:

> Delito económico en sentido estricto, es la infracción jurídico-penal que lesiona o pone en peligro el orden económico entendido como regulación jurídica del intervencionismo estatal en la economía de un país. Delito económico en sentido amplio es aquella infracción que, afectando un bien jurídico patrimonial individual, lesiona o pone en peligro, en segundo término, la regulación jurídica de la producción, distribución y consumo de bienes y servicios. (Bajo Fernández, 1978, p. 42 y 43).

En la misma línea, el académico Hernando Hernández Quintero en la obra *Los delitos económicos en la actividad financiera* realiza un barrido de las definiciones del delito económico a nivel mundial, tras el cual, llega a la siguiente definición:

> ...toda conducta que vulnere o ponga en peligro la intervención del Estado en la economía, trátese de su función de dirección o protección se erige en delito económico, al igual que los comportamientos mediante los cuales se impide u obstaculiza a los ciudadanos la cabal utilización de los bienes y servicios a que tiene derecho. (Hernández Quintero, 2015, p. 115).

Del concepto desarrollado por el profesor Hernández Quintero, se desprende que el delito económico se produce con una conducta que rompa el equilibrio que debe existir entre el Estado y la economía al impedir, por ejemplo, que el primero ejerza las funciones de control y dirección sobre la economía; dirección y control que tienen como finalidad lograr una estabilidad económica, incentivar ciertos sectores de la economía y limitar los abusos como una forma de proteger el bien común. En ese sentido, al existir varios tipos penales que pertenecen a la categoría de delitos económicos, este delito no solo se configura cuando se transgrede la relación Estado-economía, sino también cuando se vulneran los derechos de particulares o se pone en peligro la participación activa de los mismos en el ejercicio económico, impidiéndoseles, por ejemplo, obtener los beneficios que el Estado les provee, este último caso, fundamental para entender el delito de Fraude de Subvenciones sobre el que versa el presente artículo.

En síntesis, para los fines del presente escrito **se entenderá el delito económico como la conducta directa o indirecta que vulnera los lineamientos previamente establecidos por el Estado para el desarrollo efectivo de la actividad económica y que causa un perjuicio al orden económico social del Estado, tanto en la actividad de dirección Estatal como en la privación de los derechos de particulares dentro del marco de una economía que tiende al desarrollo social y a la garantía del bien común.**

II. METODOLOGÍA Y OBJETIVOS

Con base en la necesidad de brindar herramientas que sirvan para la aplicación adecuada del delito de Fraude de Subvenciones en el marco judicial colombiano, se realiza un estudio minuciosos partiendo desde el análisis legal, la ubicación del tipo penal en el esquema sustancial de protección de bienes jurídicos, teniendo en cuenta los diferentes desarrollos doctrinales en la materia, logrando proponer una postura clara para la interpretación adecuada de los verbos rectores aplicables al sistema judicial actual y que genere una seguridad jurídica al momento de la adecuación en las categorías dogmáticas correspondientes.

La finalidad específica es identificar: ¿se encuentra el delito de Fraude de Subvenciones bien ubicado dentro del marco de protección de bienes jurídicos de la ley penal colombiana? **¿Qué alcance debe tener cada uno de los verbos rectores que integran el delito de Fraude de Subvenciones en** la legislación colombiana?

En ese orden de ideas, se tomará una postura clara en cuanto a la protección del bien jurídico tutelado por el tipo penal materia de estudio, donde se podrá evidenciar falencias del legislador que contradice la misma esencia de otros tipos penales análogos existentes con precedencia en el marco jurídico penal colombiano.

III. EL DELITO DE FRAUDE DE SUBVENCIONES COMO TIPO PENAL PLURIOFENSIVO: ANÁLISIS Y DELIMITACIÓN DE LOS INGREDIENTES NORMATIVOS

Habiendo definido el delito económico, es preciso entrar a analizar del delito de Fraude de Subvenciones, el cual nace a la vida jurídica en la legislación colombiana a partir de la Ley 1474 del 2011, quedando tipificado en el artículo 403-A, Título XV, Código Penal Colombiano (Ley 599 del 2000) "de los Delitos contra la administración pública", de la siguiente manera:

> Art. 403A: Fraude de subvenciones. El que obtenga una subvención, ayuda o subsidio proveniente de recursos públicos mediante engaño sobre las condiciones requeridas para su concesión o callando total o parcialmente la verdad, incurrirá en prisión de cinco (5) a nueve (9) años, multa de doscientos (200) a mil (1.000) salarios mínimos legales mensuales vigentes e inhabilidad para el ejercicio de derechos y funciones públicas de seis (6) a doce (12) años. Las mismas penas se impondrán al que no invierta los recursos obtenidos a través de una subvención, subsidio o ayuda de una entidad pública a la finalidad a la cual estén destinados. (Código Penal Colombiano, Ley 599 del 2000, artículo 403A).

Como podemos ver, el delito de Fraude de Subvenciones está ubicado en el Código Penal dentro del capítulo que protege el bien jurídico de la administración pública, ubicación en la que difiero, toda vez que creo fielmente que este delito debe hacer parte del catálogo de los delitos contra el orden económico social del Estado, más aún, cuando de sus ingredientes normativos se desprende dicha protección y no precisamente la protección al ejercicio de la función y gestión pública, que es lo que buscaría eventualmente proteger el tipo penal al estar ubicado en la protección del bien jurídico asignado por el legislador. El doctor Hernández Quintero, ubica igualmente el referido delito dentro del catálogo de los delitos contra el orden económico social del Estado, argumentando:

> ...debemos concluir que la ubicación del punible de fraude a subvenciones dentro de este título indica que el legislador quiere proteger la transparencia en la asignación y utilización de los recursos que el Estado entrega a fondo perdido en razón a la realización de algunas actividades económicas de su interés. Empero, un detenido análisis del propósito comentado nos conduce a sostener, sin ambages que esta figura debió ubicarse en el titulo X del Estatuto de Penas, en donde se sancionan las conductas que atentan contra el orden económico social del país.
> ... el tipo penal de fraude a subvenciones el propósito fundamental es sancionar a quienes, al falsear la verdad, obtienen recursos del Estado que están dirigidos a personas que los invertirán en fomentar proyectos de interés económico del propio Estado o que los requieren para atender situaciones coyunturales, al igual que castigar a quienes desvían los apoyos que originariamente están destinados a propósitos específicos y que con esa conducta privan a otros de dichos apoyos. En resumen, como lo ha sostenido la doctrina, lo importante en esta figura no es la merma económica – consustancial a la ayuda pública-, sino la **frustración de aquellos fines u objetivos**. El objeto de tutela reside en el interés general del cumplimiento del plan, proyecto o fin establecido en el programa correspondiente instaurador de ayudas públicas." (Hernández Quintero, 2015, p. 412 y 413).

Al respecto, tal como lo enuncia el tratadista, los delitos contra la administración pública afectan directamente el ejercicio de la función y gestión pública, al vulnerar, principalmente, los principios fundamentales de legalidad, legitimidad, equidad y transparencia. En palabras de la Corte Suprema de Justicia:

> La administración pública es un bien jurídico que, de una parte, protege el interés general y los principios de igualdad, transparencia, imparcialidad, economía y objetividad de la función pública, y de otra, los bienes del Estado ante actos de apropiación o uso indebido, o frente a comportamientos en los cuales el servidor público no obra conforme al deber de cuidado que le es exigible en defensa del patrimonio público. (Corte Suprema de Justicia, Sala Penal, 2015, Rad. 39.417).

En ese contexto, el delito de Fraude de Subvenciones busca proteger el correcto uso de los recursos públicos otorgados por el Estado a particulares. Motivo por el cual, se fortalece la postura de que el delito materia de estudio debería pertenecer a los delitos contra el orden económico social, dado que tiende a garantizar que los recursos que el Estado destina para cumplir con diferentes objetivos dirigidos a incentivar la economía no sean desviados a fines distintos a los que motivaron su concesión. Parámetro principal para afirmar que el mayor perjuicio con la conducta punible no se causa sobre la función ni la gestión pública, sino sobre el impulso de la economía que pretende un Estado social de derecho. No obstante, es, a todas luces, un delito pluriofensivo.

En suma, se debe tener en cuenta que para incurrir en la conducta punible del artículo 403-A, es necesaria la obtención de un auxilio económico llámese **SUBSIDIO, SUBVENCIÓN o AYUDA**, el cual proviene directamente del erario público y está dirigido a promover, impulsar y acrecentar la economía en diferentes campos de aplicación, la configuración del tipo penal causa que el particular o beneficiario de dicho emolumento, al obtenerlo de forma ilegal o al destinarlo para otra finalidad, vulnere el impulso pretendido por el Estado a la economía nacional.

En conclusión, la subvención, ayuda o subsidio a las que se refiere el artículo objeto de estudio, son herramientas que usa el Estado para intervenir positivamente dentro de la economía en aras de garantizar el bien común, razón por la cual, su obtención o destinación ilícita perjudica el orden económico social del Estado y no la administración pública.

Antes de entrar a analizar el tipo penal de fondo, es preciso tener en cuenta que el problema recala puntualmente a entender cuál es el alcance de los ingredientes normativos del tipo, por lo menos como está estructurado en Colombia y en una gran cantidad de países, a modo de ejemplo, en Argentina, el delito cuenta con dos de los tres ingredientes normativos colombianos, a saber, la subvención y la ayuda, asimismo ocurre en España y en la mayoría de los países hispanos. Motivo por el cual es de gran importancia entender cada uno de estos.

Subvención: En términos generales, la subvención es una disposición o emolumento económico, promovido por el Estado, de carácter gratuito, dirigido a fortalecer o incentivar los fines económicos de una nación, beneficiando directamente a particulares, bien sean personas jurídicas o personas naturales, en razón a un interés general.

La Real Academia Española (RAE) define la subvención como: "Ayuda económica que se da a una persona o institución para que realice una actividad considerada de interés general". La subvención, como lo definimos anteriormente, propende por un interés general como fin, o, en el contexto de un Estado social de derecho, el interés del "bien común", al tenor de lo dispuesto en el artículo 333 constitucional como desarrollo de la función del Estado de ser director de la economía. Por otro lado, la doctrina ha definido desde diferentes puntos de vista el concepto de subvención; una de las definiciones clásicas surgidas del derecho administrativo la podemos ver en la obra del tratadista Fernández Farreres, quien definió la subvención como:

> Fernández Farreres (Citado por Gómez Rivero, 1996), se refiere a la subvención como: una atribución patrimonial a fondo perdido, normalmente una suma dineraria, sin obligación de devolver por el beneficiario, que una Administración Pública realiza a favor de otra Administración Territorial distinta o, más frecuentemente, a favor de particulares, afectada o vinculada a un fin por el que se otorga.

Así, la doctrina mayoritariamente sostiene que la subvención está relacionada con un auxilio económico otorgado de forma gratuita y sin carácter devolutivo por el Estado en beneficio de un particular. En esa misma línea, la tratadista española, Gómez Rivero (1996), en referencia al carácter gratuito de la subvención, resaltó: "Faltando la nota de gratuidad nos saldríamos del concepto de subvención para adentrarnos en el de otras figuras jurídicas afines, y, consiguientemente, en caso de fraude, en otras figuras delictivas fronterizas, básicamente, la apropiación indebida." (p. 33).

De la misma forma, la Doctora Gómez Rivero (1196), definiendo la subvención en materia penal, la cual según su apreciación debe tenerse en cuenta por el legislador, adscribiéndole las siguientes características: "...por un lado, en la exigencia de que tenga lugar una **atribución patrimonial, en dinero o en especie** que beneficie económicamente al adjudicatario; por otro, que dicha ventaja económica **no tenga carácter devolutivo**" (p. 32).

Ahora bien, tal como lo desarrolla en su libro el doctor Hernando Hernández Quintero, en Colombia no existe en la legislación un concepto de subvención, como si existe en otras legislaciones. No obstante, el tratadista refiere que para el estudio del delito de Fraude de Subvenciones y su desarrollo, debe tenerse en cuenta la definición de subvención del parágrafo 1° de la Ley 1133 del 2007, que creó el programa de Agro Ingreso Seguro (AIS), en donde se precisa:

> Ley de la República de Colombia # 1133, Congreso de la República (2007), establece lo siguiente: PARÁGRAFO 1o. Para todos los efectos, se debe entender que los apoyos económicos directos o incentivos son una ayuda que ofrece el Estado sin contraprestación económica alguna a cambio, por parte del

particular. Se entregan de manera selectiva y temporal, dentro del ejercicio de una política pública, siendo potestad del Gobierno Nacional, seleccionar de una manera objetiva, el sector que se beneficiará con el apoyo económico directo o incentivo y el valor de los mismos, así como determinar dentro de estos, los requisitos y condiciones que debe cumplir quien aspire a convertirse en beneficiario.

Los apoyos económicos directos o incentivos no son derechos, ni contratos y serán siempre una mera expectativa hasta que haya decisión definitiva de la autoridad competente, o de quien esta haya designado para hacer la selección, que señale al particular como beneficiario; por tanto, hasta ese momento, los apoyos económicos directos o incentivos no generan obligaciones, contraprestaciones o derechos adquiridos.

En ese orden de ideas, el Doctor Hernández Quintero señala que en Colombia se excluye del concepto de subvención algunos preceptos, tales como: "(...) el crédito que se otorga en condiciones favorables por el Estado o entidades particulares con el fin de incentivar ciertos renglones de la economía, pues, a pesar de las condiciones blandas en que se otorga, **no es a fondo perdido y debe finalmente cancelarse"**. (Hernández Quintero, 2015, p. 409).

Habiendo decantado las características propias del concepto de subvención, surge un primer problema: este concepto puede ser aplicado tanto al artículo 403 A, objeto del presente trabajo, como al artículo 310 del Código Penal, que consagra: "**Exportación o importación ficticia.** El que con el fin de obtener un provecho ilícito de origen oficial simule exportación o importación, total o parcialmente incurrirá en prisión (...)"

De lo transcrito puede colegirse que, el "provecho ... de origen oficial", al que hace mención el artículo precedente, debe reunir las características propias de una subvención. Bastando en este evento la simulación para que se configure el tipo penal, siendo un tipo de peligro, contrario a lo que acontece en el artículo 403 A en el que sí es necesaria la obtención de la subvención, siendo así un delito de resultado.

El problema anterior refuerza la tesis planteada con anterioridad, en la que se propuso que el delito de Fraude a Subvenciones debería pertenecer al capítulo de los delitos contra el orden económico y social, ya que no se entiende cómo, si su contenido es similar al del delito de importación o exportación ficticia, uno y otro estén ubicados en capítulos disímiles. Por otro lado, es claro que, al tener un alcance similar, ambos delitos no pueden concursar en el desarrollo de una misma conducta so pena de incurrir en una vulneración al principio del *non bis in ídem.*

Lo anterior, nos lleva a afirmar que el delito de Fraude a Subvenciones es el género y el de importación o exportación ficticia es la especie, razón por la cual resulta de vital importancia que tanto el ente acusador (fiscal), como el juez, tengan total claridad conceptual para no acusar o condenar por ambos delitos en concurso y cometer así una grave violación al derecho fundamental al debido proceso.

En ese orden de ideas, teniendo en cuenta los aciertos y dificultades referidas en los párrafos anteriores, e igualmente el desarrollo que se le ha dado al concepto estudiado, se puede afirmar que las subvenciones son una atribución económica, sin carácter devolutivo, entregada por el Estado a un particular, llámese persona jurídica o natural, con el fin específico de incentivar un sector de la economía en busca del bien común.

Ayuda: El concepto de ayuda en el delito de Fraude de Subvenciones como ingrediente normativo, nos deja un amplio margen de aplicación e interpretación, apartándose un poco del concepto estudiado anteriormente, que exige, como se pudo ver, unos requisitos claros y específicos para entender lo que es subvención. Sin embargo, la ayuda que se incorpora en el tipo penal materia de estudio se debe entender en términos generales como asignación patrimonial, entregada con una finalidad específica, por lo que algunos doctrinantes tiene la postura que la ayuda no busca estimular un sector de la economía, sino suplir dificultades ocasionadas a un particular por una dificultad determinada, es así como el doctor Hernández Quintero, refiere:

> ...los destinatarios de la ayuda son individuos necesitados de apoyo, tales como los desempleados, los ahorradores víctimas de defraudaciones, los damnificados del invierno o los necesitados de alimentos, es decir que los recursos que se destinen para estas ayudas no buscan incentivar el desarrollo de una actividad económica, sino paliar dificultades coyunturales. Desde luego, estas ayudas constituyen una ventaja económica para el beneficiario, quien no está obligado a pagarlas en el futuro. (Hernández Quintero, 2015, p. 410).

Partiendo del análisis inmediatamente anterior, debemos decir que si bien la "ayuda" busca suplir las dificultades ocasionadas a un particular por una dificultad determinada, la misma sí propende por el incentivo de la economía o prevenir su detrimento, dado que la ayuda económica está dirigida a una población específica damnificada por una causa puntual, esta ayuda económica al buscar, como dice el autor, *"paliar dificultades coyunturales"*, está buscando incentivar la economía particular de esa persona o grupo familiar, lo que generará también un impulso a la economía de su comunidad, región y, por último, del Estado; por lo tanto, estas razones nos conllevan apartamos de lo que afirma el tratadista colombiano al decir que estas ayudas: *"no buscan incentivar el desarrollo de una actividad económica"*. Por otro lado, la posición del suscrito entiende que la ayuda está logrando de forma indirecta que no se generen repercusiones socioeconómicas que pueden llegar a perjudicar la economía nacional, manteniendo las condiciones de igualdad que tenía el individuo o comunidad antes del siniestro o la situación que lo convirtió en destinatario de la ayuda.

Asimismo, es debido resaltar que esta ayuda mantiene el requisito indispensable de gratuidad que hemos venido desarrollando dentro de las obligaciones para el estudio del Fraude de Subvenciones dentro del ámbito del derecho penal, puesto que las ayudas deben cumplir el requisito de no ser de carácter devolutivo.

Subsidio: La Real Academia Española (RAE) define el subsidio como: "Prestación pública asistencial de carácter económico y de duración determinada"; igualmente, en Colombia este concepto es de contenido social en términos generales, así lo sostiene Hernández Quintero (2015) al referir que: "…es preciso señalar que en Colombia este término es de corriente uso en materias de contenido social, tales como el que se concede a quienes son beneficiarios de vivienda de interés social" (p. 410). Partiendo de estas dos premisas, es pertinente decir que el concepto de subsidio se entiende como prestación económica entregada a un particular, con el fin de incentivar un sector específico de la economía, uniéndose este concepto intrínsecamente con el concepto de subvención, siendo tal vez una parte específica de la misma, pero igual que el concepto de ayuda, tiene unos requisitos que la diferencian.

Podemos decir que el subsidio se diferencia de la subvención al tener un **carácter netamente social** en busca de incentivar la economía en un sector específico definido con anterioridad, *verbi gracia*, la vivienda de interés social, las prestaciones sociales, etc., y con la característica igualmente diferenciadora de ser sucesivo en el tiempo, pero con requisitos que los delimitan, tanto para adquirirlo como en su duración o terminación.

Habiendo descrito a grandes rasgos el delito de fraude de subvenciones y enunciados algunos riesgos que existen en su interpretación por la similitud que tiene con otros tipos penales, es necesario hacer desde la academia un llamado a las Altas Cortes y tribunales para que atiendan los parámetros establecidos por la doctrina para el análisis de este delito y sienten jurisprudencia clara y consistente.

IV. LA IMPORTANCIA DE UNA ADECUADA INTERPRETACIÓN DEL DELITO DE FRAUDE DE SUBVENCIONES POR PARTE DE LA CORTE SUPREMA DE JUSTICIA CON FINES DE UNIFICACIÓN JURISPRUDENCIAL QUE GENERE SEGURIDAD JURÍDICA EN EL EJERCICIO JUDICIAL

Partiendo del análisis realizado en el acápite anterior, y entendiendo como una de las finalidades de la casación la unificación de la jurisprudencia, la cual crea un efecto vinculante respecto a los jueces de instancia, mediante la creación de una regla de interpretación aplicable a casos similares, con la finalidad de llenar vacíos normativos o aclarar los preceptos legales, deberán las Altas Cortes acoger el amplio desarrollo de la doctrina y así garantizar la seguridad jurídica de todos los asociados, esto, teniendo en cuenta que en Colombia como en otras legislaciones para el delito materia de estudio no se cuenta con jurisprudencia de casación, por lo que es de gran importancia realizar una interpretación responsable desde la académica, toda vez que si al analizar a futuro el delito de Fraude de Subvenciones no se hace bajo una línea definida de interpretación, puede generar inseguridad jurídica como ocurre en la actualidad con varios conceptos emitidos por la honorable Corte Suprema de Justicia Sala de Casacón Penal, esto teniendo en cuenta el alcance del precedente jurisprudencial, que se ratificó con efecto vinculante, mediante la Sentencia 39.456 No de acta 106 del 10 de abril del 2013, magistrado ponente doctor José Luis Barcelo Camacho, tomando como fundamento principal el desarrollo jurisprudencial que le ha dado al tema la Corte Constitucional, en concordancia con el artículo 230 de la carta política, que aduce, que al referirse que el juez solo está sometido al imperio de la ley, indica no solamente a la creada por el legislador *"sino a todo el ordenamiento jurídico, en el que se incluyen, por ejemplo, la jurisprudencia, la costumbre, los tratados internacionales, las convenciones colectivas, entre otros"*.

Es así, que se hace indispensable que la Corte Suprema de Justicia en su obligación de mantener la seguridad jurídica del país, en el momento de emitir conceptos que desarrollen el delito de Fraude de Subvenciones, inicie con un estudio amplio y suficiente de los ingredientes normativos del tipo, tal cual lo ha desarrollado la doctrina, para que con posterioridad no se generen interpretaciones erradas que terminen con una inseguridad que impacte todos los escenarios judiciales, teniendo en cuenta el alcance referido anteriormente y el impacto en la economía nacional.

En desarrollo de lo estipulado anteriormente, y del análisis concreto del delito de Fraude de Subvenciones, es pertinente que en el momento en que se exija el análisis de este tipo penal "nuevo" en la legislación colombiana, el mismo se base en la doctrina que como bien lo hemos podido evidenciar, mantiene unos conceptos generales y con amplio estudio durante las últimas décadas, para resolver, qué efectos tiene cada ingrediente normativo, sus alcances y en qué momento se deben diferenciar teniendo en cuenta los hechos específicos y el contexto actual en el que se estudien.

Sin embargo, tales argumentos deben tener la capacidad desde el primer concepto, de establecer de forma coherente y general cada uno de los alcances con la finalidad de que los mismos no se desdibujen con el tiempo y que las Salas de Casación no empiece a producir jurisprudencia sobre el tema analizado, de una manera errática, cambiando con frecuencia de posición y moderando los argumentos según cada caso concreto, lo cual ha generado en la historia cambios trascendentales en sus propios conceptos, perjudicando la seguridad jurídica de un país.

Se puede decir que, si la Corte no mantiene un argumento único para resolver el asunto, sino que, por el contrario, produce una serie de argumentos ambiguos, algunos incluso contradictorios, esto generaría incongruencia histórica que afectaría el precedente jurisprudencial y el ejercicio de la labor judicial. Así debe aclararse que no se pretende con dicha postura, que los argumentos no puedan presentar diferenciación, sino que los mismos desde el principio deben ser creados con tal responsabilidad y consistencia, para que al momento que exista un desarrollo jurisprudencial, no se aparte de la interpretación inicial, sino que, por el contrario, dichos precedentes se desarrollen y complementen en una misma línea dependiendo del contexto actual.

La importancia de concretar lo que venimos explicando en el presente artículo, está dirigida a que en el futuro se pueda hablar de una verdadera línea jurisprudencial, confiable, constante y predecible, y que no ocurra todo lo contrario, en llegar al punto que no existan garantías en el actuar de la rama judicial, ni mucho menos en el ejercicio profesional, concluyendo que en el desarrollo jurisprudencial de la Corte, se vea desnaturalizada la misma esencia del tipo penal de Fraude de Subvenciones, aplicado el estatuto procedimental penal colombiano.

En ese orden de ideas, entendiendo que las Altas Cortes en su labor de unificación de jurisprudencia no solo tienen como fin la aplicación literal de la norma, sino de forma amplia su labor está dirigida a la implementación del derecho en pro de la justicia material, se busca que la Corte aplique sus tesis con la solidez suficiente para mantenerlas más allá de los casos concretos, y que no resulte de ello una especie de falta de seriedad y confiabilidad de los precedentes jurisprudenciales en la materia, más aun teniendo en cuenta que desde su nacimiento como lo explicamos, el delito de Fraude de Subvenciones ya cuenta con una inconsistencia en cuanto al bien jurídico protegido y su símil, el delito de exportación o importación ficticia, e igualmente la seriedad que exige el análisis de delitos económicos como delitos especiales.

V. CONCLUSIONES

Al tratarse el Fraude de Subvenciones de un delito pluriofensivo, se hace necesario el estudio detallado de los ingredientes normativos del tipo, de forma individual y concretando los alcances de cada uno de ellos para que al momento de realizarse un análisis con el fin determinar la posible comisión de la conducta punible, esta se realice desde una perspectiva clara, que permita adecuar los elementos fácticos desde la categoría de tipicidad objetiva **y así lograr una acusación acorde a derecho, que sin generar dudas en el proceso evidencia la existencia o no de responsabilidad penal.**

Teniendo en cuenta que, a la fecha en el marco jurídico colombiano, desde el ámbito judicial y legal, no existe claridad conceptual sobre los alcances y significados de la Subvención, Ayuda y Subsidio, es importante que la Corte Suprema de Justicia al momento de emitir jurisprudencia vinculante en la materia, analice a fondo los desarrollos doctrinales existentes y logre establecer un precedente aplicable en el tiempo que genere seguridad jurídica.

Se evidencia que la ubicación asignada por el legislador al tipo penal de Fraude de Subvenciones dentro de la protección del bien jurídico de la Administración Pública, tiene como finalidad garantizar la eficacia de los recursos públicos, sin embargo, como se abordó y demostró en el presente escrito, la protección va más allá que lo pretendido en referencia, puesto el impacto de la comisión del delito recae de forma directa en la órbita del orden económico y social, el cual está dirigido a la protección de los recursos destinados para incentivar la economía desde la intervención del Estado en este importante sector, motivo por el cual, se debe tener en cuenta por los diferentes actores judiciales los alcances del delito y así lograr determinar de forma razonable el impacto de las conductas en los diferentes bienes jurídicos.

El delito de fraude de subvenciones no es concursable con el de importación o exportación ficticia, entre otros tipos penales de orden económico y financiero, razón por la cual resulta de vital importancia que los diferentes actores judiciales, así como la académica, tengan claridad conceptual en aras de no vulnerar el derecho fundamental al debido proceso, por lo que se hace indispensable el análisis del alcance de los ingredientes normativos del tipo.

Bibliografía

Álvarez, Luis. "Los Derechos y sus Garantías". *Revista Telemática de Filosofía del Derecho* 13: 311-324. D.L. M-32727-1998, (2013) ISSN 1575-7382. Recuperado de http://www.rtfd.es/numero13/14-13.pdf.

Añon, Manuel. *Derechos fundamentales y Estado constitucional.* Universidad de Valencia, 2013. Recuperado de http://drept.unibuc.ro/dyn_doc/relatii-internationale/cds-2010-3.Cc-40.-Anon.pdf.

Bernal Cuéllar, Javier, y Osorio Bustos. 1985. *Delitos Financieros (Decreto 2920 de 1982).* Bogotá: Editorial Temis.

Constitución Política de Colombia. 1991. 19ª ed. Bogotá: Editorial Legis, 2008.

Código Penal Colombiano. Ley 599 del 2000. Bogotá: Editorial Legis, 2021.

Código de Procedimiento Penal. Ley 600 de 2000. Bogotá: Editorial Legis, 2021.

Código de Procedimiento Penal. Ley 906 del 2004. Bogotá: Editorial Legis, 2021.

Corte Suprema de Justicia, Sala Penal. 2015. Rad. 39.417. M.P. Eugenio Fernández Carlier.

Corte Constitucional Colombiana. 2009. Sentencia C-224/09. M.P. Jorge Iván Palacio Palacio.

Devis Echandía, Héctor. *Teoría general de la Prueba Judicial.* Bogotá: Editorial Temis, 2006.

Diccionario de la Lengua Española. Edición del Tricentenario. Real Academia Española. Recuperado de https://www.rae.es/.

Gómez Rivero, Manuel. 1996. *El Fraude de Subvenciones.* Valencia: Editorial Tirant Lo Blanch.

Hernández Quintero, Hugo. *Los Delitos Económicos en la Actividad Financiera.* 7ª ed. Bogotá: Editorial Ibáñez, 2015.

López Medina, Daniel. *El Derecho de los Jueces.* 2ª ed. Bogotá: Editorial Legis, 2006.

Miguel Bajo Fernández, Manuel. *Derecho penal económico aplicado a la actividad empresarial.* Madrid: Editorial Civitas, 1978.

Urbano Martínez, José. *Lecciones de Derecho Penal Parte General.* Bogotá: Universidad Externado de Colombia, 2002.

Capítulo 6.

La acción de extinción del derecho de dominio, como manifestación de la política criminal colombiana

DAVID GUTIÉRREZ CASTAÑO[1]

Resumen

En este espacio académico, ambicionaremos por plantear y describir brevemente el fenómeno alrededor de la acción de extinción del derecho de dominio, el cual, a nuestro modo de ver, hace de esta acción un instrumento desleal de lucha por parte del poder punitivo del Estado, en la medida que no reconoce las garantías propias del derecho penal bajo el argumento de su carácter constitucional e independiente, pero si, se nutre fuertemente de este, de cara a las facultades investigativas, a los órganos de policía judicial y a las herramientas institucionales que dispone para ejercer la acción.

Consideramos entonces, la acción de extinción del derecho de dominio tal como está concebida en Colombia bajo la Ley 1408 de 2014, es una manifestación más, del fenómeno conocido como "expansión" y "modernización" del derecho penal, el cual se ha incorporado fuertemente a nuestra política criminal, y el código de extinción de dominio, no es la excepción. Haremos unas consideraciones acerca del concepto de política criminal, del fenómeno del expansionismo del derecho penal y sus fenómenos subyacentes como la modernización y la sociedad del riesgo, las características de la acción de extinción del derecho de dominio, y finalmente, ofreceremos unas reflexiones a modo de conclusión.

Palabras clave: Derecho penal, extinción de dominio, política criminal, modernización del derecho penal, expansión del derecho penal, derecho penal del riesgo, código de extinción de dominio.

Abstract

In this academic space we will attempt to briefly describe the phenomenon surrounding the action of extinction of the right of ownership, which, in our opinion, makes this action an unfair instrument of struggle by the punitive power of the State, to the extent that it does not recognize the guarantees of criminal law under the argument of its constitutional and inde-

[1] Abogado de la Universidad de Medellín, Especialista y Magíster en Derecho Penal de la misma universidad, Magíster en Relaciones Internacionales de la Universidad Rey Juan Carlos de España, abogado litigante, asesor y consultor en temas de Derecho Penal y Extinción de Dominio, profesor de pregrado y posgrado en varias universidades colombianas y latinoamericanas. davidgutierrez7@gmail.com.

pendent nature, but it is strongly nourished by it, in terms of investigative powers, judicial police bodies and the institutional tools available to exercise the action.

We consider then, the action of extinction of the right of ownership as it is conceived in Colombia under Law 1408 of 2014, is one more manifestation, of the phenomenon known as "expansion" and/or "modernization" of criminal law, which has been strongly incorporated into our criminal policy, and the code of extinction of ownership, is no exception. We will make some considerations about the concept of criminal policy, the phenomenon of expansionism of criminal law and its underlying phenomena such as modernization and the risk society, the characteristics of the action of extinguishment of the right of ownership, and finally offer some reflections by way of conclusion.

Keywords: Criminal law, criminal law, criminal policy, modernization of criminal law, expansion of criminal law, criminal law of risk, code of extinction of ownership.

I. INTRODUCCIÓN

Estudiar la política criminal en Colombia nos lleva siempre a la misma conclusión, y es que en Colombia no existe política criminal, existe eso sí, una serie de instrumentos legislativos que buscan reprimir, oprimir, perseguir y combatir el fenómeno criminal, pero siempre desde la represión de Estado, no se advierte una estrategia clara, sistémica, metodológica por parte del Estado colombiano de hacerle frente al delito, atacándolo desde su causa-raíz. Colombia nos acostumbró a medidas opresivas, inconsultas y populistas, como única respuesta posible al fenómeno criminal, medidas que tiene como característica principal, que son violatorias de la Constitución Política, y, por ende, de derechos y garantías fundamentales, por eso hay quienes que con cierto tino afirman "en Colombia tenemos una criminal política criminal".

Como parte de esos instrumentos legislativos que se armonizan para combatir el delito, tenemos también, el Código de Extinción de Dominio, que desarrolla el ejercicio de la acción extintiva del dominio a cargo del Estado colombiano en cabeza de la Fiscalía General de la Nación, acción a la cual se le reconocen legal, constitucional y jurisprudencialmente unas características que se han venido decantando a lo largo del tiempo, características que desmarcan con vehemencia esta acción de la acción penal, por ende, la privan de las garantías liberales que durante siglos se le han reconocido al ejercicio de la acción penal, nuestra hipótesis, es que la consagración de esta acción en el reciente Código de Extinción, Ley 1708 de 2014, con las modificaciones de la Ley 1849 de 2017, y la forma como la Fiscalía ha venido operativizando esta acción, la han convertido en una verdadera expresión del *ius puniendi*, a la cual le hacen el quite a las garantías propias del derecho penal, so pretexto del carácter autónomo e independiente de la acción extintiva del dominio.

El artículo 15 de la Ley 1708 de 2014, por medio de la cual se expide el Código de Extinción de Dominio (de ahora en adelante C.E.D.) establece lo siguiente:

> La extinción de dominio es una consecuencia patrimonial de actividades ilícitas o que deterioran gravemente la moral social, consistente en la declaración de titularidad a favor del Estado de los bienes a que se refiere esta ley, por sentencia, sin contraprestación ni compensación de naturaleza alguna para el afectado.

Asimismo, el artículo 17 de la mencionada ley nos dice que: "La acción de extinción de dominio de que trata la presente ley es de naturaleza constitucional, pública, jurisdiccional, y procederá sobre cualquier bien, independiente de quien lo tenga en su poder o lo haya adquirido". Estos dos artículos tratan de poner en armonía dicha figura con la jurisprudencia constitucional[2], y con los tratados internacionales que sobre la materia Colombia ha suscrito y ratificado[3].

Doctrinantes nacionales afirman que "la extinción del derecho de dominio debe ser entendida como instituto jurídico de carácter constitucional que obedece a una política criminal ampliada en el marco de la lucha contra la criminalidad organizada y que su referente único es el patrimonio ilícito"[4]. A partir de esta idea, teleológicamente aceptada[5] y, en un escenario ex ante, irrefutable, nos propondremos adelantar varias consideraciones que buscan comprobar nuestra hipótesis, es decir, que la acción de extinción de dominio tal cual como está concebida en Colombia, es una

---

2 Entre las que se destacan: Sentencia C-006-93, C-216-93, C-176-94, C-389-94, C-037-96, C-666-96, C-054-97, C-374-97, C-409-97, C-539-97, C-194-98, C-440-98, C-677-98, C-674-99, C-329-00, C-388-00, C-1708-00, C-556-01, C-1007-02, C-740-03, C-459-11, C-958-14, C-516-15, SU-394-16, T-610A-19, C-357-19, C-327-20.

3 Entre otros, La Convención Única de Estupefacientes de Nueva York de 1961, la Declaración de Basilea de 1988, la Declaración de Viena de 1988, la Convención de Estrasburgo de 1990, el Convenio Internacional para la Represión de la Financiación al terrorismo, la Convención de Palermo de 2000, la Convención de Mérida de 2003, y el Convenio de Varsovia de 2005.

4 Al respecto confróntese Santiago, Vásquez Betancur, *Fundamentos de Imputación en Materia de Extinción del Derecho de Dominio,* Ediciones Nueva Jurídica, 2019.

5 El fin para no dudarlo de la acción de extinción del derecho de domino, es perseguir las finanzas de las organizaciones criminales, y así de este modo contribuir a su desarticulación; el punto de discusión estará en las garantías que se están sacrificando para tal fin, y si son las organizaciones criminales las únicas destinarias de la acción de extinción del derecho de dominio, o si, por el contrario, dicha acción está llegando a afectar a terceros de buena fe, no reconocidos así.

expresión más del poder punitivo del Estado, y que, en ese orden de ideas, se le deben de reconocer las garantías básicas del derecho penal.

II. REFLEXIONES DOCTRINARIAS Y DOGMÁTICAS ACERCA DEL CONCEPTO DE POLÍTICA CRIMINAL

Coincidimos de manera a priori con Vásquez Betancur, en la medida que entendemos que la acción de extinción de dominio hace parte de la política criminal del Estado, y que busca combatir la criminalidad organizada, otro será el juicio ex post, cuando analicemos si dicha acción recae efectivamente contra el crimen organizado, o si en su instrumentalización por parte de la Fiscalía General de la Nación, se están desconociendo los derechos y garantías de ciudadanos de bien que se encuentran ellos, y su patrimonio, al margen de las dinámicas del crimen organizado. Es preciso, entonces, proponer algunas definiciones acerca de lo que debemos entender por política criminal:

Los profesores Juan Bustos y Hernán Hormazábal la definen como "política criminal es aquel aspecto del control penal que dice relación con el poder que tiene el Estado de definir un conflicto social como criminal" (Bustos y Homazábal, 2006, p. 40); el maestro Juan Fernández Carrasquilla, por su parte, refiere a ella como la ordenación de medios sociales para la prevención de los fenómenos criminales (Fernández, 2006, p. 177).

El profesor Enrique Cury Urzúa sobre el particular expresa "...la política criminal puede definirse como el arte de las decisiones prácticas en la lucha contra el delito, las cuales se elaboran sobre la base de los conocimientos científicos disponibles y se realizan tanto en la interpretación y sistematización del derecho penal vigente, como en su crítica y reforma" (Cury, 1982, p. 5).

A su vez, el profesor Federico Estrada Vélez la definió como "la ciencia que estudia la actividad que debe desarrollar el Estado para los fines de la prevención y la represión de los delitos, y se asimila por algunos a la criminología". (Estrada, 1981, 5); el profesor José A Sainz Cantero explica cómo en el proceso evolutivo de la Política Criminal se han perfilado dos concepciones distintas, una amplia y otra estricta[6] (Sainz, 1982, pp. 91-94).

---

6 "Durante este proceso evolutivo se han perfilado dos concepciones distintas de la política criminal: una amplia, que le atribuye el estudio de los medios que debe utilizar el Estado, tanto para prevenir como para reprimir la criminalidad, y otra

Para Von Liszt la política criminal era "la idea fundamental de los principios sobre la lucha contra el delito en la persona del delincuente llevada a cabo mediante la pena y medidas análogas". (Citado por Bacigalupo, 1984, p. 23).

Consideramos, pues, que una verdadera política criminal debe contener necesariamente dos tópicos: la prevención y la represión del delito, represión que inevitablemente implicará el uso de la fuerza legítima por parte del Estado en contra de sus ciudadanos, en uso del *iuspuniendi,* y que se materializa con la imposición de penas y medidas de seguridad, y prevención, por un lado, con el fin de "prevención general" que los estados modernos asignaron a las penas, y por otro, de suma importancia dentro de la estructura política, filosófica y social de un Estado de derecho, es el despliegue de verdaderas gestiones que busquen desentrañar el origen y las causas sociales del delito, y, para ello, se deberá recurrir a herramientas de connotación social, económica y política, como la educación, la salud, la recreación, el trabajo digno, en fin, el aseguramiento del mínimo vital de los asociados. Porque, mientras en los países latinoamericanos sigan existiendo índices de pobreza tan elevados, será prácticamente utópico el propósito de disminuir los niveles de delincuencia, y caeremos en la falacia absurda, de creer que el derecho penal es solución para un flagelo, que en Latinoamérica, tiene su principal causa en la marcada desigualdad de sus sociedades.

En sentido similar, se manifiesta Zaffaroni:

> Nuestras sociedades son muy estratificadas; su polarización de la riqueza se ha acentuado en los últimos años del siglo pasado con fuerte regresión de los niveles de vida de las poblaciones urbanas, provocando exclusión so-

---

estricta, que considera que solo tiene cabida en la política criminal el estudio de los medios que debe utilizar el Estado para reprimir de modo más eficaz el delito. Se circunscribe así su objeto a la investigación de los medios de lucha contra el crimen que el Derecho Penal proporciona, la aplicación de los cuales presupone la concreta existencia de un delito. La concepción extensiva amplia el contenido de la Política Criminal, hasta hacerla tomar en consideración además las medidas que deben ser dirigidas contra los factores y causas que producen el delito para impedir su aparición". La concepción amplia, que encuentra su más grafica expresión en la definición que ofreciera Grispigni, es la que inspira el actual movimiento de la política criminal, especialmente el que impulsa la dirección doctrinal conocida por "Defensa Social Nueva". Su más caracterizado representante, Marc Ancel, entiende por Política Criminal (la organización racional en un momento dado y en un determinado Estado, de la reacción social contra el crimen).
A la concepción estricta responde el concepto de Bataglini, que la define como (la disciplina que estudia los medios por los que el Estado debe combatir, mediante el derecho, la delincuencia...".

> cial y aumento de la violencia criminal. Las clases medias, empobrecidas, y las carenciadas, victimizadas, se pliegan al discurso único vindicativo de los medios de comunicación y llevan a los políticos en función legislativa a sancionar reformas penales que acaban con la tradicional y sabia coherencia codificadora. (Zaffaroni, 2009, pp. 3-4).

Con todo y eso, el crimen debe ser combatido, pero tal lucha debe estar informada por criterios de eficacia, eficiencia, sistema y método, producto de una verdadera planeación de carácter científica, donde converjan, entre otros, criterios criminológicos, criminalísticos, dogmáticos, que eviten que las expresiones legislativas (creación de nuevos delitos, penas e incrementos punitivos) no sean producto de coyunturas pasajeras, presiones mediáticas o políticas; que se erijan como respuestas inconsultas, asistemáticas, torpes, incapaces de cumplir con su fin principal, es decir, la lucha eficaz contra el delito, y, por el contrario, sean poderosas armas deslegitimadoras del Estado de derecho, capaces de contrariar la Constitución Política y los Tratados Internacionales, instrumentalizar al individuo, y violar así, sus derechos y garantías fundamentales. Es así, como el maestro Juan Fernández manifiesta:

> más tarde ha resultado evidente, sin embargo, que a la política criminal le interesa, en el mismo plano de importancia o incluso con cierta prioridad sobre la prevención de los delitos, la inflexible e irrebasable protección jurídica de la persona por lo menos en los siguientes aspectos, todos ellos inseparables del contexto de un estado material de derecho que sea o quiera ser al mismo tiempo liberal, social y democrático... (Carrasquilla, 2004, 73).

Si en gracia de discusión entonces, aceptamos que la acción de extinción de dominio es una herramienta de política criminal, la misma apuntará solo a la represión como uno de los tópicos que conforma esta figura, esta vez, no al ataque de la persona, sino de los bienes o derechos patrimoniales de la misma (Sentencia C-375 de 1997)[7]. Y a nuestro modo de ver,

---

[7] "La extinción del dominio es una institución autónoma, de estirpe constitucional, de carácter patrimonial, en cuya virtud, previo juicio independiente del penal, con previa observancia de todas las garantías procesales, se desvirtúa, mediante sentencia, que quien aparece como dueño de bienes adquiridos en cualquiera de las circunstancias previstas por la norma lo sea en realidad, pues el origen de su adquisición, ilegítimo y espurio, en cuanto contrario al orden jurídico, o a la moral colectiva, excluye a la propiedad que se alegaba de la protección otorgada por el artículo 58 de la Carta Política. En consecuencia, los bienes objeto de la decisión judicial correspondiente pasan al Estado sin lugar a compensación, retribución ni indemnización alguna".

esta herramienta está enmarcada dentro de los conceptos expansionistas que pululan en el derecho penal moderno o contemporáneo.

Nos propondremos entonces analizar las características más importantes de la corriente denominada como "modernización del derecho penal", con sus subsiguientes fenómenos como es la "expansión del derecho penal" y el "derecho penal del riesgo".

III. MODERNIZACIÓN DEL DERECHO PENAL, EXPANSIONISMO, Y DERECHO PENAL DEL RIESGO

El profesor Luis Gracia Martín, sobre lo que se puede considerar "derecho penal moderno", refiere:

> En una primera aproximación, el derecho penal moderno se nos muestra como un fenómeno cuantitativo que tiene lugar y se desarrolla inicial y principalmente en la parte especial. En efecto una contemplación meramente superficial de las legislaciones penales actuales muestra de inmediato que en los últimos treinta años se han producido en las mismas, en primer lugar, un notable incremento de los catálogos de figuras delictivas con la introducción de nuevos tipos penales en el código penal o en leyes especiales, y, en segundo lugar, adicionalmente, una ampliación del ámbito de aplicación y/o una agravación punitiva de algunos tipos adicionales. A partir de estos datos formales cabría, pues, entender por derecho penal moderno al conjunto integrado por las nuevas figuras delictivas añadidas a las legislaciones penales y por las modificaciones –o agravaciones- de las tradicionales, con el fin en todos los casos, de extender la intervención penal a conductas y a ámbitos de la realidad social del presente que estaban excluidos de la punibilidad en el sistema tradicional de la parte especial, o bien, en su caso, para dispensar a determinados hechos tradicionalmente punibles un tratamiento penal más severo cuando concurren determinadas circunstancias a las que en el presente se atribuye un significado especialmente relevante desde el punto de vista penal. (Gracia, 2003, p. 56).

Por su parte, el profesor Edgardo Alberto Donna, reafirma lo expresado por Gracia en los siguientes términos:

> El llamado derecho penal moderno se encuentra como un fenómeno cuantitativo que tiene su desarrollo en la parte especial. No hay código en los países conocidos que en los últimos años no haya aumentado el catálogo de delitos, con nuevos tipos penales, nuevas leyes especiales, y una fuerte agravación de las penas. Este derecho penal moderno contiene una fuerte restricción de las garantías de los ciudadanos que abarca no solo al derecho de fondo, sino también al derecho procesal. En cuanto a la primera, como ya se dijo, se crean nuevos tipos penales sin relación alguna al bien jurídico, de una amplitud tal que el principio de legalidad se diluye. La idea esencial es que debe haber dos formas de derecho penal: uno que se refiere a los delitos tradicionales, homicidio, hurto, estafas, robo, en el cual se deben mantener

> las garantías mínimas y otro que se refiere a los delitos que hacen a bienes jurídicos generales. Es este ámbito donde las garantías sufren una fuerte disminución: los delitos económicos, el derecho penal de drogas, el lavado de dinero, los delitos de medio ambiente y el terrorismo son el campo de este novedoso sistema. Todo lo antes explicado demuestra la primera aseveración sobre la crisis del derecho penal, y de la dogmática en especial, en cuanto se hace notar que se trata de un derecho pasado de moda y que, ser moderno, equivale a dejar de lado las conquistas del derecho penal liberal. (Donna, 2008, p. 71).

Los maestros Winfried Hassemer y Francisco Muñoz Conde han dicho:

> Todo esto conduce a la "dialéctica de lo moderno" que ha transformado el derecho penal en un instrumento de solución de los conflictos sociales que no se diferencia ni en su idoneidad ni en su peligrosidad de otros instrumentos de solución social, el derecho penal se ha convertido, a pesar de la contundencia de los instrumentos, en un soft law, en un medio de dirección social. Pero las perspectivas que se han generado con esta utilización del derecho penal se han disparado, ofreciendo una imagen «nueva» del mismo. Aunque el moderno derecho penal no hace otra cosa que llevar hasta sus últimas consecuencias los criterios del derecho penal clásico de la ilustración, se pueden destacar algunas características específicas del mismo. De un modo general, se puede decir que el moderno derecho penal se manifiesta sobre todo en determinados ámbitos, ignorando prácticamente otros. (...) Las novedades legislativas penales se presentan sobre todo en la parte especial, no comportan normalmente reducciones en la gravedad de los marcos penales, sino ampliaciones o creación de nuevos tipos penales en ámbitos como el medio ambiente, la economía, el proceso de datos, drogas, impuestos, mercado exterior y en general todo lo relativo a la criminalidad organizada. (...) En conjunto, el derecho penal de los últimos años ha aumentado significativamente su capacidad, eliminando de paso algunas garantías especificas del Estado de Derecho que se habían convertido en un obstáculo para el cumplimiento de sus nuevas tareas. (Hassemer y Muñoz, 1995, pp. 46-47).

Acabamos de referenciar entonces algunas citas que describen el fenómeno conocido como "modernización del derecho penal", fenómeno que a nuestro juicio no es otra cosa que la negación de las conquistas jurídicas propias del derecho penal liberal, el desconocimiento absoluto de los más "irrestrictos" limites al *ius puniendi*, como el principio de legalidad, el de lesividad o antijuridicidad material, el desprecio por la dogmática penal y su función de control y límite al poder punitivo del Estado[8], es toda una construcción político-criminal cuyo objetivo principal es endurecer las consecuencias penales, ampliar el espectro de acción del derecho penal,

[8] Confróntese Fernando Velásquez V., *Manual de Derecho Penal – Parte General*, 5ª ed. (Bogotá: Ediciones Jurídicas Andrés Morales, 2013), 15.

crear desmesurada y asistemáticamente tipos penales, limitar y cercenar los derechos y garantías individuales[9], todo bajo el seudo argumento de ofrecer seguridad, falacia que cala notablemente en el colectivo, haciendo que este legitime, aplauda y apoye dichas estrategias legislativas. Todo gracias a que en los últimos años, constituye un punto central de controversia en el discurso jurídico penal, el tema relacionado con la necesidad de un derecho penal que esté en condiciones de responder de manera idónea a los desafíos que, plantea la sociedad de nuestros días, esto es, la, denominada por Ulrich Beck como, sociedad del riesgo. Esto, teniendo cuenta que, en este tipo de sociedad, como bien lo señala este autor,

> figuran riesgos y consecuencias de la modernización que se plasman en amenazas irreversibles a la vida de las plantas, de los animales y de los seres humanos. Al contrario que los riesgos empresariales y profesionales del siglo XIX y de la primera mitad del siglo XX, estos riesgos ya no se limitan a lugares y grupos, sino que contienen una tendencia a la globalización que abarca la producción y reproducción y no respeta las fronteras de los Estados nacionales, con lo cual surgen unas amenazas globales que en este sentido son supranacionales y no específicas de una clase y poseen una dinámica social y política nueva (Beck, 2006, p. 22)[10].

Claro está que estas amenazas globales o supranacionales, producidas por los enormes avances científicos, industriales o tecnológicos, propios de la sociedad posindustrial, generan una sensación permanente de intranquilidad e inseguridad entre los coasociados. (Beck, 2006, 352)[11]. Esto es,

---

9 En sentido similar el maestro Juan Fernández Carrasquilla: "Es un hecho ostensible que la política criminal (oficial) de nuestros días no opera ya, como señala Hassemer, con fórmulas de desincriminación y reducción de penas, sino, por el contrario, con "la nueva criminalización y agravamiento de las penas", orientada con énfasis notorio "a bienes jurídicos de la generalidad, que además describe en forma tan amplia y vaga que puede justificar con ellos cualquier amenaza penal."

10 Sobre las características de este tipo de sociedad y sus consecuencias para el Derecho penal, Blanca Mendoza Buergo, *El Derecho penal en la sociedad del riesgo* (Madrid: Civitas, 2001). En Colombia, véase el trabajo de Diana Patricia Arias Holguín, *A propósito de la discusión sobre el Derecho Penal 'moderno' y la sociedad del riesgo* (Medellín: Universidad Eafit, 2006).

11 Según Beck, "... los riesgos y peligros de hoy... son un *producto global* de la maquinaria del progreso industrial y son agudizados *sistemáticamente* con su desarrollo ulterior", *La sociedad*, pág. 33. Siguiendo a Blanca Mendoza, cabría sostener que "la posibilidad, mayor cada día, de que se produzcan daños que afectan a una buena parte de la Humanidad o, al menos, a un colectivo indeterminado pero grande de personas es algo que querámoslo o no, marca de forma decisiva nuestras vidas y la forma de concebir, enfocar y tratar con los nuevos riesgos que, en ocasiones –de

ya que los riesgos en mención, gracias a su naturaleza, amenazan con afectar a un número indeterminado de sujetos, a todo un significativo grupo poblacional, incluso, a las generaciones que todavía están por venir (Beck, 48-49). El segundo fenómeno que nos proponemos describir en este punto es el de "la expansión del derecho penal", fenómeno claramente ligado al de la "modernización" y al "derecho penal del riesgo". Cornelius Prittwitz, sobre el particular, ha dicho:

> El término expansión, aunque su significado sea evidente desde un punto de vista etimológico, pretende tener un significado tridimensional: acogida de nuevos candidatos en el ámbito de los bienes jurídicos (tales como el medio ambiente, la salud pública, el mercado de capital o la promoción de la posición de mercado), adelantamiento de las barreras entre el comportamiento impune y el punible –por regla general, apostrofado de modo algo precipitado como adelantamiento de la barrera de protección penal –y, finalmente, en tercer lugar, reducción de las exigencias para la reprochabilidad, lo que se expresa en el cambio de paradigma que va de la hostilidad hacia el bien jurídico a la peligrosidad para el mismo (Prittwitz, 2004, pp. 150-151).

Bernardo Feijoo Sánchez, por su parte, afirma:

> la expresión «expansión del Derecho penal» se ha convertido en un topos característico del actual debate político-criminal. Con esta referencia a la expansión lo que se quiere señalar, en esencia, es que desde el punto de vista político-criminal no vivimos una fase caracterizada por la descriminalización que, por otra parte, teniendo en cuenta el horizonte actual de reformas, parece no tener fin. Esta situación no es solo objeto de descripción por parte de la ciencia del Derecho penal, sino que un sector importante de la misma la ve como un fenómeno evolutivo preocupante, que debe ser criticado y combatido en la medida que desnaturaliza el Derecho penal como ultima ratio del Estado para resolver los conflictos sociales. El proceso expansivo del Derecho penal convierte éste en un sistema de gestión primaria de los problemas sociales (se utiliza en muchas ocasiones la expresión de que el ordenamiento jurídico-penal pasa a constituirse en prima o sola ratio). El diagnóstico crítico también incide en la realidad de que en muchas ocasiones el proceso de expansión provoca la yuxtaposición de las funciones preventivas del derecho penal y del derecho sancionador en general, pasando a ser muy difícil establecer diferenciaciones teóricas entre el derecho penal y otras ramas del ordenamiento jurídico, especialmente el derecho administrativo sancionador y el derecho policial de prevención de peligros, encontrándonos desde hace algún tiempo en un proceso progresivo de difuminación de fronteras. (Feijoo, 2006, pp. 137-138).

---

manera especial en los países pobres-, se superponen a los peligros 'tradicionales', naturales o no, pero más conocidos".

Günter Jakobs y Cancio Meliá, al referirse al estado actual de la política criminal, han planteado lo siguiente:

> las características principales de la política criminal practicada en los últimos años pueden resumirse en el concepto de la 'expansión' del derecho penal. En efecto, en el momento actual puede convenirse que el fenómeno más destacado en la evolución actual de las legislaciones penales del 'mundo occidental' está en la aparición de múltiples nuevas figuras, a veces incluso de enteros nuevos sectores de regulación, acompañada de una actividad de reforma de tipos penales ya existentes realizada a un ritmo muy superior al de épocas anteriores. El punto de partida de cualquier análisis del fenómeno que puede denominarse la 'expansión' del ordenamiento penal ha de estar en efecto, en una sencilla constatación: la actividad legislativa en materia penal desarrollada a lo largo de las dos últimas décadas en los países de nuestro entorno ha colocado alrededor del elenco nuclear de normas penales un conjunto de tipos penales que, vistos desde la perspectiva de los bienes jurídicos clásicos, constituyen supuestos de 'criminalización en el estadio previo' a lesiones de bienes jurídicos, cuyos marcos penales, además, establecen sanciones desproporcionadamente altas. Resumiendo: en la evolución actual tanto del derecho penal material como del derecho penal procesal, cabe constatar tendencias que en su conjunto hacen aparecer en el horizonte político-criminal los rasgos de un 'derecho penal de la puesta en riesgo' de características antiliberales. (Jakobs y Cancio, 2005, 43-44).

El autor quizá de mayor referencia a la hora de hablar de la "expansión del derecho penal" es el español Jesús María Silva Sánchez, autor de una obra referente en este tema. El profesor Silva, al hablar de "expansión del derecho penal", ha expresado:

> (...) Pues bien, frente a ello no es difícil constatar la existencia de una tendencia claramente dominante en la legislación hacia la introducción de nuevos tipos penales así como una agravación de los ya existentes, que cabe enclavar en el marco general de la restricción, o la «reinterpretación» de las garantías clásicas del Derecho penal sustantivo y del Derecho procesal penal. Creación de nuevos «bienes jurídico-penales» ampliación de los espacios de riesgos jurídico-penalmente relevantes, flexibilización de las reglas de imputación y relativización de los principios político-criminales de garantía no serian sino aspectos de esta tendencia general, a la que cabe referirse con el término «expansión». Tal «expansión» es, por cierto, una característica innegable del código penal español de 1995 y la valoración positiva que importantes sectores doctrinales han realizado del mismo pone de relieve cómo la tópica «huida (selectiva) al Derecho penal» no es sólo cuestión de legisladores superficiales y frívolos, sino que empieza a tener una cobertura ideológica de la que hasta hace poco carecía. (...) En realidad, sin embargo, lo evidente era la acogida de «nuevas formas de delincuencia» y la agravación general de las penas imponibles a delitos ya existentes (sobre todo, socio económico); en cambio, la trascendencia de la eliminación de ciertas figuras delictivas resulta prácticamente insignificante. (...) No es insignificante que la expansión del Derecho penal se presente como producto de una especie de perversidad del

> aparato estatal, que buscaría en el permanente recurso a la legislación penal una (aparente) solución fácil a los problemas sociales, desplazando al plano simbólico (esto es, al de la declaración de principios, que tranquiliza a la opinión pública) lo que debería resolverse a nivel instrumental (de la protección efectiva) (Sánchez, 1999, pp. 21-69).

El mismo autor, en la misma obra, señala como causas de la expansión del derecho penal las siguientes 1. La efectiva aparición de nuevos riesgos. 2. La sensación social de inseguridad. 3. La configuración de una sociedad de sujetos pasivos. 4. La identificación de la mayoría social con la víctima del delito. 5. El descrédito de otras instancias de protección. 6. Los gestores «atípicos» de la moral. 7. La actitud de la izquierda política: la política criminal socialdemócrata en Europa. 8. Un factor colateral: el desprecio por las formas[12].

Podríamos, entonces, concluir que este fenómeno conocido como la "expansión del derecho penal" atiende no a otra cosa que a expresiones político-criminales que tienen como único norte el endurecimiento de las reacciones penales, el desconocimiento del principio de lesividad (Terradillos, 2006, p. 89)[13], la creación de nuevos bienes jurídicos y de nuevos delitos, en resumen, es la antítesis de las conquistas propias de la ilustración, una vez más, es la negación del derecho penal liberal, es decir, la negación de derechos y garantías individuales, la flexibilización de las reglas de imputación, la relajación de los límites al *ius puniendi*, todo dentro de una quimera llamada seguridad, artilugio con el que los estados han logrado cautivar la aceptación de las mayorías en estas prácticas letales para los derechos fundamentales.

Pasamos ahora a describir el tercer fenómeno conocido como "derecho penal del riesgo" o "sociedad del riesgo". La expresión "sociedad del riesgo" fue acuñada por el sociólogo alemán Ulrich Beck, y la utilizó con el fin de describir el comportamiento de las sociedades posindustriales (Beck,

---

12 Confróntese Silva Sánchez, La expansión…, 21-61.

13 En sentido similar, Terradillos Basoco "pareciera, en efecto, que el legislador, en lugar de encontrar en el bien jurídico un criterio limitador, se hubiera lanzado a la identificación de derechos, intereses, funciones y valores en el ordenamiento jurídico –fundamentalmente en la Constitución- para asumir su tutela penal, con lo que el originario principio limitador, dejando de lado la idea de lesividad material, se habría transformado en *alibi* de la expansión. El sistema penal se estaría escorando, asi, hacia modelos de intervención que identifican el bien jurídico a tutelar con mecanismos y funciones económicas, condicionando gravemente la eficacia critico-garantista del principio de lesividad, al crear nuevos –pretendidos-bienes que, por su carácter multiforme y por sus difusos contornos, no podrán erigirse en criterio fundamentador ni limitador del poder punitivo.

1996, 204), según este autor, estas sociedades se caracterizan por ser una sociedad del miedo, ya que conviven cotidianamente con una sensación de peligro en la dinámica de la vida diaria, ello, acentuado en la aparición de nuevos riesgos y peligros de tipo biológico, atómico, nuclear, informático[14], etc. Ha insistido este autor en que:

> la forma conceptual de sociedad del riesgo designa desde un punto de vista teórico-social y de diagnóstico cultural un estadio de la modernidad, en el que, con el desarrollo de la sociedad industrial hasta nuestros días, las amenazas provocadas ocupan un lugar predominante. De esta manera, se plantea la autolimitación de este desarrollo y se propone el cometido de tematizar los estándares alcanzados (en responsabilidad, seguridad, control, limitación, limitación de perjuicios y distribución de los efectos nocivos) en clave de peligros potenciales. Estos se verifican, no solo por la percepción a ras de tierra y por una meditación de más altura teórica, sino también a través del diagnóstico científico. Las sociedades modernas se confrontan con los fundamentos y límites de su propio modelo al mismo tiempo que no modifican sus estructuras, no reflexionan sobre sus efectos y privilegian una política continuista desde el punto de vista industrial. (Beck, 1996, p. 204).

También se ha ocupado del riesgo y del influjo de este fenómeno en las sociedades contemporáneas Luhmann, quien al respecto ha dicho:

> también las ciencias sociales han descubierto el problema del riesgo, antropólogos de la cultura, de la sociedad, politólogos saben que la valoración y la aceptación del mismo no es únicamente un problema psíquico sino fundamentalmente social. Así la conducta individual o se adecua a las expectativas socialmente mantenidas por los grupos de referencia relevantes o bien responde a procesos de socialización específicos sea a favor o en contra del criterio socialmente admitido. El trasfondo de ésta posición radica en una mejor comprensión del alcance del problema del riesgo inspirado ante todo en, los problemas tecnológicos y ecológicos de la sociedad moderna. (Luhmann, 1996, p. 126).

---

14 "Contra las amenazas de la naturaleza exterior hemos aprendido a construir cabañas y a acumular conocimientos. Por el contrario, estamos entregados casi sin protección a las amenazas industriales de la segunda naturaleza incluida en el sistema industrial. Los peligros se convierten en polizones del consumo normal. Viajan con el viento y con el agua, están presentes en todo y atraviesan con lo más necesario para la vida (el aire, el alimento, la ropa, los muebles) todas las zonas protegidas de la modernidad, que están controladas tan estrictamente. Donde tras el accidente están excluidas la defensa y la prevención, sólo queda como actividad (aparentemente) única: *negar*, una tranquilizaría que da miedo y que desarrolla su agresividad a medida que los afectados quedan condenados a la pasividad. Este resto de actividad a la vista del *resto* del riesgo existente realmente tiene en la inimaginabilidad e imperceptibilidad del peligro sus cómplices más poderosos". Beck, La sociedad…p. 14.

Pasaremos ahora a describir como el fenómeno "sociedad del riesgo" ha influido en la concepción del derecho penal de los últimos tiempos, dando origen entonces al fenómeno conocido como "derecho penal del riesgo". En una línea crítica sobre este fenómeno, se ubica también el profesor Félix Herzog, que sobre el particular ha dicho:

> Es notorio que existen grandes esperanzas en la sociedad de que el Derecho penal pueda parar la erosión de las normas y vínculos sociales, que modifican las fronteras cada vez más difusas entre el «bien» y el «mal». En muchas leyes del Derecho penal moderno se emplea incluso la palabra «lucha» (contra la criminalidad económica, contra la criminalidad medioambiental, contra la criminalidad organizada). Como si el Derecho penal pudiera vencer al mal y apartar el caos mediante la violencia. Cualquiera que se haya ocupado del Derecho penal y de su historia desde una perspectiva científica, como cualquiera que se dedique a la praxis del Derecho penal, saben que pueden decirse muchas cosas sobre él, pero que hay algo que no se puede decir: no se puede decir que el Derecho penal solucione los conflictos sociales. (...) El Derecho penal del riesgo no crea paz social alguna. Tan solo alimenta ilusiones sobre las funciones sociales de orden del Derecho penal. Además borra las fronteras entre el Derecho penal y el Derecho de Policía. Tiene igualmente una tendencia al totalitarismo. Pero el control social total mediante el Derecho penal no se puede implantar y afecta a la autointegración social. Los riesgos del Derecho penal del riesgo para la función de garantía del Derecho penal son inmensos. Dejemos pues, de lado el Derecho penal del riesgo, pero no olvidemos los riesgos de nuestra sociedad. Reflexionemos sobre alternativas de control social y regulación más allá del Derecho penal. Para proteger al Derecho penal como ultima ratio del control social y reforzar la creatividad colectiva en la superación de la crisis. (Herzog, 1999, pp. 54-57).

Podríamos concluir, entonces, que el llamado "derecho penal del riesgo" no es más que una tendencia político-criminal que propende por hacer del derecho penal una herramienta (absolutamente ineficaz) que neutralice o minimice los riesgos connaturales al desarrollo de las sociedades modernas, riesgos biológicos, nucleares, ambientales, económicos, etc. Esto digamos, se "logra" con maniobras político-criminales como la proliferación de tipos penales de peligro abstracto, la creación de bienes jurídicos nuevos, especialmente de naturaleza supraindividual, la creación de nuevos tipos penales que hace que cada vez se diluya aún más la barrera entre el derecho penal y el derecho administrativo sancionador o el derecho de policía, cargando al derecho penal de conductas y sanciones que no debería regular, al menos, dentro del contexto de un derecho penal liberal en el marco de un Estado social y de derecho, desconociendo categóricamente el carácter de *ultima ratio* del derecho penal.

Se hace entonces del derecho penal un instrumento retórico con el cual el gobernante ofrece a los asociados una falsa percepción de seguridad, haciéndoles creer que con la regulación penal dicho riesgo es neutralizado o minimizado, situación absolutamente falaz, ya que como lo relacionamos anteriormente en la obra del profesor Herzog "el derecho penal no soluciona conflictos sociales"; por el contrario, a nuestro modo de ver tales prácticas debilitan notablemente los derechos y garantías individuales, que se erigen como el límite infranqueable para el ejercicio del *ius puniendi*, y paradójicamente, son los mismos individuos los que aplauden la restricción de garantías, supuestamente porque con ello lograran el sueño de la sociedad moderna, «la seguridad».

Podemos sellar este punto entonces advirtiendo como los fenómenos conocidos como la "modernización del derecho penal", "la expansión del derecho penal" y el "derecho penal del riesgo" son la constante en el derecho penal de principios de siglo que se caracteriza, principalmente, por la expedición desmesurada de leyes en materia penal con miras a enfrentar los nuevos retos que propone la sociedad contemporánea. Dicho escenario, por razones lógicas, amplía el catálogo de las figuras delictivas que se consagran en las partes especiales de los estatutos punitivos. Esto se hace, entre otros aspectos, haciendo uso de nuevas técnicas en materia de política criminal que se estiman adecuadas para responder a esas nuevas necesidades de criminalización, como el aumento indiscriminado de penas, la creación de nuevos delitos, la utilización de tipos abiertos, de peligro abstracto, la tutela de bienes jurídicos universales, supraindividuales y ambiguos, la flexibilización de las reglas de imputación objetiva y subjetiva, todo ello con el consecuente desmedro de los principios de legalidad, lesividad, culpabilidad y dignidad humana.

Esto último, sin importar que se sacrifiquen las garantías individuales o principios político-criminales conquistados en la época de la Ilustración, cuyo valor primordial consiste en limitar el poder punitivo del Estado y, por ende, defender al individuo de un uso irracional y desproporcionado del *Ius puniendi*, principios que, llegado el caso, es incluso legítimo flexibilizar —al igual que los distintos criterios o reglas de imputación de responsabilidad penal— en aras de lograr la eficacia del derecho penal.

En este punto, podemos concluir entonces, que, en Colombia, la acción de extinción de dominio, y el proceso de extinción de dominio, son verdaderas expresiones y manifestaciones de una expansión y modernización del derecho penal, se cubren con el ropaje de una acción constitucional e independiente, esto, a nuestro modo de ver, para hacerle el quite al respeto de las garantías y principios propios del derecho penal.

IV. CARACTERÍSTICAS DE LA ACCIÓN DE EXTINCIÓN DEL DERECHO DE DOMINIO

De los artículos 17 y 18 del C.E.D., y de la jurisprudencia constitucional como las Sentencias C-374-97, C-740-03 y C-958-14, podemos colegir sin temor a equivocarnos que las características estructurales que se le reconocen a la acción de extinción del derecho de dominio son las siguientes: (i) constitucional, (ii) púbica, (iii) judicial, (iv) autónoma e independiente, y (v) patrimonial.

El carácter constitucional viene dado desde el artículo 34 de la carta política: *"se prohíben las penas de destierro prisión perpetua y confiscación. No obstante, por sentencia judicial, se declarará extinguido el dominio sobre los bienes adquiridos mediante enriquecimiento ilícito, en perjuicio del tesoro público, o con grave deterioro de la moral social"*.

Acá hay mención y consagración expresa de la figura en comento, legitimándose la extinción de dominio en el primer gran grupo de sus causales, esto es, "el origen" de los bienes; ya que del artículo 58[15] constitucional, podremos desprender la legitimación de la acción para el segundo grupo de causales, es decir, "la destinación"[16].

---

15 **Artículo 58**. Se garantizan la propiedad privada y los demás derechos adquiridos con arreglo a las leyes civiles, los cuales no pueden ser desconocidos ni vulnerados por leyes posteriores. Cuando de la aplicación de una ley expedida por motivos de utilidad pública o interés social, resultaren en conflicto los derechos de los particulares con la necesidad por ella reconocida, el interés privado deberá ceder al interés público o social.
La propiedad es una función social que implica obligaciones. Como tal, le es inherente una función ecológica.
El Estado protegerá y promoverá las formas asociativas y solidarias de propiedad.
Por motivos de utilidad pública o de interés social definidos por el legislador, podrá haber expropiación mediante sentencia judicial e indemnización previa. Esta se fijará consultando los intereses de la comunidad y del afectado. En los casos que determine el legislador, dicha expropiación podrá adelantarse por vía administrativa, sujeta a posterior acción contenciosa-administrativa, incluso respecto del precio.

16 Al respecto, Wilson Alejandro Martínez Sánchez, "y finalmente, que las causales de extinción de dominio son fundamentalmente dos: a) las que se relacionan con el origen de los bienes, que se fundamentan en el artículo 34 de la Constitución Política, y b) las que se relacionan con la destinación de los bienes, que se fundamentan en el artículo 58 de la Carta Política. Por consiguiente, la extinción de dominio procede frente a dos clases de bienes: a) los adquiridos ilícitamente, y b)

No hay duda entonces que la acción de extinción de dominio tiene consagración y arraigo constitucional, y que pesé, a que su conceptualización ha tenido diferentes matices a lo largo del desarrollo jurisprudencial, es pacífica la conclusión, de que es una figura aceptada al interior del ordenamiento jurídico colombiano. La duda estará, en sí la Corte Constitucional, ha dimensionado en su real proporción las implicaciones que el CED tiene para los derechos y garantías fundamentales de los asociados, que se agravan de cara a la forma en que la Fiscalía General de la Nación instrumentaliza y aplica la ley, *verbi gracia*, en lo que atañe al artículo 152 del código:

> en el proceso de extinción de dominio opera la carga dinámica de la prueba. Corresponde al afectado probar los hechos que sustenten la improcedencia de la causal de extinción de dominio (...). La experiencia nos ha enseñado que en muchos casos la fiscalía abusa de este artículo, desconociendo la concepción dogmática de "carga dinámica de la prueba" (Pérez, 2011)[17].

Y aplicando una verdadera inversión probatoria de corte diabólico, que deja tremendamente vulnerable y en clara desventaja al ciudadano frente al poder punitivo del Estado en cabeza de la Fiscalía General de la Nación.

Igualmente, sucede con la imposición de las medidas cautelares de forma preliminar o previa a la demanda de extinción, pues la Fiscalía convirtió en regla general lo que la ley dispone como excepción, y abusando de una función jurisdiccional que la constitución le otorga, la Fiscalía preliminarmente impone medidas cautelares jurídicas y materiales a los bienes de los ciudadanos, desconociendo en la gran mayoría de estos casos, la presunción de buena fe, el derecho de defensa, el derecho fundamental a la propiedad privada, y el debido proceso.

La acción también es pública, esto habida cuenta de que se ejerce por el Estado y en favor de este, el Estado representado, en este caso, por la Fiscalía General de la Nación, que para ejercerla se nutre de toda la maquinaria de esta institución, como lo es el personal de fiscales, policía judicial, labo-

---

aquellos adquiridos lícitamente que han sido utilizados de manera contraria a la función social que les corresponde".

17 La carga dinámica de la prueba es una tesis que surge como consecuencia de un complejo caso de responsabilidad médica en Argentina, y de las construcciones teóricas en torno a este tema consolidadas por PEYRANO, quien en su obra "Cargas Probatorias Dinámicas", la que comparte con otros autores, elabora toda una sistematización al respecto. Esta tesis sustenta que "más allá del carácter de actor o demandado, en determinados supuestos la carga de la prueba recae sobre ambas partes, en especial sobre aquella que se encuentre en mejores condiciones para producirla".

ratorios, recursos tecnológicos, apoyo y cooperación internacional, entre otros; es exactamente la misma maquinaria de la acción penal, pero sin los controles y límites que esta conlleva, muestra de esto, es la llamada *"investigación espejo"* (Vásquez, op. cit.) que, a nuestro modo de ver, no es otra cosa que la presión asfixiante por parte de la fiscalía, que encuentra en esta estrategia la forma de obviar los controles connaturales a la acción penal.

La acción es jurisdiccional, con la cual se declara por parte de un juez de la república la titularidad del dominio a favor del Estado colombiano de los bienes objeto de la acción, claro está, sin ningún tipo de contraprestación o compensación alguna, tal cual como lo señala el artículo 15 CED. Y si bien, el carácter jurisdiccional es una garantía dentro del Estado de derecho, a modo de crítica es importante denunciar el poco número de jueces que hay dispuestos para este instituto, que claramente son insuficientes frente al desbordado número de procesos que la fiscalía adelanta en esta materia.

La acción de extinción de dominio también es directa, autónoma e independiente, así se señala en los artículos 17 y 18 del CED, "Esta acción es distinta y autónoma de la penal, así como de cualquiera otra, e independiente de toda declaratoria de responsabilidad. (...)" Son precisamente estas características las que concitan especialmente nuestra atención, en la medida que son las que legitiman, a nuestro modo de ver, una flagrante violación de derechos y garantías a la luz del Estado de derecho.

Podemos aceptar en gracia de discusión que la acción de extinción de dominio es independiente de la declaratoria de responsabilidad penal, es decir, la misma procede, o se puede iniciar frente a los bienes de un asociado indistintamente que contra este haya o no, sentencia condenatoria o proceso penal en curso, esta concepción de autonomía e independencia, creemos en principio, debe ser aceptada, y es la que en gran medida ha destacado la Corte Constitucional en su desarrollo jurisprudencial.

Pero lo que no podemos tolerar y aceptar en el marco de un Estado social y democrático de derecho, es que so pretexto de la autonomía e independencia de la acción de extinción de dominio no se respeten los derechos y las garantías mínimas que la humanidad ha conquistado como un límite al ejercicio del poder punitivo del Estado, dicho de otra manera, es constitucionalmente válido que la acción de extinción de dominio se ejerza sin la necesidad de que preexista sentencia o proceso penal, pero es inconcebible, que en su ejercicio se desconozcan principios universales del derecho penal, pues nuestra tesis, es que la acción de extinción de dominio es expresión de un derecho penal moderno y expansionista, que visiblemente es expresión del *ius puniendi*, y, por ende, no puede sustraerse al respeto de los límites mínimos que la humanidad conquisto para este.

Por citar solo dos ejemplos, sometemos a consideración del lector el caso de la presunción de inocencia y la carga de la prueba, que clara y descaradamente se niega con la consagración expresa de la "carga dinámica de la prueba" en el artículo 152 del CED, máxime, que la experiencia nos ha enseñado a los abogados que ejercemos en esta materia, que la fiscalía prácticamente de manera indiciaria establece en la resolución de medidas cautelares y en la demanda, la eventual ocurrencia de la causal, trasladando al afectado la carga y responsabilidad de probar su oposición, cuando es la fiscalía y su policía judicial las que tienen todo el poder y los recursos para demostrar plenamente la concurrencia de la causal de extinción de dominio. Más aún, que en la mayoría de los casos la iniciativa investigativa se desprende de investigaciones penales que la misma fiscalía y policía judicial están adelantando, y con una simple declaración inician la acción de extinción, que conlleva en la mayoría de los casos la imposición de las tres medidas cautelares, esto es, suspensión del poder dispositivo, embargo, secuestro y toma de posesión de bienes, haberes y negocios de sociedades, establecimientos de comercio o unidades de explotación económica[18]; que trae consigo, algo tan elemental como la imposibilidad económica y financiera para que el afectado financie una defensa técnica al interior del proceso, que sea apartado de su empresa y de la información de la misma, que es la que sería el insumo para su actividad probatoria.

Otro asunto problemático tiene que ver con la intemporalidad consagrada en el artículo 21 del CED: "La acción de extinción de dominio es imprescriptible. La acción de dominio se declarará con independencia de que los presupuestos para su procedencia hayan ocurrido con anterioridad a la vigencia de esta ley".

Esta norma deja perfectamente claro que la acción es imprescriptible y atemporal, la imprescriptibilidad, especialmente defendida por la jurisprudencia de la Corte Constitucional, cuando ha dicho que no hay ningún tipo de protección jurídica para los bienes obtenidos ilícitamente, en perjuicio del tesoro público o con grave deterioro de la moral social[19], incluso, tratándose de prescripción, pues sería como considerar que el paso del tiempo sanearía el carácter espurio del bien. Esta situación también nos genera serios interrogantes, pues es claro que la acción y el instituto de la extinción de dominio son manifestaciones del poder punitivo del Estado.

---

18 Confróntese el artículo 88 del Código de Extinción de Dominio.

19 Confróntese la Sentencia C-374 de 1997.

En este orden de ideas. la imprescriptibilidad es un premio para el Estado, en la medida que le niega al instituto de la prescripción su carácter de sanción por la inoperancia estatal, recordemos que absolutamente todos los delitos prescriben, excepto, claro está, los de lesa humanidad; así las cosas, no vemos la razón para premiar al Estado por su inoperancia, desconocerle al procesado su derecho a la prescripción, y evitar caos producto de una terrible inseguridad jurídica que golpea especialmente la actividad comercial y empresarial, pues hoy todavía se inician procesos y se vinculan afectados y terceros de buena fe con bienes adquiridos ilícitamente por extintos capos del cartel de Medellín hace más de tres décadas, lo que a nuestro modo de ver conlleva un desalentador panorama para todos aquellos terceros que en tantos años han participado o interactuado de alguna manera con esos bienes.

Y, por último, la acción de extinción del derecho de dominio es patrimonial, en la medida que procede frente a todo tipo de bienes susceptibles de valoración económica, o sobre cualquier derecho de contenido patrimonial.

En nuestra opinión, la acción de extinción de dominio tiene de manera expresa otra característica, y es la de SUBSIDIARIA[20], a nuestro modo de ver, y de cara a una interpretación sistemática, dicha acción es de aplicación subsidiaria frente a la figura del comiso[21], esto lo concluimos de lo dispuesto en el inciso segundo del artículo 85 de la Ley 906 de 2004, que a la letra dice:

> Presentada la solicitud, el juez de control de garantías dispondrá la suspensión del poder dispositivo de los bienes y recursos cuando constate alguna de las circunstancias previstas en el artículo 83. Si determina que la medida no es procedente, el fiscal examinará si el bien se encuentra dentro de una causal de extinción de dominio, evento en el cual dispondrá en forma inmediata lo pertinente para que se promueva la acción respectiva.

De la anterior disposición concluimos que lo procedente en primera medida, es afectar los bienes susceptibles de comiso con dicha figura, y de manera subsidiaria con la acción de extinción de dominio, cosa que habitualmente no ocurre, pues creemos que la fiscalía prefiere las "comodidades" probatorias del código de extinción de dominio, y evitar así, el rigor que demanda la Ley 906 de 2004.

---

20 En sentido similar, Ricardo Rivera Ardila, *La Extinción de Dominio* (2020), Ed. Leyer.

21 "...es una pena consistente en la pérdida del derecho de dominio sobre los bienes provenientes de un delito y de los instrumentos con que se hubiere ejecutado." *Diccionario Jurídico Espasa, siglo XXI*, tomado de *Bienes en el Proceso Penal* (Fiscalía General de la Nación, 2010).

V. COLOFÓN

De las breves líneas que se plantean en este espacio, podemos concluir, entonces, que la acción de extinción del derecho de dominio es una herramienta más de la política criminal del Estado, que se legítima en la medida en que busca luchar eficazmente contra el crimen organizado, así los efectos de dicha acción alcancen recurrentemente a terceros de buena fe; que como está concebida la acción en la legislación colombiana, es una manifestación de un derecho penal moderno y expansionista, que si bien, es independiente de la acción y la responsabilidad penal, debería respetar las garantías penales mínimas y fundamentales como la presunción de inocencia y la carga de la prueba.

Bibliografía

Agudelo Betancur, Nódier. *De los delitos y de las penas. Edición 250 años. Estudio preliminar y notas.* 4ª ed. Medellín: Ediciones Nuevo Foro, 2014.

Álvarez Álvarez, Juan. *Ley de convivencia y seguridad ciudadana, o populismo legislativo en nombre de la lucha contra la impunidad y los derechos de las víctimas.*

Araque Moreno, Diego. *Introducción al Derecho Penal: Conceptos Básicos.* Bogotá: Ibáñez, 2014.

Araque Moreno, Diego. *Pensamiento y Poder,* vol. 1. Medellín: Corporación Universitaria Remington, 2008.

Araque Moreno, Diego. "¿Es compatible la propuesta de un derecho penal de enemigo con el modelo de Estado de derecho?" *Revista Pensamiento y Poder* 1 (2008): Escuela de Ciencias Jurídicas y Políticas Remington, Medellín.

Arias Holguín, Diana. "Lavado de activos y 'modernización' del Derecho penal: el caso colombiano." *Revista Nuevo Foro Penal* no. 70 (julio de 2006): 171.

Beck, Ulrich. "Teoría de la sociedad del riesgo." En *Las consecuencias perversas de la Modernidad,* editado por Josetxo Berain, 204. Barcelona: Ed. Anthropos, 1996.

Beck, Ulrich. "Teoría de la sociedad de la modernización reflexiva." En *Las consecuencias perversas de la modernidad,* editado por Josetxo Berain. Barcelona: Ed. Anthropos, 1996.

Beck, Ulrich. *La sociedad del riesgo: Hacia una nueva modernidad.* Barcelona: Paidós, 2006.

Beck, Ulrich. *La Sociedad del Riesgo Global.* Madrid: Ed. Siglo XXI, 2000.

Beck, Ulrich. *La sociedad del riesgo: Hacia una nueva modernidad.* Barcelona: Paidós, 2006.

Bobbio, Norberto. *Liberalismo y democracia: Los límites del poder del Estado.* 4ª reimpresión. Madrid: Fondo de Cultura Económica, 1996.

Bustos-Hormazabal, Manuel. *Lecciones de derecho penal, parte general.* Madrid: Trotta, 2006.

Cancio, Manuel., y Silva, Jesus. *Delitos de organización.* Buenos Aires: Ed. B. de F., 2008.

Cancio, Manuel. "Internacionalización del derecho penal y de la política criminal. Algunas reflexiones sobre la lucha jurídico penal contra el terrorismo." *Revista Cenipec* 29 (2010): Mérida: Universidad de Los Andes.

Corcoy, Mirentxu. "Límites objetivos y subjetivos a la intervención penal en el control del riesgo." En *Política criminal y reforma penal,* dirigido por Mir Puig y Corcoy Bidasolo, coordinado por Gómez Martín. Buenos Aires: Ed. B. de F., 2007.

Cuadernos de Derecho Penal. ISSN: 2007-1473, julio de 2012.

Díez Ripollés, José. "De la sociedad del riesgo a la seguridad ciudadana: un debate desenfocado." *Revista electrónica de Ciencia Penal y Criminología,* Homenaje al profesor Dr. Gonzalo Rodríguez Mourullo. Navarra: Thomson – Civitas, 2005.

Donna, Edgardo Alberto. "El derecho penal moderno, entre el problema de la inseguridad, la seguridad y la justicia." En *Problemas actuales del derecho penal y la criminología. Estudios penales en memoria de la profesora Dra. María del Mar Díaz Pita,* 71. Valencia: Tirant lo Blanch, 2008.

Feijoo Sánchez, Bernardo. "Sobre la 'administrativización' del Derecho penal en la 'sociedad del riesgo'. Un apunte sobre la política criminal a principios del siglo XXI." En *Derecho y justicia penal en el siglo XXI, Liber Amicorum en homenaje al profesor Antonio González-Cuellar García,* 137-138. Madrid: Ed. Colex, 2006.

Fernández Carrasquilla, Juan. *Derecho Penal Liberal de Hoy-Introducción a la dogmática axiológica jurídico penal.* Bogotá: Ibáñez, 2002.

Fernández Carrasquilla, Juan. *Derecho Penal parte general. Principios y categorías dogmáticas.* Bogotá: Ibáñez, 2011.

Fernández Carrasquilla, Juan. *Estudios de derecho penal. Libro homenaje a Juan Fernández Carrasquilla, discurso de doctorado y respuesta al discurso de laudatio del Prof. Dr. Manuel Cancio Melia.* Medellín: Sello editorial Universidad de Medellín.

Fernández Carrasquilla, Juan. *Derecho penal fundamental. Vol II.* Bogotá: Ed. Temis, 1995.

Fernández Carrasquilla, Juan. *Principios y normas rectoras del derecho penal. Introducción a la Teoría del delito en el Estado social y democrático de derecho.* Bogotá: Ed. Leyer, 1999.

Fernández Carrasquilla, Juan. "Dogmática penal sin reproche de culpabilidad en la hora actual." En *Dogmática y Criminología. Dos visiones complementarias del fenómeno delictivo. Libro Homenaje a Alfonso Reyes Echandía,* 351-370. Bogotá: Ed. Legis, 2005.

Ferrajoli, Luigi. *Democracia y garantismo.* Madrid: Ed. Trotta, 2008.

Ferrajoli, Luigi. *Derechos y garantías. La ley del más débil.* Madrid: Ed. Trotta, 1999.

Ferrajoli, Luigi. *Derecho y razón. Teoría del garantismo penal.* 8ª ed. Madrid: Ed. Trotta, 2006.

Ferreira, Francisco. "Derecho penal del enemigo. ¿Una despersonalización coherente o disfuncional?" En *Estudios de Derecho Penal. Libro Homenaje al Profesor Dr. Juan Fernández Carrasquilla,* Medellín: Sello Editorial Universidad de Medellín, 2012.

Garland, David. *La cultura del control. Crimen y orden en la sociedad contemporánea.* Barcelona: 2005.

Garland, David. *Castigo y sociedad moderna.* México: Ed. Siglo XXI, 1999.

Gómez Martín, Víctor. "Cultura del control, sociedad del riesgo y política criminal." En *Política criminal y reforma penal,* 84. Buenos Aires: Ed. B. de F., 2007.

Gómez Pavajeau, Carlos. *Constitución, derechos fundamentales y dogmática penal.* Bogotá: Ibáñez, 2001, 53.

Gómez, Victor. "Cultura del control, sociedad del riesgo y política criminal." En *Política criminal y reforma penal,* coordinado por Mir Puig y Corcoy Bidásolo. Buenos Aires: Ed. B. de F., 2007.

Gracia Martín, Luis. *La ciencia penal ante el nuevo siglo: libro homenaje al profesor doctor Don José Cerezo Mir.* Madrid: Ed. Tecnos, 357.

Gracia Martín, Luis. *Prolegómenos para la lucha por la modernización y expansión del derecho penal y para la crítica del discurso de resistencia.* Valencia: Tirant lo Blanch, 2003, 56.

Gracia, Luis. *Prolegómenos para la lucha por la modernización y expansión del derecho penal y para la crítica del discurso de resistencia.* Valencia: Ed. Tirant lo Blanch, 2003.

Grosso García, Manuel. *Estudios de derecho penal: El "viejo y buen" derecho penal liberal.* 337.

Habermas, Jürgen. *Conciencia moral y acción comunicativa. La ética discursiva y sus fundamentos en la teoría de la acción.* Madrid: Editorial Trotta, 2008, 97.

Hans, Hirsch. *Problemas actuales de la legislación penal propia de un Estado de Derecho.* En *El penalista liberal.* Buenos Aires: Hammurabi, 2004.

Hassemer, Winfried, y Muñoz Conde, Francisco. *La responsabilidad por el producto en derecho penal.* Valencia: Tirant lo Blanch, 1995, 46.

Hassemer, Winfried. *Derecho penal simbólico y protección de bienes jurídicos.* En *Nuevo Foro Penal* N° 51. Bogotá: Temis, 1991.

Hassemer, Winfried. *Seguridad por intermedio del Derecho penal.* En *Problemas actuales del Derecho penal y de la criminología. Estudios penales en memoria de la Profesora Dra. María del Mar Díaz Pita.* Valencia: Tirant lo Blanch, 2008.

Hassemer, Winfried. *Viejo y nuevo derecho penal.* En *Persona, mundo y responsabilidad.* Bogotá: Editorial Temis, 1999.

Hassemer, Winfried. *La víctima del delito.* En *Facetas Penales* N° 88. Bogotá: Leyer, 2010.

Hassemer, Winfried. "El Derecho Penal en los tiempos de las modernas formas de criminalidad." En *Criminalidad, evolución del derecho penal y crítica al derecho penal en la actualidad,* compilado por Albrecht, Sieber, Simón, y Schwarz. Buenos Aires: 2009.

Hassemer, Winfried. *Crítica al derecho penal de hoy.* Bogotá: Universidad Externado de Colombia, 1998.

Hassemer, Winfried. *Persona, mundo y responsabilidad. Bases para la teoría de una imputación en derecho penal.* Bogotá: Editorial Temis, 1999, 19 y ss.

Hefendehl, Roland. "¿Debe ocuparse el derecho penal de riesgos futuros?" *Revista Electrónica de Ciencia Penal y Criminología* N° 04-14, 2002.

Herzog, Felix. *Algunos riesgos del Derecho penal del riesgo.* En *Revista penal* N° 15, 1999, 54-57.

Jakobs, Günther, y Cancio, Manuel. *Derecho penal del enemigo.* Bogotá: Universidad Externado de Colombia, 2005, 43-44.

Landrove Díaz, Gerardo. *El nuevo derecho penal.* Valencia: Tirant lo Blanch, 2009, 55-56.

López, Jacobo. "El papel del Derecho penal en la segunda modernidad." En *Derecho y justicia penal en el siglo XXI,* Liber Amicorum en homenaje al profesor Antonio González-Cuellar García. Madrid: Editorial Colex, 2006, 326.

López Morales, Jairo. *Antecedentes del nuevo código penal, texto del proyecto y exposición de motivos. Ponencias y modificaciones en el congreso. Objeciones del gobierno. Texto definitivo de la ley 599.* Santa Fe de Bogotá: Editorial Doctrina y Ley, 2000, 11-16, 161-178.

Luhmann, Niklas. "El futuro como riesgo." En *Las consecuencias perversas de la Modernidad,* coordinado por Joséxtso Berain. Barcelona: Ed. Anthropos, 1996.

Luhmann, Niklas. *La sociología del riesgo.* México: Universidad Iberoamericana-Universidad de Guadalajara, 2007.

Luhmann, Niklas. *El concepto de riesgo.* En *Las consecuencias perversas de la modernidad,* coordinado por Joséxtso Berain. Barcelona: Ed. Anthropos, 1996, 126.

Luzon Peña, Diego-Manuel. *Lecciones de Derecho Penal Parte General.* 2ª ed. Valencia: Tirant Lo Blanch, 2012, 25.

Martínez, Mauricio. *Estado de Derecho y Política Criminal.* Bogotá: Ediciones Jurídicas Gustavo Ibáñez, 1995, 25.

Martínez-Buján, Carlos. "Algunas reflexiones sobre la moderna teoría del 'Big Crunch' en la selección de bienes jurídicopenales (especial referencia al ámbito económico)." En *Política criminal en Europa,* coordinado por Mir Puig y Corcoy Bidasolo. Barcelona: Ed. Atelier, 2004.

Martínez-Buján, Carlos. *Reflexiones sobre la expansión del Derecho penal en Europa con especial referencia al ámbito económico: la teoría del "Big Crunch" y la selección de bienes jurídicopenales.* En *Política Criminal en Europa.* Barcelona: Atelier, 2004, 94.

Mendoza Buergo, Blanca. *El Derecho penal en la sociedad del riesgo.* Madrid: Civitas, 2001.

Mendoza Buergo, Blanca. "Exigencias de la moderna política criminal y principios limitadores del Derecho penal." *Anuario de Derecho Penal y Ciencias Penales* 52 (1999).

Mendoza Buergo, Blanca. "Gestión del riesgo y política criminal de seguridad en la sociedad del riesgo." En *Derecho y justicia penal en el siglo XXI,* Liber Amicorum en homenaje al profesor Antonio González-Cuellar Gracia, 365-367. Madrid: Colex, 2006.

Mir, Santiago. "Constitución, derecho penal y globalización." En *Política criminal y reforma penal,* dirigido por Mir Puig y Corcoy Bidasolo, coordinado por Gómez Martín, 200-220. Buenos Aires: Ed. B. de F., 2007.

Mir, Santiago. *El derecho penal en el Estado social y democrático de derecho.* Barcelona: Ed. Ariel Derecho, 1994.

Moccia, Sergio. "De la tutela de bienes a la tutela de funciones: entre ilusiones postmodernas y reflujos iliberales." En *Política criminal y nuevo derecho penal: Libro Homenaje a Claus Roxin,* editado por Silva Sánchez, 117-135. Barcelona: Ed. JM Bosch, 1997.

Montiel Fernández, Juan. "Peripecias político-criminales de la expansión del derecho penal." *Revista Derecho Penal Contemporáneo* 17 (2006): 121.

Nino, Carlos Santiago. *Los límites de la responsabilidad penal: una teoría liberal del delito.* Buenos Aires: Ed. Astrea, 1980.

Paredes Castañon, José. "El 'terrorista' ante el Derecho penal: por una política criminal intercultural." *Nuevo Foro Penal* 74 (2010).

Paredes Castañon, José. "El riesgo como construcción conceptual: sobre el uso y el abuso de las ciencias sociales en el discurso político-criminal del 'derecho penal del riesgo'." *Revista Catalana de Seguretat Pública* 13 (2003): 11-13.

Pérez Pinzón, Álvaro. "Derecho penal mínimo y derecho penal de garantías." En *Pensamiento penal moderno,* 137-149. Bogotá: Universidad Externado de Colombia, 1991.

Pérez Pinzón, Álvaro. "El Código Penal de la Seguridad. ¿Una involución en la política criminal de signo reaccionario?" En *La tensión entre libertad y seguridad: Una aproximación socio-jurídica,* coordinado por Bernúz Benítez y Pérez Cepeda, 49-62. Universidad de La Rioja, 2006.

Pérez Pinzón, Álvaro. "La seguridad como fundamento de la deriva del derecho penal postmoderno." Madrid: Ed. Iustel, 2007.

Prittwitz, Cornelius. "¿Los enemigos nos rodean? Acerca de la limitada compatibilidad entre seguridad y libertad." En *Justicia penal y Estado de derecho: Libro homenaje a Francisco Castillo González,* coordinado por Javier Llobet, 121-135. Buenos Aires: Editorial Jurídica Continental/Ilanud, 2007.

Prittwitz, Cornelius. *Sociedad del riesgo y Derecho penal.* En *El penalista liberal: Controversias nacionales e internacionales en Derecho penal, procesal penal y Criminología,* 145-162. Buenos Aires: Hammurabi, 2004.

Rivera, Ricardo. *La Extinción de Dominio: Un análisis al Código de Extinción de Dominio.* Bogotá: Ed. Leyer, 2020.

Roxin, Claus. "La ciencia del derecho penal ante las tareas del futuro." En *La ciencia del derecho penal ante el nuevo milenio,* coordinado por F. Muñoz, 195-210. Valencia: Ed. Tirant Lo Blanch, 2004.

Roxin, Claus. "¿La protección de bienes jurídicos como misión del derecho penal?" En *Derecho penal y sociedad,* 100-115. Bogotá: Universidad Externado de Colombia, 2007.

San Martín, David. "Retórica y gobierno del riesgo: La construcción de la seguridad en la sociedad (neoliberal) del riesgo." En *La tensión entre libertad y seguridad: Una aproximación socio-jurídica,* coordinado por Bernúz Benítez y Pérez Cepeda, 93-110. Universidad de La Rioja, 2006.

Scheere, Sebastian. "Los derechos fundamentales y la sociedad de riesgo." En *Derecho penal contemporáneo,* compilado por Rujano Quintero, 143-159. Bogotá: Ed. Gustavo Ibáñez, 2002.

Schünemann, Bernd. *Consideraciones críticas sobre la situación espiritual de la ciencia jurídico-penal alemana.* Bogotá: Universidad Externado, 1996.

Silva, Augusto. "¿Y si todos los hiciéramos?" *Anuario de Derecho Penal y Ciencias Penales* 56 (2004).

Silva Sánchez, Jesús María. "¿Crisis del sistema dogmático del delito?" *Cuadernos de conferencias y artículos* 40 (2007): 17-33.

Silva Sánchez, Jesús María. *La expansión del Derecho penal: Aspectos de la política criminal en las sociedades postindustriales.* Madrid: Civitas, 1999.

Silva Sánchez, Jesús María. *¿Crisis del sistema dogmático del delito?* Bogotá: Universidad Externado de Colombia, 2007.

Sotomayor Acosta, Juan. "¿El Derecho penal garantista en retirada?" *Revista Penal* 21 (2008): 150.

Sotomayor Acosta, J. "La nueva cuestión penal y los retos de una ciencia penal garantista." *Nuevo Foro Penal* 82 (2014): 186-189.

Sotomayor Acosta, Juan. "Las recientes reformas penales en Colombia: un ejemplo de irracionalidad legislativa." *Nuevo Foro Penal* 71 (2007): 58.

Vásquez, Santiago. *Fundamentos e Imputación en Materia de Extinción del Derecho de Dominio.* Bogotá: Ediciones Nueva Jurídica, 2019.

Velásquez Velásquez, Fernando. *Manual de Derecho Penal Parte General.* 5ª ed. Bogotá: Ediciones Jurídicas Andrés Morales, 2013.

Velásquez Velásquez, Fernando. "Colombia ¡hacia un derecho penal expansionista!" *Revista Berbiquí* (2014).

Zaffaroni, Eugenio. *El derecho penal y sus enemigos* (disertación, con motivo del otorgamiento del doctorado honoris causa, otorgado en 2004 por la Universidad de Castilla-La Mancha). En *Facetas Penales* 66, 23-30. Bogotá: Leyer, 2008.

Capítulo 7.
La paradoja de la reparación del daño integral y la revictimización en México, en el nuevo paradigma del derecho penal

EDUARDO GUSTAVO OVANDO CHICO[1]

Resumen: El cambio paradigmático de la Reforma Constitucional de 2011 en México, en relación con el reconocimiento de los derechos humanos, implica la obligación estatal de un conjunto de compromisos que conllevan al respeto y protección de la víctima, así como el principio de progresividad en cuanto a la reparación del daño integral, por lo tanto, las políticas públicas, las reformas o modificaciones al marco jurídico nacional deben garantizar el cumplimiento de las garantías de la víctima. De la misma manera, se debe pugnar por la erradicación de la revictimización para estar en armonía con el Corte Garantista Constitucional.

Palabras clave: reparación del daño, revictimización, dignidad, derechos humanos, políticas públicas.

Abstract: The paradigmatic shift in the 2011 constitutional reform in Mexico, with regards to the recognition of human rights, entails the state's obligation with a set of commitments established to ensure respect and protection of the victim as well as the principle of progressiveness when seeking reparations for integral damages, and therefore, in public policies; reforms or modifications to the national legal framework must guarantee compliance with the victim's rights, in the same way it is necessary to fight for the eradication of revictimization to remain in harmony with the guarantee-based approach of the constitution.

Keywords: damage reparations, revictimization, dignity, human rights, public policy.

"Es en la Universidad Pública en donde se forja el porvenir de México al formar a sus juventudes por los senderos del saber y la razón".

Jorge Fernández Ruiz

[1] Eduardo Gustavo Ovando Chico, Centro de Especialización Judicial del Estado de Tabasco, México, eduardovando1988@hotmail.com.

I. INTRODUCCIÓN

El centro de especialización judicial del Poder Judicial del estado de Tabasco, México, por medio del Doctorado en Derecho Judicial ha impulsado el estudio de los derechos humanos, que guardan estricta relación con los derechos de las víctimas y la dignidad dentro del derecho penal, en el cual se expone el presente tema.

Lo que se pretende aportar en el presente artículo, consiste en establecer a través de elementos teóricos, legislativos e interpretativos, de conformidad con la problemática actual, cuando la Constitución Política de los Estados Unidos Mexicanos garantiza como derecho humano, el derecho a la reparación del daño y sus principios, lo que genera una obligación directa del estado mexicano en garantizar su cumplimiento, en contraste con las estrategias que ha tomado el estado mexicano para garantizar esta institución jurídica, lo que provoca problemas sociales, al no existir una garantía eficiente de reparación del daño integral.

En este sentido, el presente trabajo de investigación se relaciona fundamentalmente con el derecho penal, la reparación del daño integral, la revictimización y la dignidad, con relación a los derechos humanos relativos a los principios constitucionales mexicanos.

La problemática general consiste en que, la reparación del daño integral existe en la norma jurídica, sin embargo, dentro la práctica judicial, no es acorde al cambio paradigmático en México, ya que no es posible materializar cuando el sentenciado carece de recursos económicos, además de que la cuantificación en materia integral encuentra dificultades en estudios técnicos como aquellos relativos a la esperanza de vida y a proyecciones sobre las posibles ganancias vulnerando el principio constitucional de la progresividad.

La hipótesis a la problemática anterior, consiste en que la reparación del daño en materia penal no es acorde al cambio paradigmático en México, ya que vulnera a la víctima y al principio de progresividad, por lo tanto, es necesario evaluarla para garantizar el principio de progresividad y la reparación del daño integral en el marco jurídico mexicano.

El objetivo general consiste en evaluar el marco jurídico referente a la reparación del daño de la víctima y la revictimización del sujeto pasivo, en el contexto del cambio paradigmático en materia penal, para que se garantice, en el mismo contexto, el principio de progresividad en el marco normativo mexicano.

Para la elaboración del presente artículo, se utilizó la siguiente metodología: el enfoque es cualitativo, de corte transversal de 2011 al 2020;

los métodos utilizados fueron historia crítica, doctrina analítica y método argumentativo.

II. ANTECEDENTES HISTÓRICOS

Se atribuye a Napoleón Bonaparte la frase: "aquel que no conoce la historia está condenado a repetirla". Lo que resulta lógico, ya que esta tiene por objeto el estudio de los acontecimientos del pasado, para abordar la figura de la reparación del daño integral, resulta necesario estudiar sus antecedentes, elementos y definiciones.

El procedimiento penal en México, funciona de la siguiente manera: la víctima presenta su denuncia o querella ante la Fiscalía del Ministerio Público, ya sea federal o estatal, y esta dependencia depende del Poder Ejecutivo, después de elaborar su investigación y determinar que existen elementos de la comisión del posible hecho ilícito, esta dependencia gira la carpeta de investigación ante un juez penal, quien pertenece al Poder Judicial ya sea estatal o federal, y es este quien se encarga de valorar las pruebas así como de emitir sentencia definitiva.

Al inicio del siglo, el sistema penal mexicano era de corte positivista, de sistema inquisitivo, la manera en la que se organizaba el derecho penal mexicano se jerarquizaba en una Constitución Federal, Código Penal Federal, Código de Procedimientos Penales Federal, y en cuanto a los estados, estos se regían por un Código Penal Estatal en conjunto de su Código de Procedimientos Penales Estatales.

La Reforma Constitucional de junio de 2008, establece la transitoriedad de la propia reforma, cuando ordena que la federación, los estados y el distrito federal, en el ámbito de sus respectivas competencias, deberán expedir y poner en vigor las modificaciones u ordenamientos legales que sean necesario a fin de incorporarlos al sistema procesal penal acusatorio oral.

Es decir, realizar una transición del sistema inquisitivo penal escrito de corte positivista, al sistema adversarial oral de corte garantista y en dicho código se establecen 5 principios rectores del proceso penal acusatorio.

Publicidad: Las audiencias serán públicas, con el fin de que a ellas accedan no solo las partes que intervienen en el procedimiento, sino también el público en general, con las excepciones previstas en este Código. (Código Nacional de Procedimientos Penales. Periódico Oficial de la federación el 5 de marzo de 2014 última reforma. 22 de enero de 2020, artículo 5).

Contradicción: Las partes podrán conocer, controvertir o confrontar los medios de prueba, así como oponerse a las peticiones y alegatos de la otra parte, salvo lo previsto en este Código. (Artículo 6).

Concentración: Las audiencias se desarrollarán preferentemente en un mismo día o en días consecutivos hasta su conclusión, en los términos previstos en este Código, salvo los casos excepcionales establecidos en este ordenamiento. (Artículo 8).

Continuidad: Las audiencias se llevarán a cabo de forma continua, sucesiva y secuencial, salvo los casos excepcionales previstos en este Código. (Artículo 7)·

Inmediación: Toda audiencia se desarrollará íntegramente en presencia del órgano jurisdiccional, así como de las partes que deban de intervenir en la misma, con las excepciones previstas en este Código. En ningún caso, el órgano jurisdiccional podrá delegar en persona alguna la admisión, el desahogo o la valoración de las pruebas, ni la emisión y explicación de la sentencia respectiva. (Artículo 9).

Derivado de la reforma se produjo un cambio paradigmático tanto para los operadores jurídicos como para las autoridades jurisdiccionales, ya que anterior al cambio, el procedimiento judicial penal era de carácter privado y secreto, la víctima era un mero espectador de su proceso, el sujeto activo podía conocer o no la razón por su detención, además que las citas para las audiencias eran lejanas y no necesariamente secuenciales.

Sin duda alguna, este cambio jurídico benefició al sistema judicial, ya que por su naturaleza escrita era más tardado y no existían garantías de eficacia judicial. De la misma manera, se establece un objeto del proceso penal, que consiste en cuatro elementos importantes:

1. Esclarecimiento de los hechos.
2. La protección al inocente.
3. La procura de que el culpable no quede impune.
4. Que los daños ocasionados por el delito se reparen.

Estableciendo un verdadero cambio de 360 grados al derecho procesal penal mexicano, ya que por primera vez en el ordenamiento mexicano es posible encontrar a nivel constitucional la reparación del daño como objeto del mismo proceso.

Con base en esta referencia constitucional, se ha dicho que "con la entrada en vigor del nuevo sistema de justicia penal, el objeto del proceso penal ha cambiado, en el sentido de que anteriormente se perseguía imponer una pena a todo aquél que cometiera un delito, siendo el *ius puniendi* el principal objeto del sistema de justicia penal". En la actualidad —se indica— el objeto es el esclarecimiento de los hechos a través de una investigación científica, destierro de la impunidad y reparación del daño. (Maldonado Sánchez, 2010, p. 52).

Sin duda alguna, esta reforma constitucional se fortalece con la Reforma Constitucional del 11 de junio de 2011 en materia de derechos humanos, misma que evoluciona de la teoría monista del derecho internacional público a la teoría dualista, como consecuencia al conste constitucional garantista. El mismo corte se rige por cuatro principios constitucionales en materia de derechos humanos.

Universalidad: deviene del reconocimiento de la dignidad que tienen todos los miembros de la raza humana sin distinción de nacionalidad, credo, edad, sexo, preferencias o cualquier otra, por lo que los derechos humanos se consideran prerrogativas que le corresponden a toda persona por el simple hecho de serlo. (Principios Constitucionales en materia de derechos humanos, Comisión Estatal de los derechos humanos Jalisco, 2014, última actualización el 6 de enero de 2021).

Interdependencia: consiste en que todos los derechos humanos se encuentran vinculados íntimamente entre sí, de tal forma, que el respeto y garantía, o bien, la transgresión de alguno de ellos necesariamente impactan en otros derechos.

En el entendido de que por esta interdependencia unos derechos tienen efectos sobre otros, se debe tener una visión integral de la persona humana a efecto de garantizar todos y cada uno de sus derechos universales. (Artículo 9).

Indivisibilidad: indica que todos los derechos humanos son infragmentables sea cual fuere su naturaleza. Cada uno de ellos conforma una totalidad, de tal forma, que se deben garantizar en esa integralidad por el Estado, pues todos ellos derivan de la necesaria protección de la dignidad humana[2].

Progresividad: establece la obligación del Estado de generar en cada momento histórico una mayor y mejor protección y garantía de los derechos humanos, de tal forma, que siempre estén en constante evolución y bajo ninguna justificación en retroceso. (Artículo 9).

---

2 *Ibidem,* artículo 9.

Al mismo tiempo que se realiza la reforma de derechos humanos, México se obliga, por sí mismo en el ámbito de todas sus competencias y autoridades, a garantizar los derechos humanos consagrados en los tratados internacionales como en su misma Constitución, fijando el principio *Pro Homine*, en beneficio de la persona concatenado a los cuatro principios de derechos humanos constitucionales, actualizando el abanico de posibilidades para la garantía de justicia, bien común y seguridad jurídica.

El 9 de enero de 2013, se promulga en el diario oficial de la federación la Ley General de Víctimas, siendo esta la primera Ley de Víctimas en México contemplando por primera vez la reparación del daño de manera integral. Al quedar este precedente sólido, en el año 2017, se reformó la Constitución Política de los Estados Unidos Mexicanos en su artículo 20, apartado c, los derechos constitucionales de las víctimas.

III. Recibir, desde la comisión del delito, atención médica y psicológica de urgencia; IV. Que se le repare el daño. En los casos en que sea procedente, el Ministerio Público estará obligado a solicitar la reparación del daño, sin menoscabo de que la víctima u ofendido lo pueda solicitar directamente, y el juzgador no podrá absolver al sentenciado de dicha reparación si ha emitido una sentencia condenatoria (Constitución Política de los Estados Unidos Mexicanos publicada en el Periódico Oficial de la federación el 5 de febrero de 2017, última reforma. 24 de Diciembre de 2020, art. 20).

Estableciendo por este acto la reparación integral como una obligación concatenada con el principio constitucional de derechos humanos denominado progresividad, es decir, todas las autoridades en materia penal tienen la obligación de reparar el daño de manera integral y no podrá existir una absolución al sentenciado de la reparación del daño.

En este mismo sentido, se publica en Diario Oficial de la Federación, el 3 de enero de 2017, la reforma a la Ley General de Víctimas, donde se establece una protección más amplia para las víctimas.

La presente ley obliga, en sus respectivas competencias, a las autoridades de todos los ámbitos de gobierno, y de sus poderes constitucionales, así como a cualquiera de sus oficinas, dependencias, organismos o instituciones públicas o privadas que velen por la protección de las víctimas, a proporcionar ayuda, asistencia o reparación integral. Las autoridades de todos los ámbitos de Gobierno deberán actuar conforme a los principios y criterios establecidos en esta ley, así como brindar atención inmediata, en especial, en materias de salud, educación y asistencia social, en caso contrario quedarán sujetos a las responsabilidades administrativas, civiles o penales a que haya lugar. (Ley General de Víctimas Publicada en el Diario

Oficial de la Federación el 9 de enero de 2013, última reforma el 06 de noviembre de 2020).

En dicha reforma se crea, la comisión ejecutiva de atención a víctimas, así como las Comisiones Estatales de Atención a Víctimas y sus equivalentes en las entidades federativas, el fondo de ayuda, asistencia y reparación integral en cada entidad federativa, el Plan Anual Integral de Atención a Víctimas, Programa de Atención Integral a Víctimas, el Reglamento de la Ley General de Víctimas. En el mismo sentido del principio de progresividad, la siguiente reforma a la Ley General de Víctimas se realiza el 06 de noviembre de 2020.

XV Recursos de Ayuda: Gastos de ayuda inmediata, ayuda, asistencia, atención y rehabilitación previstos en los títulos segundo, tercero y cuarto de la ley, que correspondan cubrir a la Federación o a las entidades federativas, en el ámbito de sus respectivas competencias. (Artículo 6). Por lo que se entenderá que el estado mexicano tendrá fondos para ayudar inmediatamente a las víctimas para garantizar la reparación integral de la víctima.

III. LA REPARACIÓN DEL DAÑO

El derecho, por el simple transcurso del tiempo, se encuentra en constante movimiento, si bien su fin se puede interpretar como la eterna búsqueda con equilibrio entre la justicia, la seguridad jurídica y el bien común, esta búsqueda ha pasado por diferentes etapas de optimización, toda vez que con cada reforma el sentido de la ley se perfecciona.

Responsabilidad: es la obligación de reparar y satisfacer por *sí* o por otro cualquier pérdida o daño que se hubiere causado a un tercero (Esriche, 1998, p. 622).

Así mismo podemos entender la responsabilidad como la obligación que se genera para la reparación de los daños o perjuicios derivados del incumplimiento de un contrato o de la ley *"(...) es una forma por la que el derecho compensa el desequilibrio económico por la pérdida causada al deudor, la cual se puede dar mediante la restitución de las cosas al estado en el que se encontraban, o de lo contrario mediante una indemnización monetaria (...)".* (Ortíz, op. cit., 123).

La reparación del daño debe ser observada como una consecuencia de una responsabilidad dolosa o culposa, contractual o extracontractual, objetiva o subjetiva, es decir, la reparación del daño se origina en el concepto de daño, al generarse un daño físico o patrimonial, surge una responsabilidad de repararlo y como consecuencia de esa responsabilidad, una vez satisfecha se perfecciona la reparación del daño.

En el mismo orden de ideas, resulta necesario precisar y delimitar la responsabilidad y la reparación del daño, para lo conducente al presente artículo, nos enfocaremos exclusivamente en la reparación del daño en materia penal, sin desconocer o menospreciar a la reparación del daño de materia civil.

La reparación del daño proviene de delito, quedaría ubicada en las obligaciones que surgen de la ley, pues ella es la que dispone que conductas se consideran delitos y cuál es la sanción que debería sufrir quienes los cometen (Romero, 2018, p. 229). En materia penal, de conformidad con el artículo 105 del Código Nacional de Procedimientos, se establecen quiénes son los sujetos dentro del proceso judicial.

I. La víctima u ofendido; II. El Asesor jurídico; III. El imputado; IV. El Defensor; V. El Ministerio Público; VI. La Policía; VII. El Órgano jurisdiccional, y, VIII. La autoridad de supervisión de medidas cautelares y de la suspensión condicional del proceso (Código de nacional de procedimientos penales. Periódico Oficial de la federación el 5 de marzo de 2014 última reforma. 22 de enero de 2020, art. 105).

Asimismo, el citado artículo, establece las partes del proceso judicial penal. Los sujetos del procedimiento que tendrán la calidad de parte en los procedimientos previstos en este Código, son el imputado y su defensor, el Ministerio Público, la víctima u ofendido y su asesor jurídico (Código Nacional de Procedimientos Penales, 2014).

Por lo que resulta necesario hacer la siguiente precisión, el imputado es quien, en este caso, genera daño, o menos cabo moral o patrimonial, a la víctima, a su vez la víctima tiene el derecho humano y la garantía constitucional a recibir la reparación del daño de manera integral.

La Ley General de Víctimas, divide en tres divisiones la personalidad de la víctima:

- Se denominarán víctimas directas aquellas personas físicas que hayan sufrido algún daño o menoscabo económico, físico, mental, emocional, o en general cualquier puesta en peligro o lesión a sus bienes jurídicos o derechos como consecuencia de la comisión de un delito o violaciones a sus derechos humanos reconocidos en la Constitución y en los Tratados Internacionales de los que el estado mexicano sea parte.

- Son víctimas indirectas los familiares o aquellas personas físicas a cargo de la víctima directa que tengan una relación inmediata con ella.
- Son víctimas potenciales las personas físicas cuya integridad física o derechos peligren por prestar asistencia a la víctima, ya sea por impedir o detener la violación de derechos o la comisión de un delito. (Ley General de Víctimas. Publicada en el Diario Oficial de la Federación el 9 de enero de 2013, última reforma el 06 de noviembre de 2020, art 4).

En consecuencia, de la precisión anterior, se debe poner especial atención en la calidad de víctima, ya que esta se adquiere únicamente con la acreditación del daño físico, material o moral, de los derechos establecidos en la Ley General de Víctimas, con la independencia de que se identifique, aprenda, o condene al responsable del daño o en su caso, que la víctima participé en algún procedimiento administrativo o judicial.

La reparación del daño integral debe ser acorde al principio constitucional en materia de derechos humanos denominados, principio de progresividad. De esta misma manera, resulta necesario evitar la revictimización, ya que este acto o proceso, convierte a la víctima de un daño jurídico, por medio de una violación de derechos o actos deliberados o involuntarios que son dañosos.

La reparación integral de daños que genere confianza, sensibilidad, transparencia y credibilidad, haciendo votos por un cambio de actitud y mentalidad de las autoridades, que abandone la simulación, el engaño, hoy más que nunca inaceptables en nuestro Estado de derecho, soslayando que una reparación integral, comprende no solo la reparación económica y moral adecuadas, sino el derecho a la verdad, a la justicia, a la no repetición de los actos victimizantes y, en general, a evitar la criminalización y revictimización de los afectados, incluidos los actos de memoria y conmemoración que son un derecho también de las víctimas (Hernández, 2013, 93). Por su parte, la Suprema Corte de Justicia se ha pronunciado a favor de una reparación integral más amplia:

Derecho fundamental a una reparación integral o justa indemnización. Su concepto y alcance

El derecho citado es un derecho sustantivo cuya extensión debe tutelarse en favor de los gobernados, por lo que no debe restringirse innecesariamente. Ahora bien, atento a los criterios emitidos por la Corte Interamericana de Derechos Humanos, el derecho a la reparación integral permite, en la medida de lo posible, anular todas las consecuencias del acto ilícito y restablecer la situación que debió haber existido con toda probabilidad, si el acto no se hubiera cometido, y de no ser esto posible, procede el pago de una indemnización justa como medida resarcitoria por los daños ocasionados, lo cual no debe generar una ganancia a la víctima, sino que se le otorgue un resarcimiento adecuado. En ese sentido, el derecho moderno de daños mira a la naturaleza y extensión del daño a las víctimas y no a los victimarios. Así, el daño causado es el que determina la naturaleza y el monto de la indemnización, de forma que las reparaciones no pueden implicar enriquecimiento ni empobrecimiento para la víctima o sus sucesores; además, no se pretende que la responsabilidad sea excesiva, ya que debe subordinarse a requisitos cualitativos.

Por otro lado, una indemnización será excesiva cuando exceda del monto suficiente para compensar a la víctima, sin embargo, limitar la responsabilidad fijando un techo cuantitativo implica marginar las circunstancias concretas del caso, el valor real de la reparación o de la salud deteriorada; esto es, una indemnización es injusta cuando se le limita con topes o tarifas, y en lugar de ser el juez quien la cuantifique justa y equitativamente con base en criterios de razonabilidad, al ser quien conoce las particularidades del caso, es el legislador quien, arbitrariamente, fija montos indemnizatorios, al margen del caso y de su realidad, (SCJN, 2017, p. 752)[3].

De lo anterior, es posible observar que la reparación del daño integral en materia penal de ninguna manera debe ser robada, y debe ser justa y suficiente para garantizar las necesidades de las víctimas, que no solamente son de manera financiera, sino también deben ser de manera moral. En ese mismo orden de ideas, la jurisprudencia respecto a la reparación del daño indica: “Reparación del daño. Es legal la sentencia condenatoria que la impone, aunque el monto correspondiente pueda fijarse en ejecución de ésta”.

El artículo 20, apartado B, fracción IV, de la Constitución Política de los Estados Unidos Mexicanos establece como garantía individual de las víctimas u ofendidos de un delito, la reparación del daño para asegurar de manera puntual y suficiente la protección a sus derechos fundamentales y responder al reclamo social frente a la impunidad y a los efectos del delito sobre aquellos, garantizando que en todo proceso penal tengan derecho a una reparación pecuniaria por los daños y perjuicios ocasionados por la comisión del delito, para lograr así una clara y plena reivindicación de dichos efectos en el proceso penal; destacando la circunstancia de que

3 Ministra Margarita Beatriz Luna Ramos, *Suprema Corte de Justicia de la Nación*, recurso de inconformidad 752/2017, 93.

el Constituyente reguló los fines preventivos con los indemnizatorios del procedimiento penal, al exigir para la libertad del inculpado una caución suficiente que garantice la reparación de los daños y perjuicios, lo cual confirma que en todo procedimiento penal debe tutelarse como derecho del sujeto pasivo del delito, la indemnización de los perjuicios ocasionados por su comisión, a fin de reconocerle la misma importancia a la protección de los derechos de la víctima que a los del inculpado, conciliando una manera ágil para reparar el daño causado por el delito.

De lo anterior, se concluye que la reparación del daño tiene el carácter de pena pública y, por ende, al ser parte de la condena impuesta en el procedimiento penal, deberá acreditarse en este y no en otro; sin embargo, su quántum no es parte de la sentencia condenatoria, sino que es una consecuencia lógica y jurídica de esta, porque lo que se acredita en el procedimiento penal es el derecho del ofendido o la víctima para obtener la reparación del daño con motivo del ilícito perpetrado en su contra; de ahí que cuando el juez no cuente con los elementos necesarios para fijar en el fallo el monto correspondiente, podrá hacerlo en ejecución de sentencia, por así permitirlo el citado precepto constitucional. Así también:

> SUSPENSIÓN DE LA EJECUCIÓN DE LAS PENAS. EL REQUISITO DE CUBRIR LA REPARACIÓN DEL DAÑO PARA GOZAR DE ESTE BENEFICIO PREVISTO EN LA FRACCIÓN V DEL ARTÍCULO 90 DEL CÓDIGO PENAL PARA EL DISTRITO FEDERAL, NO CONSTITUYE UNA DEUDA DE CARÁCTER CIVIL, POR LO QUE NO VIOLA EL ÚLTIMO PÁRRAFO DEL ARTÍCULO 17 CONSTITUCIONAL. (Tesis 1ª./J145/2005, Semanario Judicial de la Federación y su Gaceta, Novena Época, Tomo XXII, marzo de 2006, 170. Jurisprudencia (penal), Primera Sala, número de registro 175459).

El precepto citado, al prever como requisito para gozar del beneficio de la suspensión condicional de la ejecución de la pena, que el sentenciado acredite haber cubierto la reparación del daño, no es inconstitucional, toda vez que dicho requisito no constituye un aprisionamiento por deudas de carácter puramente civil, prohibido por el artículo 17, párrafo último, de la Constitución Política de los Estados Unidos Mexicanos, sino una condición de efectividad para que el sentenciado pueda gozar de la libertad que ha sido restringida mediante la sentencia condenatoria, por habérsele declarado penalmente responsable en el proceso penal que se le siguió con motivo de la imputación de un delito; y su reintegración está sujeta a que se purgue la afectación generada a quien resintió la conducta ilícita que se acreditó en aquel, mediante el pago de la reparación del daño, como sanción pecuniaria, a la luz del derecho humano establecido en favor de la víctima u ofendido (Tesis 1ª. CCXLVI/2016 (10ª), 2016).

La Suprema Corte de Justicia de la Nación establece un criterio para establecer parámetros de reparación del daño.

> REPARACIÓN DEL DAÑO DERIVADA DE UN DELITO. PARÁMETROS QUE DEBEN OBSERVARSE PARA CUMPLIR CON SU FINALIDAD CONSTITUCIONAL. Para cumplir con la finalidad constitucional de la reparación del daño derivada de un delito, como protección y garantía de un derecho humano en favor de la víctima u ofendido, deben observarse los parámetros siguientes: a) el derecho a la reparación del daño deberá cubrirse en forma expedita, proporcional y justa, como resultado de la conclusión del proceso penal, en el que el Ministerio Público tiene la obligación de solicitar la condena y el juzgador está obligado a imponerla siempre que dicte sentencia condenatoria; b) la reparación debe ser oportuna, plena, integral y efectiva, en relación con el daño ocasionado como consecuencia del delito, lo cual comprende el establecimiento de medidas de restitución, rehabilitación, compensación y satisfacción; c) la reparación integral tiene como objetivo que con la restitución se devuelva a la víctima u ofendido a la situación anterior a la comisión del delito, aspecto que comprende cualquier tipo de afectación generada: económica, moral, física, psicológica, etcétera; d) la restitución material comprende la devolución de bienes afectados con la comisión del delito y, sólo en caso de que no sea posible, el pago de su valor; y, e) la efectividad de la reparación del daño depende de la condición de resarcimiento que se otorgue a la víctima u ofendido del delito, que deberá ser proporcional, justa, plena e integral; de lo contrario, no se permitiría una satisfacción del resarcimiento de la afectación. (Tesis 1ª. CCXIX/2016 (10ª), Gaceta del Semanario Judicial de la Federación, Décima Época, Libro 34, septiembre de 2016, Tomo I, 210. Tesis aislada (constitucional), Primera Sala, número de registro 2012442).

En este mismo orden de ideas, resulta importante destacar el presente criterio:

> REPARACIÓN DEL DAÑO MORAL A UN MENOR VÍCTIMA DEL DELITO. A FIN DE HACER EFECTIVO ESTE DERECHO HUMANO, DEBEN CONSIDERARSE LAS DISPOSICIONES NORMATIVAS QUE LA PREVÉN Y EL DICTAMEN DE PSICOLOGÍA EN SU INTEGRIDAD CONFORME AL PRINCIPIO DEL INTERÉS SUPERIOR DEL MENOR CONTENIDO EN EL ARTÍCULO 4o. DE LA CONSTITUCIÓN FEDERAL.
> La reparación del daño derivada de la comisión de un delito constituye un derecho humano reconocido en el artículo 20, apartado C, fracción IV, de la Constitución Política de los Estados Unidos Mexicanos, a favor de las personas ubicadas en el supuesto de víctimas u ofendidos de la conducta ilícita penal, cuyo cumplimiento exige que se satisfaga de forma eficaz e integral. En este sentido, si el tribunal de segunda instancia absolvió al sentenciado del pago de la reparación del daño moral al menor víctima del delito, sin considerar la protección al menor ni lo señalado en diversas legislaciones, entre otros, los artículos 42, fracciones I y III, y 45, fracción I, del Código Penal para el Distrito Federal (aplicable a la Ciudad de México); 12, fracción II, 26, 27, fracciones I a V, y 64, fracciones II y VII, de la Ley General de Víctimas, y 49, 50, fracción XIV y 116, fracción XIII, de la Ley General de los Derechos de Niñas, Niños y Adolescentes, que regulan lo relativo a la reparación del

daño y sin tomar en cuenta en su integridad lo expuesto en el dictamen en psicología practicado al menor, el cual, si bien concluyó que éste no presentó afectación psicoemocional, lo cierto es que se precisó que presentaba recuerdos desagradables con relación al evento; dicha actuación es ilegal, pues no debe soslayarse que una de las obligaciones reforzadas frente a los menores implica la actuación oficiosa del juzgador para dictar todas las diligencias necesarias para la determinación de la cuantificación y cualificación del daño, así como su reparación, para lo cual debe considerarse la esfera íntegra de los derechos de la infancia y no sólo la afectación material directa, aunado a que dicha afectación integral debe ser valorada a la luz de su desarrollo previsible a futuro. De ahí que la reparación del daño del menor, en términos de la tesis 1a. CCCXC/2015 (10a.), publicada en el Semanario Judicial de la Federación del viernes 4 de diciembre de 2015 a las 10:30 horas y en la Gaceta del Semanario Judicial de la Federación, Décima Época, Libro 25, Tomo I, diciembre de 2015, página 265, de título y subtítulo: "MENOR DE EDAD VÍCTIMA DEL DELITO. REPARACIÓN DEL DAÑO EN SU FAVOR", deberá incluir como mínimo no sólo los costos del tratamiento médico, terapéutico y rehabilitación física y ocupacional, incluidos los costos de servicios jurídicos, sino también la indemnización por daño moral; el resarcimiento derivado de cualquier otra pérdida sufrida por la víctima generada por la comisión del delito; y los gastos permanentes a consecuencia de éste. Consecuentemente, debe concederse el amparo para el efecto de que la autoridad responsable, tomando en cuenta las porciones normativas citadas y analizando en su integridad el dictamen en psicología practicado al menor, se pronuncie nuevamente respecto de la reparación del daño moral conforme al interés superior del menor previsto en el artículo 4o. de la Constitución Política de los Estados Unidos Mexicanos, que consiste en garantizar el pleno respeto, satisfacción y ejercicio de los derechos de los niños y niñas (entre ellos, su sano desarrollo), lo cual se funda en la dignidad del ser humano y en las condiciones propias de la niñez. (Tesis I 9. P.118 P (10ª), Gaceta del Semanario Judicial de la Federación, Décima Época, Libro 36, noviembre de 2016, Tomo IV, 2514. Tesis aislada (constitucional), Tribunal Colegiado de Circuito, número de registro 2013052).

IV. PROBLEMÁTICA

La obligación de todos los ciudadanos es respetar la ley penal, conforme a la Ley General de Víctimas. Esta nos obliga a cumplir la norma de conformidad con el marco jurídico mexicano e incluye medidas de satisfacción, medidas de no repetición, medidas de restitución, entre otras.

Dentro de la ejecución del proceso penitenciario por parte de las fiscalías estatales y federales se debe garantizar la reparación integral de la víctima, de manera oficiosa, a través de pericial en contabilidad, actuaria en antropología social, en victimología, criminología para poder actualizar el daño al que tiene derecho la víctima.

Incluso en una lesión que no ponga en peligro la vida, la reparación del daño integral debe garantizarle a la víctima el derecho a que se le paguen los daños físicos y se le restituya previamente al proyecto de vida que tenía. En nuestro sistema judicial es posible encontrar este tipo de notas con periodicidad.

Erróneamente, se piensa que para tener acceso a la reparación del daño, las víctimas deben pelearla hasta la ejecución de la sentencia; sin embargo, durante el proceso, "se **realizan gastos, tratamientos físicos y psicológicos**, de protección, entre otros", apunta la abogada (González Obregón, 2021).

La importancia de esta nota radica en que la Dra. Diana Cristal González Obregón, quien participó en la creación del Código Nacional de Procedimientos Penales, lo que demuestra que el problema no es filosófico, sino operativo.

Dentro de las fiscalías la reparación del daño de conformidad con la Ley General de Víctimas, en concreto, se refiere únicamente a daños materiales y morales, por lo tanto, en el sistema mexicano son las reparaciones del daño originadas de la comisión de un ilícito es una responsabilidad civil y para garantizarse integralmente, es necesario promover dentro de un juzgado civil cuando la fiscalía del Ministerio Público omite su obligación en garantizar una reparación del daño integral, situación que entra en paradoja con el principio de progresividad.

De la misma manera, en contra del principio de progresividad es notorio observar que los requisitos para ocupar el nombramiento del comisionado ejecutivo del Sistema Nacional de Atención a Víctimas, en ningún momento establece que deba ser un perfil profesional, o que deba tener trayectoria académica, ni un perfil disciplinario, lo que obviamente garantiza que la persona que ocupe el puesto de ninguna manera será un especialista capaz de fungir el cargo.

No existe un incentivo o un desincentivo para que el fiscal del Ministerio Público garantice la reparación del daño integral, es decir, no existe una consecuencia más allá de que el gobernado deba acudir a la fiscalía a promover su acción de responsabilidad civil.

En la Ley General de Víctimas solo se toman en consideración los daños materiales objetivos y morales, sin embargo, los daños progresivos no se toman en cuenta de una manera medible, por lo tanto, no puede existir una reparación del daño integral y mucho menos de conformidad con la Corte Constitucional del principio de progresividad aunado al desconocimiento del procedimiento idóneo para garantizar la reparación del daño integral.

Sin embargo, aunque en un hecho ilícito, se ofrezcan las pruebas periciales en contabilidad, actuaría, en antropología social, en victimología, criminología para poder actualizar el daño al que tiene derecho la víctima. La reparación del daño integral en la práctica no se puede materializar cuando el sentenciado carece de recursos económicos, además que la cuantificación en materia integral encuentra dificultades en estudios técnicos como aquellos relativos a la esperanza de vida, y a las proyecciones sobre las posibles ganancias.

Irvin Waller, junto con otros científicos sociales, ha estudiado las problemáticas de las víctimas, entre las cuales se puede encontrar que el procedimiento jurídico penal no está hecho para defender ni satisfacer las necesidades de las víctimas y sus familiares. No cuentan con acceso ni derechos para actuar y enfrentar su situación. Si las víctimas denuncian, son tratadas como un espectador sin derechos respecto de su propia experiencia. Se encuentran frente a una gran dificultad para recuperar su valor personal. Las víctimas tienen derechos obvios e inalienables que la mayoría de las veces no se aplican porque no se reconocen. (Modelo Integral de Atención a Víctimas, Diario Oficial de la Federación, 4 de junio de 2015).

Resulta difícil de garantizar una reparación del daño integral cuando el Estado mexicano no cuenta con instituciones sólidas, financieras para poder establecer un fondo de cobertura integral que pueda garantizar que todas las víctimas sean reparadas.

Sin duda alguna, todos los problemas mencionados, no son filosóficos, sino operativos, en el sentido de que la estructura jurídica está correctamente pensada para garantizar la reparación del daño integral, pero en cuanto a su posibilidad de ejecutarla para todos y cada uno de los mexicanos, resulta materialmente imposible, por lo tanto, en cuanto a la reparación del daño, en su gran mayoría, depende de que el imputado tenga la capacidad financiera de garantizarla, lo que pudiera ser un incentivo para los fiscales del Ministerio Público para no garantizar de manera correcta la reparación del daño, por su imposibilidad material.

V. CONCLUSIONES

Waller presenta una serie de problemáticas que afectan a las víctimas dentro de los sistemas gubernamentales, como la falta de capacitación y sensibilidad del cuerpo policiaco, la falta de información, apoyo o explicaciones sobre el proceso a seguir, la falta de sensibilidad por parte del personal médico que atiende, por ejemplo, a una víctima de violencia sexual; insuficientes refugios y albergues especializados que reciban a víctimas y que cuenten con las instalaciones adecuadas, falta de una institución que aminore el estrés y el impacto del proceso a niñas y niños, falta de difusión de los servicios que se otorgan a víctimas y el tipo de ayuda que se les puede brindar, entre otras. (Modelo Integral de Atención a Víctimas, Diario Oficial de la Federación, 4 de junio de 2015)·

Tabla 1. Necesidades fundamentales para las víctimas del delito, posibles soluciones y derechos

Necesidades fundamentales de las víctimas	Derechos de las víctimas	Vinculación con la Ley General de Víctimas y su Reglamento	
		Ley General de Víctimas	Reglamento de la LGV
Apoyo			
i. Reconocimiento y apoyo emocional.	Derecho al reconocimiento de víctimas.	Arts. 1, 4 y 6.	
ii. Información sobre justicia penal, el caso, los servicios y los progresos personales.	Derecho a la información.	Arts. 7, fracciones III, VII, IX, X y XII; 12, fracción I y 18 al 25.	Arts. 51 y 56.
iii. Asistencia para obtener acceso a servicios prácticos, médicos y sociales.	Derecho a la asistencia: remisión por la policía, a corto y mediano plazo, y asistencia especial debido a la edad, género, discapacidad, etnia.	Arts. 7, fracción VI; 9, 44 y 54.	Arts. 6, 9, 10 y 11.
Justicia			
iv. Ayuda para pagar las cuentas generadas por la victimización.	Derecho a la reparación: indemnización por parte del delincuente, justicia restaurativa respecto a los derechos de las víctimas y compensación por parte del Estado.	Arts. 7, fracción II; 12, fracción II; 26 y 27.	Arts. 72, 76, 78, 82 y 88.
v. Seguridad personal y protección de los acusados.	Derecho a estar protegida del acusado (víctimas, testigos y peritos).	Arts. 7, fracciones IV y VIII; 12, fracción X.	
vi. Opción de tener voz en el ámbito de la justicia.	Derecho a la participación y representación (acceso a la justicia y trato justo).	Arts. 7, fracción XXV, XXII y XXVIII; 11 y 12.	Arts. 51, 56 y 60.
Buen gobierno			
vii. Mejor seguridad pública.	Derecho a medidas efectivas para reducir la victimización.	Arts. 7, fracción XIX; 74 a 78.	
viii. Instrumentación.	Derecho a la aplicación (cumplimiento).	Art. 73.	

Fuente: Modelo integral de atención a víctimas. Publicado en el Diario Oficial de la Federación el 4 de junio de 2015 con base en Waller, Irvin, *op. cit.*, LGV y Reglamento de la LGV.

Resulta necesario que en materia penal dentro de las fiscalías se abandone la idea de la reparación material objetiva y se lleve a una transición operativa a una reparación del daño integral de manera oficiosa de conformidad con el cuadro anterior, ya que de lo contrario denostaría que el funcionario público que no lo realice es una persona que tiene pocos conocimientos jurídicos.

La reparación integral del daño debe ser la vía de restitución en el goce de los derechos de las víctimas estriba en anular, en la medida de lo posible, las afectaciones producidas por el delito como si no hubiese ocurrido; y en su defecto, otorgar una indemnización justa que no represente ganancias. Circunstancia que representaría una desventaja para el autor de la conducta punible, asimismo, abandonar la paradoja de la ficción referente a que la reparación del daño se debe ver por vía civil.

La naturaleza y monto de la indemnización debe ser determinado por el daño ocasionado a la víctima atendiendo a requisitos cualitativos de manera integral, por medio de pruebas periciales y estudios que permitan con certidumbre realizar un instrumento de medición justo que no deje al imputado en un estado de indefensión, pero que tampoco genere un beneficio desmedido hacia la víctima.

La reparación del daño integral, no guarda ninguna relación con el *intentional tort* del sistema jurídico norteamericano, ni tampoco debe ser considerado como un daño punitivo referente a una sanción financiera en materia civil, ya que los daños punitivos van en contra de nuestro sistema jurídico neorromanista y permiten beneficios desmedidos y como consecuencia empobrecimientos desmedidos.

La indemnización deberá ser impuesta por el juez, quien definirá con base en criterios de razonabilidad su cuantificación sin que deban existir topes o límites tarifarios impuestos por el legislador que favorezcan transgresiones a los derechos de las víctimas, pero estos deben ser fundamentados por medio de pruebas periciales tanto para la víctima como para el imputado, ya que la reparación del daño integral es un derecho y el derecho persigue tres fines: justicia, seguridad jurídica y el bien común. Por lo tanto, es necesario, para evitar una injusticia, que ambas partes, imputado y víctima, sean sometidos a las pruebas periciales.

Las víctimas indirectas, también deben ser tomadas en cuenta, ya que por medio de una acción ilícita de un familiar, pueden tener daños emocionales, patrimoniales e incluso físicos, y estos también deben ser medidos mediante periciales correspondientes. La revictimización ocasionada por un acto negligente del servidor público debe ser castigada y este servidor público debe ser deudor solidario con el imputado como medida de evitación de la revictimización.

Bibliografía

Esriche, Joaquín. *Diccionario razonado de la legislación penal, comercial y forense.* México: Instituto de Investigaciones Jurídicas de la UNAM, 1998.

González Obregón, Diana Cristal. "María Elena: La lucha por la reparación del daño, me han forzado a participar en mi." *El Universal,* 22 de enero de 2021. https://oaxaca.eluniversal.com.mx/sociedad/22-01-2021/maria-elena-la-lucha-por-la-reparacion-del-dano-me-han-forzado-participar-en-mi.

Hernández Pliego, Julio. *Código penal para el Distrito Federal a diez años de vigencia* (XIII Jornadas sobre Justicia Penal), editado por Rafael Márquez Piñeiro. México: Universidad Nacional Autónoma de México, Instituto de Formación Profesional de la Procuraduría General de Justicia del Distrito Federal, 2013.

Maldonado Sánchez, Isabel. *Litigación en audiencias orales y juicio oral penal.* México: Palacio del Derecho Editores, 2010.

Comisión Estatal de los Derechos Humanos Jalisco. *Principios Constitucionales en materia de derechos humanos.* Jalisco, 2014.

Romero Tequextle, Gregorio. *Temas actuales de responsabilidad civil.* México: Tirant lo Blanch, 2018.

Fuentes legales:

Código Nacional de Procedimientos Penales.

Constitución Política de los Estados Unidos Mexicanos.

Ley General de Víctimas.

Modelo Integral de Atención a Víctimas.

Suprema Corte de Justicia de la Nación. Recurso de Inconformidad 752/2017.

Tesis 1ª./J145/2005. *Semanario Judicial de la Federación y su Gaceta,* Novena Época, Tomo XXII, marzo de 2006, p. 170. Jurisprudencia (penal). Primera Sala. Número de registro 175459.

Tesis 1ª. CCXLVI/2016 (10ª). *Gaceta del Semanario Judicial de la Federación,* Décima Época, Libro 36, noviembre de 2016, Tomo II, p. 930. Tesis aislada (constitucional), Primera Sala. Número de registro 2012977.

Tesis 1ª. CCXIX/2016 (10ª). *Gaceta del Semanario Judicial de la Federación,* Décima Época, Libro 34, septiembre de 2016, Tomo I, p. 210. Tesis aislada (constitucional), Primera Sala. Número de registro 2012442.

Tesis I 9. P.118 P (10ª). *Gaceta del Semanario Judicial de la Federación,* Décima Época, Libro 36, noviembre de 2016, Tomo IV, p. 2514. Tesis aislada (constitucional), Tribunal Colegiado de Circuito. Número de registro 2013052.

Capítulo 8.
La reinserción social: medio para garantizar los derechos humanos en el Sistema Penitenciario y Carcelario Colombiano

JULIÁN ALBERTO ARDILA MORA[1]

Resumen

La reinserción social es uno de los fines y funciones de la pena dentro del ordenamiento colombiano, pero, de igual manera, es uno de los tantos vestigios de las normas inaplicadas del sistema jurídico, ante esta situación y con el fin de cumplir con una de las funciones del Estado en concordancia con el modelo de Estado social de derecho, este capítulo se enfoca en hacer un análisis histórico de los fines y funciones de la pena, de la mano con un recorrido de los diversos modelos del *ius puniendi*, y sus escuelas, posteriormente llegando al análisis del marco legal colombiano y el Estado de cosas inconstitucional analizado por la Corte Constitucional, esto para luego hacer un breve esbozo de las críticas al modelo colombiano por parte del CoIDH, para finalmente llegar a la conclusión de que se requiere un modelo que brinde los mecanismos propicios de un modelo de reinserción social efectivo y liberal.

Palabras clave: Estados de cosas inconstitucionales, reinserción social, norma muerta, *Ius Puniendi*, liberalismo

Abstract

Social reintegration is one of the purposes and functions of the penalty within the Colombian legal system, but in the same way it is one of the many vestiges of the unapplied norms of the legal system, in this situation and to fulfill one of the functions of the State. In accordance with the model of the Social State of Law, this chapter focuses on making a historical analysis of the purposes and functions of punishment, hand in hand with a tour of the various models of *ius puniendi*, and their schools, later reaching the analysis of the Colombian legal framework and the unconstitutional state of affairs analyzed by the Corte Constitucional, this in order to then make a brief outline of the criticisms of the Colombian model by the IACHR, to finally reach the conclusion that a model is required that provides the mechanisms conducive to an effective and liberal social reintegration model.

Key words: States of Things Unconstitutional, social reintegration, dead rule, *Ius Puniendi*, liberalism

---

[1] Magíster en Derecho. Énfasis derecho procesal de la Universidad Nacional de Colombia. Abogado de la Universidad Santo Tomás. Decano de la Facultad de Ciencias Sociales y Humanas de la Fundación Universitaria Cervantes San Agustín –UNICERVANTES–, docente de pregrado y posgrados. Abogado litigante.

I. INTRODUCCIÓN

El artículo 4 del Código Penal Colombiano (Ley 599 de 2000) establece que la pena tiene como función y fin del ejercicio del poder punitivo penal las siguientes funciones: i) prevención general, ii) retribución justa, iii) prevención especial, iv) reinserción social y v) protección al condenado. En este artículo, y ante la difícil situación por la que atraviesa el sistema penitenciario y carcelario colombiano, que ha sido objeto de reproches no solo desde la jurisdicción constitucional nacional y las sentencias que han declarado en varias oportunidades y por distintas razones el estado inconstitucional en el sistema penitenciario y carcelario y, en particular, en algunos centros, sino hasta por parte del Sistema Interamericano de Derechos Humanos, por lo que es preciso analizar si la reinserción social como fin de la pena, puede ser el medio para empezar a superar esas dificultades que permanecen en el sistema penitenciario y que permitirían no solo el respeto de los derechos humanos y fundamentales de los condenados, sino la refrendación del derecho y con ello el cumplimiento de los fines de la pena y la reinserción del condenado una vez cumpla la pena a la sociedad.

El modelo de la resocialización o como lo denomina el derecho penal colombiano, la reinserción social, como un fin de la pena, es un modelo que ha resultado muy útil en diversos países como es el caso de la Comunidad Europea, Corea del Sur y, muy en particular, en Noruega y Suecia, sin embargo, en Colombia a pesar de que se contempla la reinserción social como uno de los fines de la pena, está al parecer carece de efectividad convirtiendo hacia la norma en letra muerta y contrariando no solo una norma legal, sino que incluso atenta contra el orden constitucional y los derechos inherentes a las personas por el hecho de ser personas.

La razón de este trabajo se encuentra en que a pesar de que han pasado ya 20 años desde la histórica Sentencia T-153 de 1998, en donde se le empezó a dar un interés constitucional mucho mayor al sistema penitenciario y carcelario, que el pronunciamiento asilado de decisiones de tutela, para que el caso pasara a ser examinado con profundidad por la Corte Constitucional, asuntos que después de esa decisión al parecer están lejos de cambiar; el hacinamiento carcelario sigue estando en niveles preocupantes, no se cumple con las funciones rehabilitadoras y reinsertabas de la pena, convirtiendo así a los establecimientos carcelarios en verdaderas escuelas transitorias del crimen y fábricas de odio y resentimiento social, por ello índices tan altos de reincidencia en los delitos.

Además, es importante resaltar que el sostenimiento del sistema penitenciario y carcelario, no solo presenta problemas como los señalados anteriormente, sino que se ha convertido en un gasto desde el punto de vista económico (sostenimiento de las cárceles y del sistema) y jurídico (demandas y solicitudes de indemnización de los internos) para el Estado colombiano y a pesar de los años de pronunciamientos, legislaciones e inclusive requerimientos de entidades nacionales y organismos multilaterales o internacionales, la problemática no ha tenido un cambio. Es por eso por lo que este artículo pretende, no solo enfocarse en un análisis de la situación que ha pasado y por la que pasa el país en relación con las dificultades para el cumplimiento de la reinserción social en el sistema penitenciario y carcelario, sino encontrar en que ha radicado dicha tensión y la posibilidad de proponer una posible solución a la problemática, ya que de no abordar esta situación el problema seguramente cada vez será mayor.

Por lo anterior, es que se considera pertinente analizar en este documento: ¿La función de la pena de reinserción social se puede garantizar dentro del modelo penitenciario y carcelario colombiano, respetando los derechos humanos y los derechos fundamentales? Esta inquietud investigativa permitirá analizar la reinserción social, los problemas del sistema y cómo este fin de la pena puede erigirse en el medio para dar respuesta a los problemas del sistema y garantizar la efectividad de la pena con la reducción de la reincidencia en los delitos.

El problema de la efectividad de la reinserción social radica en diversos factores como lo son el económico, el social, el político y desde luego el enfoque jurídico, todos estos factores han tratado de lidiar con la problemática y dar respuesta a preguntas como: ¿cómo convertir el modelo penitenciario en una garantía que minimice la reincidencia?, ¿cómo tratar a los reclusos en condiciones de dignidad?, ¿cuáles son los límites que no puede traspasar el Estado a la hora de aplicar el *ius puniendi*? y ¿cómo lograr que los establecimientos penitenciarios cumplan con su finalidad y, de ese modo, no se convierta el proceso en un agujero sin salida? Pero aquí el tema no requiere de una infinidad de respuestas de la diversidad de entes, lo que se necesita es ir más allá analizar la viabilidad de las respuestas, el objeto, fin y las circunstancias que estas acarrearan y, finalmente, aplicar la que cumple con los parámetros propios de un Estado social de derecho; es por ello por lo que para este trabajo se buscará a través del correspondiente análisis tanto de la efectividad como de las razones por las cuales el sistema penitenciario y carcelario no da la respuesta esperada en la ejecución de la pena de un condenado.

Es por eso mismo por lo que, la solución del problema vendrá desde el enfoque garantista del derecho, ya que este enfoque permite a los sujetos tener garantías como persona, brindarle un estado de seguridad y confianza, pero también les permite a los sujetos tener una nueva oportunidad, un nuevo inicio, una esperanza para el mañana; por ello dentro a diferencia de lo que pasa en el contexto colombiano se vuelve fundamental rescatar los principios inherentes a las libertades de las personas, la necesidad de brindar penas cortas y efectivas, convertir a los centros penitenciarios en escuelas que en vez de encerrar a los presos durante un largo periodo de sus vidas; lo eduquen para que este pueda tener un enfoque práctico y funcional en la sociedad.

Para empezar, es necesario hacer énfasis en la pena, su origen, su transformación a lo largo de la historia, hablar de sus fines y funciones, adicionalmente hablar del marco legal colombiano, el estado de cosas inconstitucionales dentro de los recintos carcelarios y el panorama que vive Colombia, para finalmente concluir con posibles soluciones para lo anteriormente expuesto.

La metodología de revisión será documental, a través de la doctrina, la jurisprudencia y el examen y evaluación de la ley, además de los criterios hermenéuticos y jurídicos para establecer los criterios de imposición de las medidas de aseguramiento y los efectos prácticos que están derivando de ellas.

II. LA EVOLUCIÓN DEL DERECHO PENAL Y LAS FINALIDADES DE LA PENA

La pena es tal vez unos de los conceptos más usados, pero a la vez más problemáticos en la sociedad contemporánea, como dentro de una sociedad racional, se puede justificar el castigo, ha sido objeto de la escritura de grandes tratados jurídicos y filosóficos que explican la necesidad y fin del castigo y su desarrollo a la pena en la actualidad. Dicho concepto tal vez tuvo su mayor análisis inicial de la mano de las ideas humanistas y liberales del siglo XVIII; ya que antes de esto no se podría hablar propiamente de una pena, sino del ejercicio del castigo puro y simple, que se imponía por parte de la comunidad y, posteriormente, del gobernante a alguien que infringía los mandatos de la sociedad.

Dentro de los pensadores ilustrados que tratan el tema de la pena está Cesar Beccaria que la define como: "*motivos sensibles que fuesen bastantes a contener el ánimo despótico de cada hombre cuando quisiere sumergir las leyes de la sociedad en su caos antiguo*" (Beccaria, 1764, p. 10), evidenciamos que ya se puede hablar de pena porque no solo se contempla el concepto de una imposición negativa de un castigo para reprender un comportamiento socialmente reprochable, sino que, además, esta debe tener un carácter disuasorio ante el infractor para futuros actos, como ante los demás, este modelo de pena pensado desde los principios que, posteriormente, fundaran la escuela clásica italiana del derecho penal e inspiraran el desarrollo de principios como la legalidad, necesidad, proporcionalidad, igualdad ante la ley, por nombrar algunos.

Posteriormente, todas las ideas de Beccaria son consolidadas por la escuela clásica italiana, la cual tiene como principal representante a Francesco Carrara, este considera la pena según palabras de Mantovani como "*aquel mal que, en conformidad con la ley del Estado, los magistrados infligen a aquellos que han sido, con las formalidades debidas, reconocidos culpables de un delito*" (Mantovani, 1989, p. 156), este enfoque se caracteriza por el rescate principios *ius-naturalistas* en donde se postula que la pena emana de la misma ley natural humana; adicionalmente de tomar los principios de Beccaria, esta trae consigo unas características como:

> 1) la existencia de una ley eterna y absoluta bajo la cual se rige, 2) la ley concede los derechos necesarios al hombre para alcanzar su destino, 3) esta se genera como un mecanismo de protección de los derechos, 4) esta desemboca en el libre ejercicio de los derechos bajo una atmosfera de respeto y cuidado, 5) no es una coacción eficaz sino que debe ser una sanción inmediata y sensible ,y 6) la necesidad de la pena se encuentra dentro de la necesidad de los asociados del contrato social, por encima de la del individuo (Mantovani, 1989, p. 157).

Por ende, podemos evidenciar que la pena tiene una necesidad de defensa abocada en la protección de los derechos de las personas, y que la pena al igual que los postulados de Beccaria está limitada, no solo por los principios del contrato social en donde yo solo entrego una porción de mi libertad para poder convivir en paz (Rousseau, 1762), sino que su límite también se consagra en la justicia.

Sin embargo, también es necesario hacer resaltar las características que debe tener la pena y que en la actualidad son evidenciadas en la gran mayoría de los modelos, estas según Velásquez son "*que sea humana, legal, determinada, igual, proporcional, razonable, necesaria, judicial, individual, irrevocable y publica*" (Velásquez, 2014, pp. 661-669). Estas características van de la mano con las funciones y fines de la pena, pero, es necesario antes de continuar haciendo el esbozo sobre el origen de las penas, como fue ese camino durante la historia para convertirse en los conceptos contemporáneos de las diversas escuelas que siguen retumbando hasta nuestros tiempos.

En un principio hablaremos de que no había sociedades, los hombres simplemente se desplazaban de un lado a otro y la ley que mandaba era la ley del más fuerte, quizá lo único que se puede hablar acá es una forma muy parcial del derecho a la defensa que tenían los hombres, para garantizar su subsistencia, ya que el derecho nace de la mano con el mismo hombre, ya que es la defensa que ejerce sobre sí mismo y sus bienes. Posteriormente, las sociedades pasarán a un estadio superior, en donde pasa de un estado nómada a un estado sedentario impulsado por la agricultura, la ganadería y el lenguaje escrito, en palabras de Engels, corresponde este corresponde al estadio medio de las sociedades, ya que "*este estado permitió al hombre el dominio de los terrenos, la adaptación y lucha contra los diversos climas, la domesticación de animales y finalmente el resguardo de comida (principalmente cereales)*" (Engels. 1884, p. 2). En este, los grupos sociales empiezan a crear las pautas de conducta aceptadas por los grupos sociales, ya que como lo sostiene Malinowski al decir que, aunque no existía un derecho escrito, sí existían normas de conducta y su correspondiente sanción ante el incumplimiento (Malinowski, 1973).

Por lo anterior, el hombre ya no tiene que estar pensando a todo momento en su supervivencia, sino que ahora el problema se traslada hacia la convivencia dentro de los muros de cada sociedad, en específico, y así empiezan los sistemas penales fundamentados esencialmente a través de mandatos divinos y supersticiones religiosas. En donde se encuentra que el principal referente de este cambio se encuentra en el Imperio de la Antigua Babilonia, ya que este sostiene que a través del Código de Hammurabi, el cual contiene la famosa la Ley del Talión, la cual consistía en devolver un mal equivalente al sufrido, es decir, una distinción clara entre culpa y dolo; demostró no solo ser un mecanismo divino regulador de las conductas humanas en sociedad, sino que se convierte como precedente en el primer limitador de la venganza convirtiendo así la venganza en un mecanismo proporcional, contrario al estadio anterior donde está se basaba en la satisfacción del ofendido.

Otro caso a tratar dentro de los denominados reinos dinásticos, descritos por Bernd Marquardt como aquellas sociedades en donde los monarcas alegaban sus autoridades de los mandatos divinos (Marquardt, 2009), se encuentra reflejado dentro de las Leyes de Manu de la India y el legado grecorromano contemplado en las XII Tablas de Romanas; debido al enfoque occidental y los herederos del sistema continental europeo tienen una mayor afinidad sobre el Derecho Romano, sin embargo, es necesario hacer el esbozo sobre las Leyes de Manu para comprender de manera completa la historia del *ius puniendi*, estas leyes que siguen vigentes en muchos aspectos en la India de hoy en día contemplan la regulación de todas las conductas sociales, de los diversos grupos sociales de la cultura Hindú, y se basan en el respeto por las deidades religiosas y las costumbres que le permitieron sobrevivir al gran cataclismo, estos encuentran su similar en la cultura occidental con los Diez Mandamientos que Dios le otorgó a Moisés en lo alto del Monte Sinaí, estos mandamientos se basaban en una ley natural y, por tanto, constituye un orden y estricto señalamiento acerca de cómo deben estar orientadas las relaciones humanas.

Posteriormente, llegarán ahora si las XII tablas romanas, las cuales ya no se verán abocadas hacia un derecho emanado de una conexión divina, sino que se basara en el derecho de los paterfamilias, sobre los sujetos no emancipados, además de caracterizarse por trasladar el derecho penal de la esfera pública, a la esfera de lo privado. Al igual que los otros ordenamientos se basaba en las relaciones humanas y como debía ser su normal desarrollo, dentro de la tabla I y II, se contempla lo concerniente a la penalidad y en estas se dice que se debe cumplir con las debidas formalidades para citar a una persona a juicio, y que está ya no será juzgada por el soberano, sino por los jueces y magistrados de Roma (Las XII tablas, s. V a. C.). Asimismo, dentro de la tabla VII se hablan de los delitos, los cuales en general no hablan más que de conductas muy comunes dentro de Roma, las que eran sujeto de sanción por lo tanto, se puede decir que era un derecho de acto y no de prevención.

Sin embargo, ningún imperio es eterno y Roma no fue ajena a esa regla, tras las contantes invasiones bárbaras y otro sin fin de diversidad de problemas el imperio decayó, siendo asumido el liderazgo por lo menos en gran parte del extinto imperio por parte de la Iglesia Católica, lo que llevo durante la edad oscura al renacimiento de tres vertientes del Derecho el germánico, el romano y el canónico, será finalmente el que se impondrá por encima de los demás tomando elementos a favor de cada uno de estos y abriendo campo a la Edad Media y el derecho divino; tal como lo sostiene Gómez Pavajeau, en esta etapa el derecho se caracteriza por volver a poner a Dios como centro del que emana la autoridad para castigar, autoridad que es delegada en la iglesia y para ello la iglesia forma los denominados tribunales de la inquisición (Gómez, 2012).

Estos tribunales nacieron con el fin de castigar la herejía y cualquier cosa contraria a las buenas costumbres de la religión católica, sin embargo, este sistema trajo consigo un abuso del derecho de castigar, representado en la tortura, la expropiación y una serie de tratos crueles y denigrantes realizados en nombre de la fe, la iglesia y el rey, lo cual finalmente desencadenaría en las críticas humanistas de la época renacentista.

Es así como nace la idea de Cesare Beccaria la cual contempla dentro de su libro *De los delitos y de las penas,* una crítica enfocada hacia la creación de un derecho de castigar de corte liberal, imparcial y meramente garantista de los derechos y obligaciones tanto de los procesados, Beccaria basa su obra en la necesidad de un derecho de castigar ejercido desde la publicidad, en donde la ley no se interprete, en donde las penas sean cortas y se cumplan a totalidad, que el proceso sea rápido y efectivo, que las penas sean proporcionales, necesarias, respeten el principio de legalidad, es decir, que, prexista la ley, el juez y el procedimiento y, finalmente, pero no menos importante, que los jueces sean imparciales y se respete el derecho a la vida de todas las personas (Beccaria, 1764). Pero Beccaria va mucho más allá y empieza a darle una finalidad a la pena, una finalidad no consagrada meramente hacia el castigo, sino a, como ya lo hemos mencionado antes, a la prevención a futura de conductas similares.

Estas ideas se retomarán por la escuela clásica italiana que defenderá los postulados básicos de Beccaria a través de su máximo exponente Francesco Carrara y se enfatizara en la defensa de un derecho penal de acto, poco es lo que hay que agregar aquí y lo que decía Beccaria, sin embargo, esta escuela encuentra como contrapeso a la escuela positivista, la cual se basara en el auge de las ciencias para crear su teoría, esta va a contemplar diversos cambios dentro de ella, el principal de estos dirigidos a que el derecho penal ya no se base en el acto, sino en la prevención del delito es así y en palabras de Díaz, Montenegro y Martínez, lo que se busca es:

> 1) la disminución de los índices de criminalidad, los cuales la escuela clásica no había logrado disminuir a juicio de Ferri con su teoría, 2) la difusión de una filosofía positivista en contra de lo metafísico y espiritual, 3) la aplicación del método de observación para estudiar al hombre, principalmente la vía psíquica, 4) Someter el derecho a estudios de campo a través de la estadística y 5) finalmente argumentan que la escuela clásica planteaba demasiadas garantías que lo único que realizaban era que el individuo pudiera hacer un daño gravoso a la sociedad sin que esta pueda responder de una manera ejemplar (Díaz, Montenegro y Martínez, 2012).

Tras el fin de la Segunda Guerra Mundial y la crítica al positivismo exegético que por ese entonces era liderado por Kelsen, la escuela recibió críticas por considerarla como un vestigio racista y segregador de las sociedades, ya que en muchos casos se acusaban a las personas por sus razas, morfologías, orígenes u otros factores de ese tipo. Sin embargo, las discusiones con la escuela clásica no terminaron ahí, hasta el punto de llegar a un punto muerto y, finalmente, empezar la preponderancia de la Dogmática Penal alemana último pilar de los antecedentes históricos de la pena y el ejercicio del *ius puniendi.*

Para los dogmáticos el concepto de la pena variará según la escuela que se encargue de esgrimir el tema, dentro de esta teoría encontramos cuatro enfoques principales el causalismo, el neocausalismo, finalismo y funcionalismo, el primero de estos se encuentra regido bajo las leyes de la ciencia, principalmente la tercera Ley de Newton (causa y efecto), esta se basó en un modelo sencillo, de corte objetivo que acarreaba que ante la comisión de un delito, es decir, una acción típica, antijurídica y culpable, se hace aplicable la amenaza de la pena, en otras palabras, un castigo por un acto contrario al ordenamiento jurídico, sin embargo, y como muy bien los expuso Poveda Perdomo, esta escuela recae en muchos problemas como la falacia de que del ser no se deriva ningún deber ser, la imposibilidad de adecuar la omisión, las relaciones de culpabilidad, entre otros (Poveda, 2005).

Esto conlleva la necesidad de una nueva teoría basada en los críticas de autores como Radbruch, busca suplir las falencias de la escuela casualista sin salirse de preceptos base, al basarse en las ideas kantianas este subsano contenidos como los criterios de valor, el problema de la omisión, pero quizá lo más importante es el criterio que incorpora Mezger al introducir la categoría de valores dentro de la teoría del delito, es decir, introduce el elemento de la reprochabilidad social a través de la idea del imperativo categórico kantiano (Poveda, 2005), a partir las diversas escuelas de la dogmática han enfatizado en este mismo tema, ya que las diversas escuelas han hecho es construir sobre algo ya creado o en palabras de Smith se construye sobre un edificio que está en constante cambio y modernización (Smith, 1776). Pero se hace necesario hablar de manera muy superficial sobre las dos escuelas restantes para dejar totalmente cobijado el tema.

El finalismo introduce una novedad dentro de la dogmática el cual es el remplazo del concepto de acción por el de conducta, será Welzel no solo que el que hace este cambio, sino el que le dará el rumbo decisivo a la teoría finalista; para ello justificará el cambio de la acción por la conducta y en palabras de Márquez Piñero, de la siguiente forma: "El objeto de la norma solamente podía constituirlo una acción, un "acto humano"; esta idea hizo factible la aparición de un concepto personal de lo ilícito, y, en cierta manera, un retorno a la teoría de los imperativos" (Márquez, 2003, p. 49). Adicionalmente, incluye dentro de sí y transversal a toda su teoría los elementos subjetivos que ahora no se encontraran solo en la culpabilidad como sus escuelas precedentes, sino que son elementos inherentes a todas las categorías dogmáticas; sin embargo, tiene una repercusión a los principios básicos liberales al momento de incluir el desvalor de la acción y el desvalor del resultado, ya que estos se pueden definir como el desvalor de la acción son todos los elementos subjetivos como el pensamiento o los actos previos para la comisión del ilícito, esto se puede llegar a ver reflejado en como sostiene Márquez al decir que este "en un anticipo mental a cualquier consecuencia de los actos, convirtiendo las externalización de los en un mero reflejo de todo el proceso" (Marquez, 2003, p. 49). Esto, en resumidas cuentas, nos lleva a considerar como relevante de análisis por parte del derecho penal, todos los momentos del *Iter Criminis*, lo cual en sí conlleva una gran vulneración a los principios del derecho penal, que lo consideran como una última ratio y un mecanismo de resultado.

En relación con el esquema del delito funcionalista, propone un cambio sustancial a la estructura dogmática tradicional, convirtiendo la estructura en un injusto penal de corte meramente objetivo, almacenando los elementos de la conducta, la tipicidad y la antijurídica; mientras que, por otro lado, se encuentra el elemento subjetivo de la culpabilidad, así como establecer la conducta exigida de la que hablaba el finalismo, pero vista como la conducta acorde a las funciones del sujeto dentro de su rol en la sociedad, pero la novedad que más importante nos resulta es la que se basa en las penas, ya que como sostiene Poveda:

> En la pena hay que tener en cuenta que el único fin propuesto es el de la prevención, general y especial, entendida esta última no como prevención intimidatoria negativa, sino como "prevención integradora" positiva, es decir, con la finalidad de "restaurar la paz jurídica, en cuanto dé al pueblo la confianza, que su seguridad está salvaguardada y que las reglas reconocidas de la convivencia humana pueden reafirmarse en contra de perturbaciones graves. (Poveda, 2005, p. 96).

En la actualidad, y dentro del modelo adoptado por Colombia, la pena debe cumplir con determinados requisitos consagrados dentro del Código Penal los cuales son "la dignidad humana, la integración, la legalidad, igualdad y prohibición de la doble incriminación" (Ley 599, 2000, art. 1-8). En su mayoría todos estos principios protegidos desde el marco de Constitucionalidad en Colombia, como el *habeas corpus*, la *no reformatio in pejus*, el debido proceso y diversidad de derecho que integran el ordenamiento colombiano, sin embargo, esta también está encaminada a cumplir unas determinadas funciones tal como lo señala la Ley 599 del 2000 (Código Penal) dentro de su artículo 4 en donde señala "la pena cumplirá las funciones de prevención general, retribución justa, prevención especial, reinserción social y protección al condenado" (Ley 599, 2000, art. 4). Funciones que como evidenciaremos al adentrarnos en este artículo no son cumplidas y dejan con serias problemáticas al Estado colombiano, principalmente enfocándonos en la función reinserción social.

III. LAS TEORÍAS DE LA PENA Y SUS FINES

Ahora, realizado un rápido recorrido por la evaluación desde el derecho de castigar hasta el derecho penal, es preciso analizar los fines y las funciones de la pena, ya que es fundamental entender hacia que está encaminada la pena y que es lo que protege o busca realizar, empezaremos con esta última desde las teorías que se han elaborado acerca de las penas, la primera que ya previamente nombramos tanto de Beccaria y Carrara los cuales se encontraban abocados, por tanto, como la prevención como la sanción por la conducta que es considerada como mal vista por la sociedad, pero esos no son los únicos exponentes de la escuela clásica, que logran abarcar esta problemática de manera íntegra, ya que también está el caso de Pellegrino Rossi, el cual no solo rescata lo que dijeron Beccaria y Carrara, sino que aboca por el concepto de la justicia retributiva la cual a su juicio se basa en restablecer aquello que fue perturbado dentro de la sociedad (Rossi, 1829); esto no solo agrega el fin de la reinserción, la prevención y la sanción; sino que extiende el concepto a la retribución de parte del sujeto a la sociedad por el daño que se ha ocasionado y que llevan una importante relación con las ideas liberales, esto será finalmente complementado por Giovanni Carmignani al señalar que, además de todo lo anterior, la pena cumplía con la función de asegurar la pacífica y sana convivencia humana (Carmignani, 1823).

Se evidencian que las funciones son de corte preventivo positivo, es decir, busca asegurar que no se cometan las conductas futuro desde un enfoque de trato humano, de lo justo y claro está desde la libertad, mientras que los fines a los que debe estar abocada la pena datan desde el nacimiento mismo del Estado y van de la mano con el modelo de Estado bajo las que este se guie, las finalidades siguiendo ese orden se pueden organizar y, en palabras de Orellana Wiarco, en teorías abolicionista y teorías justificionistas, estas últimas se encuentran a su vez fragmentada en la teoría de la retribución, la teoría de prevención general, la teoría de la prevención específica y la teoría funcionalista (Orellana, 2008), dentro de las teorías abolicionistas implican "*una impugnación de la legitimidad, tanto de la como de la pena como del sistema penal*" (Orellana, 2008, p. 7), en resumidas cuentas y como su nombre lo sugiere, lo que estas teorías han buscado en su mayoría es la formación un modelo anárquico en donde se le den prioridades a la sociedad sin un Estado, sin embargo, esta teoría encuentra su respaldo en las ideas marxistas en muchos casos y por eso mismo es inviable debido a que como sostiene Huerta de Soto "*al utilizar el polilogismo dentro de su teoría y en su error por tratar de corregirlo aplicar las desviaciones de la realidad, la teoría marxista carece de una verdadera honestidad científica*" (Huerta de Soto, 2011).

Pero no solo por eso, sino que sé lo que se debe hacer es acabar con todo aquello que atente contra el ser, más la pena de prisión debe perdurar hasta que la sociedad evolucione y remplace las penas por una menos lesiva que lleven tanto a la armonía social como al bienestar del delincuente (Orellana, 2008).

Por otro lado, encontraremos las teorías justificionistas, las cuales a diferencia de la anterior han buscado, justificar las penas a través de un orden de corte ético o jurídico, que según Orrellana se es asignado al Estado, pero aquí se debe hacer la salvedad de que estas también pueden llegársele a asignar al grupo social en específico, estas pueden ser absolutas y relativas; se denomina como absolutas aquellas que dentro de la pena solo la contemplan como un castigo dirigido a quien cometió el acto, mientras que, por otra parte, las relativas están enfocadas hacia la prevención de las conductas hacia un futuro, dichas prevenciones pueden ser positivas o negativas, lo cual se profundizará más adelante al hablar de Roxin y el funcionalismo.

La teoría de la retribución según Orellana "*se basa en un castigo que es aplicado por el Estado, este con el fin de salvaguardar el orden social*" (Orellana, 2008, p. 9), pero esta teoría al ser justificadora del modelo de Estado moderno, es decir, reconoce los preceptos del contrato social estipulado por Rousseau y el pensamiento filosófico de Kant, se empeña en la libertad, por ende, para esto hace la distinción entre los hombres que actúan de manera libre, es decir, aquellos que son capaces tanto de comprender sus actos como de asumir sus responsabilidades; como aquellos que no, esto es fundamental, ya que se recalcará que a aquellos que gozan de la autodeterminación y libre raciocinio se les aplicará la pena, mientras que a los segundos se les aplicara una medida de seguridad para evitar el peligro tanto a la comunidad como a ellos. Por ende, podemos evidenciar que esta teoría es de corte absoluto, ya que la pena es el fin en sí mismo, que está abocada hacia la justicia.

Posteriormente, encontraremos la teoría de la prevención general, esta se estipula en sí mismo como un modelo disuasorio de la realización de una conducta contemplada por el ordenamiento como delito, sin embargo, esta teoría es fuertemente criticada, ya que varios autores han sostenido que esa intimidación no ha funcionado y no ha permitido grandes cambios Orellana fundamenta que la crítica se enfoca en:

> 1) No resuelve la cuestión fundamental, es decir, no explica el fundamento por el cual el Estado puede usar el efecto preventivo general, 2) no especifica las conductas que merecen ser punidas, lo que puede conllevar a un uso arbitrario del ius puniendi, 3) Por lo general esto lleva al endurecimiento de penas, lo cual muchos modelos han demostrado no es factible, tal es el caso

> del modelo estadounidense; además de generar efectos secundarios graves para los reclusos, como el hacinamiento, afectando así su dignidad como ser humano, 4) por último se dice que la intimidación no tendrá un efecto sobre aquellos que están inclinados a violar la ley (Orellana, 2008, p. 12).

Otra de las teorías de la pena, es la prevención especial esta nace de la mano de las ideas de Franz Von Liszt, este estipuló que la función y justificación del *ius puniendi* que ejerce el Estado, se basa en que la pena es una necesidad para mantener el orden y la estabilidad, este, por ende, optara por un modelo de corte positivista, muy propio de la escuela científica italiana, por ende, según Orellana "*la pena no pretende retribuir un mal, sino que se aplica para prevenir otros delitos del propio autor*" (Orellana, 2008, p. 12). Esto puede ocurrir de tres maneras, según Roxin: "*a través de la resocialización, es decir a través de una corrección del delincuente por vía del trabajo y la educación, por medio de la intimidación y finalmente mediante una privación de la libertad*" (Roxin, 1976, p. 15).

Cabe resaltar que al fundamentarse esta teoría en ideales de la escuela positivista esta era de corte muy autoritario, que llevaba en muchos sentidos a la violación de derechos y garantías hacia los procesados y reclusos, problemáticas que fueron mermadas en gran medida por la aplicación de modelos más garantistas, sin embargo, sostiene Roxin (1976):

> La teoría de la prevención especial no es idónea para justificar el Derecho penal, porque no puede delimitar sus presupuestos y consecuencias, porque no explica la punibilidad de los delitos sin peligro de repetición y porque la idea de adaptación social forzosa mediante una pena no contiene en sí misma su legitimación (p. 15).

Por otro lado, está también, la teoría funcionalista, Roxin a través de esta trata de dar respuesta a las problemáticas surgidas de los modelos anteriores y plantea un análisis del poder punitivo del Estado para ello hace referencia a tres etapas que debe tener el derecho penal y que deben gozar de dichas características, dichas etapas son "*La creación de la norma penal, la individualización de la pena y la aplicación de la pena*" (Roxin, 1976, p. 17). Dentro de la primera etapa, en donde hace mención no solo del principio de legalidad, sino que a su vez incorpora la prevención general, ya que la pena se estipula como una conducta a la cual puede ser acreedor cualquier individuo. La segunda etapa, la denomina la individualización de la pena, para ello, Roxin propone que la pena deja de ser un fin en sí misma, sin quitarle su carácter coercitivo, pero lo que se debe perseguir es la resocialización del individuo (Roxin, 1976). Finalmente, encontramos la última etapa que se basa en la aplicación de la pena, ya que como previamente se dijo esta tendrá un fin reinserción, es aquí donde se hace la introducción de la prevención especial, una prevención especial que no recae en la arbitrariedad, ni el mero deseo del Estado, sino en una obligación que le es consagrada. Por ende, al hacer esto, Roxin enfatiza en el límite del poder del Estado y las garantías hacia los bienes jurídicos del Estado y las libertades individuales.

Ahora es necesario hablar del concepto de reinserción social o resocialización y es interesante iniciar por el concepto del Ministerio de Justicia chileno, uno de los países que siempre se ha mantenido a la vanguardia en estos temas dentro de la comunidad hispana, este define la reinserción social como la integración plena a la sociedad de una persona que ha infringido la ley (Ministerio de Justicia Chileno, 2015). También y en concordancia con el programa de prevención y readaptación se define como: "*(...) el proceso progresivo e interdisciplinario por el cual se estudia al sentenciado en lo individual se diagnóstica y elabora un programa sobre las medidas capaces de alejarlo de una eventual reincidencia, a través de distintas medidas*" (Roldan, 1999, p. 114).

Vemos en sí que las definiciones son similares entre sí y siempre van abocadas a lo mismo, que el sujeto pueda volver de una manera plena dentro de la sociedad, pero no solo ello, sino que el sujeto no vuelva a caer en conductas ilícitas y se vea las caras otra vez contra el aparato legal del Estado, una idea excelente para muchos y controversial para otros, pero antes de entrar a ese debate es necesario hacer el breve esbozo histórico que ha venido presentando esta singular situación. Desde las propuestas de las teorías de origen italiano, la reinserción social, como sostiene Baratta:

> estas nacen entre el tránsito de la escuela clásica a la positiva, cuando se empieza no solo a plantear la sanción de la conducta, sino la prevención del delito, esto a través del mejoramiento y desarrollo de las condiciones de una vida social, dando nacimiento a las teorías de defensa social (Baratta, 2004, pp. 24-26).

Por ende, se puede hablar desde ese momento de la finalidad doble tanto una medida negativa que es la privación de la libertad de locomoción, pero la necesidad del desarrollo y mejoría de los reos es por ello por lo que se retomara la idea de Beccaria en la cual sostenía que se debe "*guardar proporción entre las penas, aquellas que sean durables para los ánimos de los hombres, y la menos dolorosa sobre el cuerpo del reo*" (Beccaria, 1764, pp. 79-80). Posteriormente, y según palabras de Racca, "*se da un gran cambio con la entrada en la esfera del positivismo penal, ya que las Lombroso, Garófalo y Ferri, ya que sus métodos sirvieron de justificación para los modelos totalitarios del siglo XX*" (Racca, 2014, p. 9) y, aunque buscaba la prevención especial del delito, no cumplían con los requisitos dictados por Roxin, ya que consideraban al reo como un enfermo, pero abarcando mucho más sus análisis eran sumamente subjetivos y en muchos casos tachados de racistas e inhumanos.

En todo caso, esto último de alguna manera es lo que permite la continuación del estudio, ya que la concepción es cambiada de fondo y ahora Zysman dirá que: "*existen sujetos deficientes, que requieren ser curados o corregidos para conformarse como sujetos de derecho*" (Zysman, 2010, p. 10). Es así como el cambio, aunque en un principio duramente criticado, en un principio empezó a ser ampliamente aceptado en temas como esto. En palabras de Racca, se dice que estas conductas conllevan una involución y, por ende, deben ser corregidas (Racca, 2014). Sin embargo, Racca comete un error al afirmar que los actos ya no corresponden a la libertad, porque a menos que el sujeto sea inimputable, el sujeto siempre gozara de la libertad por solo hecho de ser persona; es así como tras finales de la primera mitad del siglo XX este modelo empieza a tener un gran auge.

Lo anterior evidenciado tras el nacimiento de las Naciones Unidas, en donde se empiezan a dictar directrices y convenios para que los Estados miembros en concordancias con la Declaración de los Derechos Humanos de 1948 y la Carta de las Naciones Unidas de 1946, tratarán a la población que se encontrara privada de la libertad, es así como nacen el Congreso para la prevención del crimen y el tratamiento de los delincuentes de 1955, las reglas mínimas de las Naciones Unidas para el tratamiento de los reclusos de 1977 o incluso las reglas de Beijing 1985, entre otros grandes acuerdos; estos principios han enfatizado en la búsqueda de una justicia restaurativa, encaminada a la protección de las garantías que emanan del debido proceso y las libertades básicas, así como también y en palabras de Fernández:

> se busca ampliar las oportunidades que puede tener el sujeto dentro de la sociedad una vez se cumpla con la condena, incentivar las relaciones sociales, dentro de la prisión ya que esto es un elemento fundamental dentro de la sociedad, la necesidad de la prontitud de la resocialización, su constancia y seguimientos (Fernández, 2014, p.6).

En la actualidad, cabe resaltar que son muy pocos los modelos a nivel mundial que le han dado un verdadero enfoque a la problemática de la resocialización, principalmente liderado por Europa, ya que el Consejo Europeo ha adoptado todas estas directrices y se ha empleado en combatir y trabajar en la mejora de esta situación. Sin embargo, no es la regla general dentro de los países industrializados, debido a que como se puede evidenciar el caso de los Estados Unidos que, aunque tiene contemplado dentro de su legislación, el modelo está enfatizado, sobre todo, en mero encierro y aislamiento de los reos y es aquí donde surge la problemática, ya que el modelo colombiano es una fiel copia del modelo penitenciario estadounidense.

El ordenamiento colombiano a raíz de la transformación que vivió el país a principios de la década de los 90, está enfocado hacia un Estado asistencialista, en el marco del modelo del Estado social de derecho; y, por ello, la Constitución Política de 1991 se ha enfocado en un modelo meramente garantista con mixturas de liberal; situación que no dejo excluido al derecho penal.

Por lo anterior, y partiendo del marco constitucional de las penas y la resocialización en específico; está conformado por el artículo 11 en donde se prohíbe la pena de muerte, en el artículo 12 en donde quedan prohibidas las penas crueles e inhumanas, el artículo 28 que habla de la imposibilidad de penas o medidas de seguridad imprescriptibles, el debido proceso consagrado en su artículo 29 y, finalmente, y quizá lo más importante la característica de la dignidad humana consagrada dentro del artículo 1 de la constitución (Constitución Política, 1991).

Posterior a la Constitución, el legislador se ha encargado de tocar este tema es así como en el año de 1993 se establece mediante la Ley 65, el cual es conocido como el Código Penitenciario y Carcelario dentro de este se establece que: "*la pena tiene una función protectora y preventiva, pero su fin fundamental es la resocialización*" (Ley 65, 1993, art. 9) a renglón seguido dentro del artículo 10 de estípula que:

> la resocialización es la finalidad del tratamiento penitenciario mediante el examen de la personalidad del reo, a través de la disciplina, el trabajo, el estudio, la formación espiritual, la cultura, el deporte y la recreación, bajo un espíritu humano y solidario" (Ley 65, 1993, art. 10).

También se encuentra la legislación penal vigente, en la Ley 599 del 2000 (Código Penal), los principios con los que debe cumplir la pena al igual que las funciones de esta, dentro de las cuales se incluye la resocialización; ambas previamente ya señaladas, pero no se puede olvidar que gracias al reciente fenómeno de la globalización y el creciente auge de la comunidad internacional que Colombia está sujeta dentro de su Bloque de Constitucionalidad a los convenios debidamente ratificados en concordancia con los artículos 93, 94 de la Constitución Política y la norma rectora de integración consagrada en el artículo 2 del Código Penal.

Asimismo, y teniendo en cuenta lo anterior, es necesario referir el Pacto de los Derechos Civiles y Políticos el cual dentro de su artículo 11 consagra que "*el régimen penitenciario consistirá en un tratamiento cuya finalidad esencial será la reforma y readaptación social de los penados*" (Pacto de los Derechos Civiles y Políticos, 1996, art. 11). Adicionalmente, hay que resaltar la Convención Americana sobre Derechos Humanos de 1969, la cual dentro de su contenido menciona que las penas deben tener como principal finalidad la reinserción social de los condenados, pero, adicionalmente, enfatiza también en que esta situación jamás podrá suspenderse ni por razón de una guerra, calamidad pública o alguna otra emergencia (Convención Americana sobre Derechos Humanos, 1969). Por lo que se puede evidenciar que el marco colombiano está compuesto por normas nacionales muy claras y precisas, tanto por fuertes convenciones de carácter internacional.

IV. EL CUMPLIMIENTO DE LOS FINES DE LA PENA Y LAS DECISIONES JUDICIALES

El sistema judicial colombiano, desde la jurisdicción constitucional, ha realizado un seguimiento sobre el cumplimiento de las condiciones mínimas de dignidad de las personas privadas de la libertad y en últimas el cumplimiento de los fines de la pena y una de las primeras acciones de estas que se registra y que plantea un fuerte precedente es la Tutela T-153 de 1998, en el trámite de esta acción que está compuesta por dos procesos en contra del Ministerio de Justicia y el INPEC, por parte de reclusos de la cárcel Bellavista en Medellín y la cárcel Modelo de Bogotá, dentro del primer proceso se solicita que se tomen medidas para frenar el hacinamiento en esta cárcel debido a que esto le ha afectado en todas sus labores, señala el acusado que están sometidos a condiciones infrahumanas en donde:

> a pesar de que por pasillo se estima que deben haber normalmente 80 internos, aclara este que sin que las instalaciones originalmente estuvieran adecuadas para ese número, sino para la mitad y que han sido ellos la que la han adaptado para poder aumentar el número, los pasillos cuentan con alrededor de 170 a 180 personas; lo cual ha generado en precarias condiciones de vida humana, ya que como sostiene es imposible si quiere el intentar descansar, el hacinamiento lleva a que los reclusos no puedan descansar en los cuartos debido a la alta temperatura presente en ellos, sin embargo, también sostiene que varios de sus compañeros deben dormir afuera en los pasillos lo que los expone a temperaturas heladas inclementes, eso sin contar que algunos de los presos debido al pequeño espacio deben dormir en los baños, lo que ha llevado a afectar tanto la dignidad de la persona como las condiciones de salubridad de los reclusos (T-153, 1998, pp. 5-11).

En el segundo proceso ocurrido en Bogotá, los accionantes demandaron:

> la vulneración de los derechos fundamentales a la salubridad, igualdad, privacidad e intimidad de los presos de los pabellones 3, 4 y 5; esto a raíz de que no fueron tenidos en cuenta las exigencias humanitarias, técnicas y legales a la hora de remodelar un determinado sector de la cárcel, y tratar de acomodar más personas de las previstas en un espacio reducido; y que esto les impide vivir en condiciones que poco o nada tienen que ver con la dignidad humana, pero no solo eso, sino que también se plantea hacer la misma labor para los pabellones 1 y 2 lo cual empeoraría la situación de hacinamiento del recinto carcelario (T-153, 1998, pp. 11-13).

Dentro de este último, también se enfatiza en una critica al poco impacto y manejo de esta obra, esto sustentado en que: la cárcel cuenta con terrenos en donde se pudo haber construido un nuevo bloque de celdas sin necesidad de afectar un sitio que a juicio de los accionantes es obsoleto y no requería de una fuerte inversión de ese tipo; pero no solo esto es lo que se manifiesta, sino que, adicionalmente, se recalca que el hecho de aumentar la capacidad carcelaria no resolverá el problema de hacinamiento que vive la prisión, esto a raíz de que la cárcel fue construida para albergar en ella una población aproxima de 1800 presos y para ese entonces la población carcelaria rondaba alrededor de los 4500 presos, por ende, para que una solución como la que postulaba tuviere un fuerte efecto, se debería al menos que cuadruplicar el terreno que cubre la cárcel o al menos el destinado para los reos, no solo esto, sino que según el accionante esto generó una afectación a la convivencia de los reclusos; ya que convergen dentro de las celdas, diferentes grupos como drogadictos, asesinos, racistas, por nombrar algunos ejemplos.

Con respecto a estas acusaciones, los pronunciamientos de los entes jurídicos versaron sobre los mismos temas en común. La falta de destinación presupuestal, la seguridad de recinto y finalmente la carencia de personal; dentro de la primera defensa se argumentó que, aunque si bien es cierto que estos recintos cuenta con una gran población que supera en la mayoría de los casos 4 veces su capacidad, la solución que propenden los reclusos dependen de que se destinen recursos tal como demanda la norma constitucional, seguidamente enfatizan en que las obras que se realizan en el recinto de la cárcel Modelo se hacen de esa forma para garantizar que los reos no se escapen o generen problemas de seguridad al personal de seguridad y, finalmente, terminan diciendo que hay muchos de ellos que deben es recibir en su mayoría la función resocializadora de la pena, pero que debido a carencias presupuestales, la poca disponibilidad de espacios, y las mismas condiciones del recinto que hacen imposible por el calor y la imposibilidad de una fácil movilidad, la entrada de personal capacitado para la resocialización de los reos.

Ante esta problemática la Corte enfatizó en la necesidad en ordenar las inspecciones de dichos establecimientos y estudiar desde una perspectiva histórica y analítica el fenómeno del hacinamiento carcelario en Colombia, encontrando que dentro de ese estudio se evidencia que los factores influyentes del hacinamiento son: "*Crecimiento demográfico, criminógeno, las crisis de diversos tipos que aquejaban al país, la poca inversión de los centros penitenciarios, la congestión judicial, pero principalmente el lento proceso de recuperación de cupos, por el tamaño de las penas, y la poca ampliación de los cupos*" (T-153, 1998, p. 50).

En la decisión llama la atención la Corte en la Ley 415 de 1997, la cual se había creado para la descongestión de establecimientos carcelarios y a juicio de la Corte la efectividad de esta se ha quedado en letra muerte, principalmente por como lo dijo el Ministerio de Justicia no hay el suficiente personal y jueces para atender a las problemáticas; sin embargo, el tema central de esa ley versa sobre la libertad condicional y la cual en su artículo primero dice que:

> tendrán derecho a la libertad condicional todos los reclusos que hayan sido condenados por penas superiores a 3 años y hayan cumplido al menos con tres quintas partes (3/5) de la penas, adicionando que durante su estadía en el recinto carcelario el recluso debe haber tenido una buena convivencia, esto con excepción de unos determinados delitos" (Ley 415, 1997, art. 1).

La falencia de esta ley radicó en que la libertad condicional estaba enfocada hacia delitos menores o no tan graves para la sociedad, por lo que se mantuvo a los delitos gravosos con penas exageradas.

Tras el análisis de la Corte, determinó en ese entonces que todo el marco constitucional, legal, jurisprudencial e inclusive los tratados internacionales que presentan un poder normativo vinculante para Colombia, no resultaron ser más que letra muerta, las condiciones registradas dentro de los recintos vulneran los derechos de los reclusos, los cuales la sentencia los recoge y determina que "*si bien es cierto que los reclusos por la comisión de los delitos pierden muchos derechos, esta facultad es limitada y siempre debe ir acorde con los principios constitucionales; principalmente la vida y la dignidad de la persona*" (T-153, 1998, p. 69). Pero no solo eso, ya que la Corte señala a renglón seguido que los internos se encuentran vinculados al estado por un vínculo de sujeción, es decir:

> que el Estado puede exigirle a los internos el sometimiento a un conjunto de condiciones que comportan precisamente la suspensión y restricción de

> distintos derechos fundamentales, condiciones sobre las cuales debe añadirse que deben ajustarse a las prescripciones del examen de proporcionalidad (T-153, 1998, p. 69).

Si hay un derecho a este le subsisten obligaciones, estás a cargo del Estado para con los presos, esto con el fin de que puedan ejercer los derechos fundamentales que no le han sido suspendidos y los que parcialmente tienen restringidos, esto a juicio de la corte implica "*el Estado debe ponerse en acción para garantizarle a los internos el pleno goce de otros derechos, tales como la dignidad, la salud, la alimentación, el trabajo, etc.*" (T-153, 1998, p. 70). En específico con la situación de hacinamiento de la cárcel Modelo de Bogotá, la Corte hace referencia al Código de Penitenciario y al Código de Procedimiento Penal, ya que estos dos establecen unos criterios adicionales para la separación de reclusos, tales como la edad, el género, la reincidencia o si es un sujeto activo calificado (servidor público o miembro de la fuerza pública).

La Corte también llama la atención a los centros carcelarios, al Gobierno nacional y demás partícipes del Estado por faltar al deber de la resocialización, ya que como sostiene nuestro ordenamiento establecen "*el fin fundamental de la pena es la resocialización de las personas condenadas y que este objetivo se alcanzará "mediante el examen de su personalidad y a través de la disciplina, el trabajo, el estudio, la formación espiritual, la cultura, el deporte y la recreación bajo un espíritu humano y solidario*" (Ley 65, 1993, art. 9-10). Es por ello por lo que la Corte hace una fuerte crítica hacia el manejo del tema de la reinserción; la Corte también recalca que la reinserción no implica la imposición de unos valores y normas, sino que busca es brindarle:

> la idea de resocialización se opone, ante todo, a penas y condiciones de cumplimiento que sean en esencia, por su duración o sus consecuencias, desocializadoras. El Estado debe brindar los medios y las condiciones para no acentuar la desocialización del penado y posibilitar sus opciones de socialización (...) La función de reeducación y reinserción social del condenado debe entenderse como obligación institucional de ofrecerle todos los medios razonables para el desarrollo de su personalidad, y como prohibición de entorpecer ese desarrollo. (C-261, 1996, p. 17-18).

Por esta razón, la Corte determina que el hacinamiento y sus efectos sobre los reclusos, conllevan una vulneración a las obligaciones del Estado con los presos, en concordancia con la legislación nacional, bloque de constitucionalidad y los tratados internacionales, vulneraciones que va más allá de la dignidad de la persona y su vida, si no que la corte sostiene que esta vulneración incluye sus derechos a la educación, el trabajo, la alimentación, la salud, la familia y la recreación (T-153, 1998). Esto se debe a que la infraestructura y modelo penitenciario del Estado no está respondiendo al auténtico problema y lo que es peor está faltando a sus deberes consagrados, a pesar de innumerables informes tanto de organismos locales como internacionales que han hecho resaltar esta problemática. Por todo lo anterior, la Corte llega a la conclusión de:

> el problema de las cárceles y de las condiciones de vida dentro de ellas no ocupa un lugar destacado dentro de la agenda política. A pesar de que desde hace décadas se conoce que la infraestructura carcelaria es inadecuada, que los derechos de los reclusos se vulneran, que los penales no cumplen con su función primordial de resocialización y que los centros carcelarios del país rebosan de sindicados no se observa una actitud diligente de los organismos políticos del Estado con miras a poner remedio a esta situación(..) La actitud de los gestores de las políticas públicas frente al problema de las cárceles obedece a la lógica del principio de las mayorías, que gobierna los regímenes democráticos. Los reclusos son personas marginadas por la sociedad. El mismo hecho de que sean confinados en establecimientos especiales, difícilmente accesibles, hace gráfica la condición de extrañamiento de los presos. En estas condiciones, los penados no constituyen un grupo de presión que pueda hacer oír su voz. Por eso, sus demandas y dolencias se pierden entre el conjunto de necesidades que agobian las sociedades subdesarrolladas, como la colombiana. (T-153, 1998, p. 76).

Para ello, la Corte recuerda que las mayorías jamás pueden pisotear los derechos de las minorías y que justamente estos derechos fundamentales constituyen un límite a las decisiones de los grupos mayoritarios, adicionando no solo que la Corte ha de propender por la defensa de estos atropellos constitucional, sino que determina la procedencia, en este caso, de las acciones de tutelas debido a que la actitud negligente de la administración ha conllevado en una severa afectación de sus derechos fundamentales; también es necesario recalcar que la Corte sostiene que:

> procede el estado de cosas inconstitucionales, una vez que se dé una afectación a los derechos fundamentales de una gran población, y debido a que quienes sufren esta problemática son varios reclusos, es procedente que esto siga en un solo proceso, para evitar la saturación de la justica (T-153, 1998, pp. 81-82).

Finalmente, la Corte determino para ese entonces ordenar al INPEC, al Ministerio de Justicia y Planeación Nacional a resolver las situaciones en específico de cada uno de los recintos carcelarios y no ir en contravía de los derechos fundamentales de los reclusos, revocando así los fallos de la Corte Suprema de Justicia y el Juzgado 50 municipal de Bogotá; adicionalmente, ordenó que se diera a conocer el Estado de cosas inconstitucionales sobre los recintos penitenciarios a los presidentes de las instituciones pertenecientes tanto a la Rama Legislativa y Judicial, así como al presidente de la república, los gobernadores, alcaldes, las asambleas departamentales y los concejos tanto distritales como municipales.

Tras el histórico fallo se esperaba que se centrara la lupa sobre el asunto y se tomaran las medidas necesarias, sin embargo, esto no fue así, dos años después se vuelve a presentar otra acción de tutela de nuevo por las condiciones infrahumanas de la Cárcel de Bellavista, específicamente la Sentencia T- 256 del año 2000, en donde el accionante demanda que:

> tiene que dormir en el suelo del baño o en los pasillos porque no ha tenido dinero para comprar un camarote. Lo anterior le ha ocasionado enfermedades infectocontagiosas que ha debido soportar sin la necesaria atención médica, pues la Cárcel no cuenta con un servicio eficiente. (T-256, 2000, p. 2).

La Corte hace referencia en recalcar lo ya pronunciado en la Sentencia T-153 de 1998, pero adiciona que "se debe brindar condiciones mínimas de higiene, salubridad y comodidad, de modo que el detenido, aun habiendo perdido el beneficio de la libertad, pueda cumplir la pena o, la detención preventiva, sin detrimento de su dignidad e integridad" (T-256, 2000, p. 3). Situación que había sido tocada de manera muy superficial por la Corte en pronunciamientos anteriores; la Corte lamenta que las cárceles hayan perdido su enfoque real y simplemente se hayan convertido en "depósitos de personas" y vuelve a hacer alusión en la necesidad de la resocialización y las condiciones que deben cumplir los recintos para cumplir con esta función de la pena.

Adicionalmente, la Corte recalca según los análisis que se habían solicitado para el año de 1998, que la gran mayoría de la población carcelaria era personas de muy escasos recursos y el hecho de que una persona tuviese que pagar por un camarote lo único que incentivaba era la corrupción de los funcionarios que resguardaban estos recintos, eso, por un lado, y, por otro lado, la falta del deber de actuar como de planificar del Estado debido al previo pronunciamiento que la Corte había hecho (T-256, 2000). Por ello, la Corte decide acobijar al recluso y volver a requerir al INPEC, Ministerio de Justicia y Planeación Nacional, para que se hagan obras pertinentes. Sin embargo, ante la reincidencia, corre traslado para estudio ante la Procuraduría General de la Nación y el defensor del pueblo, para que estos se hagan partícipes de la problemática.

A pesar de que la situación continuaría durante más de doce años, la jurisprudencia, la legislación y la administración dejaran el tema en unas pequeñas escaramuzas, y no será hasta la Sentencia T-388 de 2013, en donde sería la gota que rebasaría el vaso durante tanto periodo de silencio por parte de los órganos del Estado y demuestra sin lugar a duda la persistencia del Estado de cosas inconstitucionales dentro de los recintos penitenciarios, esta sentencia acumula dentro de sí nueve procesos escogidos por la sala séptima, ya que según el análisis de la corporación los procesos están encaminados hacia la defensa de "la dignidad humana, la vida en condiciones dignas, la integridad personal, la salud y la reintegración social de las personas privadas de la libertad" (T-388, 2013).

El primer expediente hace referencia a una acción de tutela interpuesta contra el INPEC de la ciudad de Cúcuta, debido a que según el accionante las condiciones de hacinamiento de la cárcel en la que se encuentra, atentan contra la salubridad, higiene y calidad del sistema sanitario; el juez de primera instancia fallo a favor de este, tras ordenar una inspección dentro del recinto penitenciario, ordenando así a la entidad que tomara los correctivos necesarios para lidiar con la problemática, sin embargo, el INPEC a pelo ante el juez de segunda instancia dándole este ultimo la razón al decir que no había lugar a la acción debido a que esta ya se había comprometido dentro de un tiempo razonable a lidiar con la problemática. El segundo proceso hace referencia a un amplio grupo de personas que interponen la acción en contra el INPEC y la cárcel Tramacúa de la ciudad de Valledupar, ya que estos alegan:

> se nos someten a malos tratos como la tortura, tratos inhumanos, actos degradantes, agresiones físicas, aislamiento injustificado y prolongado; a malas condiciones de infraestructura y de administración que conllevan restricción de servicios básicos como la salud, el agua y el saneamiento básico; a un pésimo servicio de salud; a mayores limitaciones a los derechos a la comunicación e información que a los que se someten los derechos de los internos de otros centros de reclusión; a una grave separación de la familia y de las demás personas, así como a un mal sistema de control interno de derechos humanos. (T-388, 2013, p. 16).

Dentro de la misma, los reclusos alegan que tanto ellos como la Defensoría del Pueblo han agotado muchos recursos para la solución del problema, pero las cosas no pareciesen tener un desenlace, en la defensa del centro penitenciario su directo argumento que con lo que cuentan no pueden dar cabida, pero que se han tomado las medidas de proporción.

Por otro lado, el tercer y cuarto expediente está dirigido contra la cárcel Modelo de la ciudad Bogotá y, de igual manera, a las demás autoridades penitenciarias; el primer proceso fundamenta su acción en que:

> el colapso del centro de reclusión por diversas causas, resaltando entre ellas el hacinamiento, el deterioro de las instalaciones y la ausencia de personal suficiente para la prestación de servicios básicos como la salud y la seguridad, le ha implicado estar en condiciones de reclusión que atentan gravemente su dignidad, su salud, su vida y demás garantías básicas conexas que el Estado (T-388, 2013, p. 17).

Ante ello solicita que se le excarcele y se mejoren las calidades de las instalaciones penitenciarias, esto basándose en que no es humano tenerlo recluido en esas condiciones, ambas instancias fallaron a su favor, exceptuando por la excarcelación y piden a la procuraduría que siga de cerca y vigile los actos que han de realizar las autoridades penitenciarias para mejorar la calidad del recinto.

En lo que respecta al cuarto expediente, tiene muchas similitudes en lo que respecta a la infraestructura del recinto, pero incluye también una alegación por el estado de salud del accionante el cual sostiene que "*una grave situación de salud que no ha sido atendida y que le impide la movilidad de sus brazos.*" (T-388, 2013, p. 17). Tanto en primera como en segunda instancia su petición fue negada, ya que a consideración de los jueces esto no representaba un grave deterioro a la salud, adicionando que el tema de hacinamiento ya había sido tocado en la T-153 de 1998 y que el Estado estaba tomando las medidas necesarias para lidiar con la problemática.

El quinto expediente se emitió en contra de la cárcel de Bellavista en Antioquia hasta diversas entidades de orden nacional, inclusive la misma Presidencia de la República, el accionante sostiene que "*debe dormir en un baño, al lado de la basura, donde hay malos olores y condiciones higiénicas inadecuadas, es por ello que solicita el amparo a la dignidad humana y todo lo conexo a ello*" (T-388, 2013, p.18). La decisión fue resuelta en única instancia, debido a que no hubo impugnación. Dentro del fallo, se les ordenó a las entidades formular un plan viable para tratar la problemática que debería ser presentado en un mes y aplicado a totalidad máximo dentro de dos años. Por otro lado, sexto, séptimo y octavo expediente están dirigidos a la cárcel San Isidro de la ciudad de Popayán y las autoridades penitenciarias afiliadas a esta, la demanda se sustenta en un problema estructural del recinto y es rechazada por considerar que no es de la competencia de los jueces de revisión de tutelas.

Los tres expedientes se encuentran fundamentados en violación "*del derecho al mínimo vital, el núcleo familiar, el principio de favorabilidad, la presunción de inocencia y la libertad individual*" (T-388, 2013, p. 19). Sostiene que esto se da a un hacinamiento que supera la capacidad del recinto en un (50%) a juicio del juzgado, el accionante fue muy genérico en sus peticiones, además de que lo considero más una alegación hacia los órganos administrativos y no de competencia ante la autoridad judicial. El noveno y último expediente está dirigido contra el centro carcelario de Barrancabermeja y es presentado por el defensor del pueblo adscrito a esa región. Este considera que:

> las condiciones del Establecimiento de reclusión son sistemáticamente violatorias de la dignidad humana y en general de los derechos fundamentales de los internos (la vida, la dignidad humana, la privacidad, la salud, la integridad

> personal, la intimidad, la igualdad, al libre desarrollo de la personalidad, a un ambiente sano, al deporte y a la recreación), en gran medida, debido a la situación de hacinamiento (T-388, 2013, p. 19).

El accionante solicita que se adopten prontamente, las medidas necesarias para mitigar la problemática, después de una infinidad de obstáculos burocráticos y procesales, fue recibida por el juez de primera instancia el cual al fallar efectivamente determinó que el estado del recinto penitenciario no era el más óptimo y acorde con los fines del Estado, sin embargo, resalto que la solicitud de estas medidas y recursos para combatir la problemática no pueden ser solicitados por este mecanismo y mucho menos declarados por un juez de tutela. Es importante recalcar que varios de los accionantes sostuvieron el hecho de que si el Estado no podía mantenerlos en condiciones dignas en concordancia con la Constitución y los tratados internacionales el Estado no tendría ni siquiera la legitimidad de poder procesar a los reclusos penalmente (T-388, 2013, p. 20).

Efectivamente, la Corte encuentra que existe dentro de estos casos una violación al Estado de constitucionalidad, pero también advierte que constituye un gran problema que anteriormente ya se haya pronunciado sobre la problemática y está todavía persista en el ámbito nacional; lo que lleva a juicio de la Corte a analizar la problemática desde una esfera diferente a la 1998, ya que a juicio de esta las circunstancias han cambiado y, por ende, no se puede tratar el problema con precedentes que ya no encajan, ya que según el análisis de la corte "las medidas adoptadas después del fallo de 1998, permitieron a acabar aunque no en totalidad, si en gran medida con el gravísimo estado de los establecimientos penitenciarios" (T-388, 2013, p. 45). Sin embargo, si bien es cierto la problemática fue abordada también es cierto que según el análisis solicitado por la Corte, la población carcelaria nunca dejo de disminuir, llevándola en muchos periodos a tener una cifra de sobrepoblación carcelaria de las más altas de Latinoamérica, es por ello por lo que la Corte considera que no se puede analizar desde la T-153/98, principalmente porque aunque se atendieron muchas de esas problemáticas, el problema *perse* subsiste, por ende, se deben evaluar mucho más elementos.

Algo a resaltar de lo anterior, es que según los estudios solicitado por la Corte, las medidas, aunque tenían su efecto en la disminución, siempre se denota como un factor transitorio, ya que al cabo de dos o tres años, la población carcelaria aumentaba de una manera sumamente veloz, esto se debe en gran medida y a juicio de la corporación a los cambios que se vivieron a principio de siglo en dos temas, a la política criminal del Estado y la redacción del nuevo Código Penal y catálogo de conductas que serían penalizadas (T-388, 2013). Sin embargo, antes de empezar su análisis diferenciado si recalco que si es procedente que por medio de la tutela se amparen los derechos anteriormente demandado, ya que en concordancia con el Decreto 259 de 1991 "*Es importante que el Juez de tutela sea sensible a los derechos fundamentales de quienes invocan su protección, en especial cuando de ellos depende el cumplimiento de las órdenes que deban asegurar el goce efectivo de los derechos*" (Decreto 2591,1991, art. 1-3).

Ante la situación anteriormente descrita, la Corte requirió una vez más a diversos organismos para poder pronunciarse de fondo acerca de la nueva versión de la problemática, incluyendo dentro de estas a instituciones públicas, privadas, la ciudadanía e inclusive los mismos reclusos. Tras el abrumador número de datos analizados por la Corte, en donde se denota que para la fecha el problema de Colombia inclusive se veía de manera regional con grandes cifras de hacinamiento en todo el continente americano, la corte evidencia que el del hacinamiento no es el único problema dentro del ordenamiento colombiano, ya que como lo sostiene la corte "la crisis carcelaria tanto su mantenimiento, como su gravamen, no se deben a la desatención estatal, sino en la ineficacia de las medidas adoptadas para afrontar el problema" (T-388, 2013, p. 109). Esto se da a juicio de la Corte porque, tanto la política criminal como las leyes emitidas por el legislador han recurrido a sancionar todas las conductas en la medida de lo posible como delitos. Pero la corte no fue la única en manifestar dicha postura, ya que como sostuvo Ariza (2011):

> El hacinamiento domina la imaginación de los tribunales. Desde el punto de vista judicial se cree que se desaparición implicará el funcionamiento óptimo del aparato penitenciario, o por los menos un paso muy importante en esta dirección. (...) La respuesta de los tribunales a las demandas relacionadas con los derechos de las personas presas se ha concentrado, salvo contadas excepciones, en el fortalecimiento institucional y en el control consecuente de los males producidos por la sobrepoblación penitenciaria (..)El hacinamiento ha dejado sin espacio a otras formas de aproximación al problema (p. 21).

Adicionalmente, la Corte también enfatiza dentro de la protección especial que garantiza el Estado a los reclusos dentro de la constitución y la ley, que no se tienen en cuenta muchas veces a las poblaciones y minoritarias y marginadas de la prisión; ya que estos recintos en un principio son creados sobre las necesidades del grueso poblacional, en su mayoría hombres de carácter heterosexual, la corte considera que se debe pensar y proteger de manera especial a "*las mujeres, los niñas y niños que tienen que nacer en estos ambientes, los extranjeros, indígenas, afros descendientes y aquellas que tengan una orientación sexual diversa*" (T-388, 2013, pp. 112-113). Esto no es solo fundamentado en los principios constitucionales como la autonomía de los pueblos indígenas, la igualdad de la mujer, el libre desarrollo de la personalidad, entre otros, sino por el alto grado conservador de la sociedad colombiana.

Otra de las problemáticas que son consideradas por la corte es acerca de la detención preventiva, ya que este es un serio obstáculo a la libertad de las personas, debido a que, como sostiene Ariza (2011):

> Existe un relativo consenso en que uno de los principales factores que inciden en la sobrepoblación penitenciaria, y en todos sus males, es el abuso en la utilización de la detención preventiva. Cerca de la mitad de las personas que se encuentran detenidas en las prisiones latinoamericanas están a la espera de juicio y, por ello, siguen siendo jurídicamente inocentes. En el caso colombiano, por ejemplo, 12.729 personas presas, es decir, el 53 % de la población sindicada ha pasado más de seis meses aguardando la sentencia judicial que decida su responsabilidad penal. (p. 88).

Adicionando a lo anterior, que la detención preventiva es una clara violación al principio liberal de la presunción de la inocencia, también cabe mencionar que lo congestionado y demorado que es el aparato judicial colombiano, estas personas son sometidas a un amplio margen de tiempo dentro de los recintos penitenciarios.

La Corte también se apoya en lo estipulado por él para la fecha recién creada comisión asesora de política criminal, ya que este determina que "*carecemos de una política criminal consistente y de largo plazo, fundada empíricamente y enmarcada constitucionalmente*" (Comisión Asesora de Política Criminal, 2012). Los puntos que esta misma enmarco como la problemática de la situación actual de hacinamiento son: 1) la reactividad, es decir decisiones tomadas bajo argumentos sin fundamentos sólidos; 2) el populismo punitivo o el endurecimiento de las penas, cada vez que se comete un ilícito; 3) poca reflexión de las necesidades del contexto nacional; 4) una política criminal que está bajo el mando de las políticas de seguridad pública; 5) debilidad de las instituciones del Estado (Comisión Asesora de Política Criminal, 2012), estos problemas han llevado y a pesar de que se tomen las medidas de ampliación de centros carcelarios, su mejora y adecuación, a carecer de efectividad.

La comisión asesora también detecta que hay falencias en el proceso penal, principalmente porque a pesar de las mejoras de equipo y tecnología estas no van acordes con las necesidades de recolección de evidencias (Comisión Asesora de Política Criminal, 2012); la última de las críticas que hace la comisión es que hemos reciclado una y otra vez el modelo penitenciario, llevando a problemas como el hacinamiento y la afectación de los derechos de los reclusos, por ende, para esta es necesario:

> la aplicación de la medida resocializadora, asumiendo como simple medio de redención de la sanción, para acortar la larga duración de las penas privativas de la libertad, y como forma de ocupar el tiempo libre de los reclusos, así como prepararlos para su eventual regreso a la sociedad, a través del trabajo, la educación y la cultura. (Comisión Asesora de Política Criminal, 2012).

Es por todo lo anterior y los argumentos que brindó la comisión de asesoría, que la Corte considera oportuno y pertinente la declaración de emergencia de los centros penitenciarios en Colombia, enfocándose así en el nuevo estado de cosas inconstitucionales que renació en las prisiones, la Corte basándose en todos los datos y evidencias no dudo en ningún momento de la declaratoria de dicho estado, y lo fundamenta en:

> Los derechos constitucionales de las personas privadas de la libertad son violados de manera masiva y generalizada; las obligaciones de respeto, protección y garantía, derivadas de tales derechos, han sido incumplidas de forma prolongada; el Sistema ha institucionalizado prácticas claramente inconstitucionales, dentro de su funcionamiento cotidiano; hay una ausencia notoria de medidas legislativas, administrativas y presupuestales que se requieren con urgencia; la solución de los problemas estructurales compromete la intervención de varias entidades, que deben realizar acciones complejas y coordinadas" (T-388, 2013, p. 146).

La Corte enfatiza que jamás el Estado puede llegar la violación de los derechos fundamentales de cada persona, que este mismo debe a tenerse al respeto, cuidado y garantía de estos. Adicionalmente, habla de que Colombia como un Estado social de derecho, debe velar que todos aquellos derechos y garantías que aún tengan los presos de manera absoluta o limitada, no pueden ser tocados, el amplio catálogo que esto implica, adicionalmente, también recalca la importancia del derecho de volver a una sociedad en libertad y democracia ante esto profundiza y dice:

> El sentido último de un sistema penitenciario y carcelario es lograr la resocialización y reintegración de las personas que fueron privadas de la libertad. Al lado de la función retributiva de la pena, la resocialización ha de ser el principal objetivo de la reclusión, junto con la disuasión, la principal garantía de no repetición. Se pretende que la reclusión y la penitencia transformen a la persona que ha atentado gravemente la convivencia en sociedad, para que pueda regresar a vivir sin romper las mínimas reglas de armonía. (T-388, 2013, p. 205).

Pero la sentencia no solo se queda en una mera descripción y definición como su predecesora, sino que aborda de una manera mucho más amplia y detallada la problemática al delinear de manera clara cómo se debe incentivar esta función de la pena.

El primer detalle que entra a tocar es el de trabajo y los oficios dentro de la prisión una situación que para muchos no es ni nueva ni ajena para el contexto colombiano, pero hay que hacer una distinción para que este tenga validez, nos referimos al trabajo libre y al no libre, este último es sobre el que versara el proceso resocializador, ya que este en palabras se entiende un mecanismo de formación y disciplina que, entre otras, simboliza el salario que recibe un trabajador libre (Posada, 2009). Sin embargo, se debe recordar que la misma Corte Constitucional ha sostenido que esta misma definición no se puede aplicar a cabalidad debido a que como esta sostiene "se ha considerado que no se puede discriminar entre personas privadas de la libertad, con relación a la remuneración, sin tener un criterio objetivo y razonable en qué fundar el trato distinto" (C-1326, 2005, p. 26). Para ello, la Corte sostiene que, aunque hay obstáculos, el derecho en sí mismo no puede desaparecer.

Adicionalmente, recalca el factor de la educación como un pilar fundamental para la reinserción de los reclusos, ya que, como lo sostuvo Beccaria (1764) "*la mejor forma de prevenir el delito es a través de la educación*" (p. 92). La Corte aquí enfatiza que esta es la principal de lucha que tiene una sociedad para corregir a aquellos que van en contra de ella. Sin embargo, y tras los incidentes evidenciados en el análisis la corte se manifiesta diciendo que "*no se deben imponer obstáculos irrazonables y desproporcionados a las personas, para acceder a los servicios de educación, en especial, cuando tenían confianza legítima de que así podrían emplearlos*". (Sentencia T-388, 2013, p. 211).

Posteriormente, la Corte hace énfasis en los vínculos con la familia y las personas allegadas a los reclusos, ya que no solo sostiene este como un derecho fundamental, debidamente consagrada en la Constitución, sino que lo resalta el papel determinante que tienen estos dentro del proceso de reinserción social. Ya que al ser esta la institución básica de la sociedad, el hecho de que el modelo resocializador los incluya, permite que "*se constituyan un gran bastión de acompañamiento, solidaridad y afectividad*" (T-388, 2013, p. 212). Pero las cosas también van más allá e incluyen a las niñas y niños, ya que la corporación a renglón seguido sostiene que:

> Los derechos de los niños y las niñas a estar cerca de sus padres, cuando éstos se encuentran en prisión, está por encima de los derechos de los demás. Esto implica, por ejemplo, que es 'manifiestamente irrazonable' limitar significativamente las visitas de los menores de edad en una institución de máxima seguridad, en especial cuando hay disponibilidad de recursos materiales, los espacios e instalaciones suficientes. (T-1030, 2000, p. 37).

Adicionalmente, se resalta que la familia tendrá derecho a la protección de su intimidad, a su buen nombre y a la honra. Esto en buena parte es rescatado de los ordenamientos europeos, principalmente el ordenamiento español, el cual le da una gran importancia a la institución de la familia. También, la Corte señala el factor de la recreación, la cual, a juicio de la Corte, queda muy rezagado debido al estado de los planteles penitenciarios y la poca aplicación de los factores del trabajo y la educación; sin embargo, esta última es optimista y manifiesta que:

> es razonable constitucionalmente priorizar; de hecho, es un deber. El Estado no puede dar prioridad, sobre derechos cuya protección es urgente, a derechos de menor importancia o que no demandan una protección inmediata. Pero el priorizar no puede implicar excluir. Que la recreación no deba estar en el primer lugar de las prioridades de la política penitenciaria y carcelaria es razonable, pero en modo alguno quiere ello decir que deba estar en el último lugar, o que, sencillamente, se excluya (T-388, 2013, p. 214).

Por último, la Corte hace énfasis en que los reclusos tienen acceso tanto a la administración de justicia, esto en específico haciendo hincapié en que los reclusos pueden gozar de esta herramienta con el fin de proteger sus derechos en contra de cualquier amenaza o violación; esto bien sea a través de un derecho de petición o el acceso a la justicia como es el caso del uso de la acción de tutela.

Por ende, una vez expuesto todo lo anterior la Corte basó su decisión en: i) la política criminal y carcelaria siempre debe estar encaminada al goce pleno y efectivo de los derechos, sin desconocimiento de ningún precepto constitucional, y siempre a través de un trato respetuoso y digno; ii) el Estado tiene la obligación de implementar una política pública que garantice ese goce efectivo, la cual ha de ser de carácter sostenible, ya que como lo sostuvo la corporación al recalcar la necesidad no solo de destinar un rubro para tratar la problemática, sino que dicho gasto pueda ser mitigado; iii) la redirección de las políticas carcelarias hacia el marco constitucional, a través de la solución de sus problemas estructural, esto la adaptación y previsión de los establecimientos penitenciarios; pero no solo incluye eso, sino que también se debe tener en cuenta que este no es el único problema, está el hacinamiento, la falta de aplicación de reinserción, las condiciones, de salud, entre otros. Si bien es cierto la corporación enfatiza que muchas veces este problema se degenera del mismo hacinamiento se debe entender que se debe dar una solución a todos estos programas de maneras que "*respondan a un Estado Social y principalmente que dejen al Derecho Penal como última ratio*" (T-388, 2013, p. 251).

Seguidamente, la Corte, también sostiene que como muy bien lo denoto el análisis realizado que la pena debe cumplir con su función de prevención específica, que esta debe ser respetuosa de la dignidad de la persona, pero quizá lo más fundamental a resaltar dentro de todo esto es la necesidad de la aplicación estricta y reforzada del principio de libertad por encima de las medidas de aseguramiento las cuales pasan a un terreno excepcional, ya que como sostiene la Corte:

> Privar antes de la condena a una persona, es una drástica decisión que afecta directamente derechos como la libertad o la presunción de inocencia. Por eso, la decisión de hacerlo no es discrecional, debe ser tomada en derecho, teniendo en cuenta el orden jurídico vigente y los hechos del caso. (T-388, 2013, p. 254).

Es bajo esos preceptos que la Corte falla a favor de todos los accionantes, garantizándole el cumplimiento de sus derechos inherentes y la protección de su dignidad como persona. También, vuelve a requerir a los organismos administrativos para que hagan cumplir y ejecuten las medidas pertinentes no solo para el restablecimiento de los derechos de estos accionantes, sino para que los recintos penitenciarios cumplan con la función no solo restaurativa, sino también resocializadora de los reclusos.

Ante tan formidable despliegue de precedentes jurídicos uno pensaría que se tomarían cartas en el asunto, cartas que realmente tuviesen un alto grado de efectividad, pero la situación fue muy diferente, ya dos años después de la T-388 la corte vuelve a analizar una situación sin precedentes en la jurisprudencia, hablamos de cerca de 18 expedientes en conjunto dentro de una misma sentencia, por eso mismo nos centraremos en el resumen de los hechos en común, para, posteriormente, analizar que trae de innovadora la sentencia con diferencia a su predecesora. Es así como sale a la luz de lo jurídico la Sentencia T-762 del año 2015, y los hechos en común sobre los cuales versan los alegatos de los accionantes son:

> 1) el hacinamiento, 2) las condiciones infrahumanas por culpa de la deficiente estructura, 3) la falta servicios asistenciales de salud, 4) la imposibilidad de realizar las actividades tendientes al fin de la resocialización, 5) la falta de intimidad en las visitas conyugales y 6) la reclusión conjunta e indistinta de las personas sujetas a medidas de aseguramiento privativas de la libertad (T-762, 2015, p. 63).

Todo esto con los fines de solicitar a los jueces que en casos como estos se profirieran medidas como:

> 1) la abstención de permitir el ingreso de reclusos cuando los centros penitenciarios excedan su capacidad, 2) El traslado de internos a otros recintos, 3) Realizar mejoras a los centros penitenciarios que permitan alcanzar una calidad de vida digna para los reclusos y 4) Mejorar la prestación de los servicios

> básicos tales como agua potable, alimentación, salud y servicios sanitarios. (T-762, 2015, p. 63).

Una situación que, como evidenciamos previamente, se ha convertido en sistemático, monótono y repetitivo; tanto así que la corporación se remite al mismo procedimiento que es la solicitud de la información previo al análisis. Sin embargo, cabe resaltar que lo solicitado en ese entonces por los accionantes constituye medidas de carácter transitorio o en algunos casos ni siquiera constituya mitigación alguna a los daños, principalmente porque las propuestas no tienen en cuenta el enfoque general del panorama colombiano y, por otro lado, la Corte ya sostuvo que estas medidas de ampliación de centros e inyección de capital, sino van de la mano de una política criminal que lleve al derecho penal como última ratio, deje al lado el populismo social, y propenda por idas de corte liberal, democrático y resocializador, estará abocado a ser infectiva.

Cabe resaltar que en mucho la sentencia se basara en su precedente, la diferencia sumamente radical se enfatiza en que la Corte esta vez dictará a su criterio cuáles creen que pueden ser esas soluciones a la ya repetitiva problemática, sin embargo, hay que resaltar también los puntos novedosos que trae en complemento la Corte a la tesis de 2013. Cabe resaltar que en lo que respecta a ese nuevo estado de cosas inconstitucionales, la Corte lo atribuye a "*la continua y generalizada violación y desconocimiento de los derechos fundamental, así como la falta de aplicación de medidas de índole administrativas, legislativas y presupuestales y las que se han aplicado carecen de efectividad*" (T-762, 2015, p. 81).

Como primer enfoque diferenciar se ha de resaltar el análisis del contexto en específico que debe tomar la política criminal, en específico de que esta es poca reflexiva acerca del contexto nacional al cual se va a aplicar, ya que, por lo general, las políticas nacionales no son más que unos pobres intentos de injertos jurídicos de sistemas que en la gran mayoría de los casos ya han caído en desuso:

> se explica cómo el no tener en cuenta diversos factores, hace que la política criminal se torne inequitativa en la distribución de costos y beneficios, y a su vez, se ensañe con determinadas clases sociales, generalmente afectadas por la desigualdad e inequidad social y económica. En especial se resalta que factores tales como la diversidad regional y social, el grado de presencia estatal en las distintas zonas del país, la complejidad de algunos fenómenos criminales focalizados (narcotráfico, corrupción, conflicto armado, entre otros), la inequidad y el grado de pobreza no son tenidos en cuenta en la actualidad para diseñar la política criminal. (T-762, 2015, p. 89).

Es aquí donde la Corte no hace el descubrimiento novedoso, sino que retrae y hace un llamado a la realidad en la que vivimos, ya que la misma idea aquí de un estado tan centralizado y sin tanta autonomía a sus entes territoriales en estos temas conlleva un cálculo objetivo imposible, ya que la información que recibe el centro debe ser oportuna, lo cual no solo es imposible con nuestra tecnología actual, sino que en caso de tener la tecnología requiere del elemento humano subjetivo. La Corte, adicionalmente, hace un notorio énfasis en la etapa de implementación y ejecución tanto de las penas, como de las medidas de aseguramiento, ya que como dice la corte:

> En la etapa de ejecución de penas y medidas de aseguramiento es en la que se muestran los síntomas de todas las dificultades, previamente reseñadas, que emergen de la política criminal actual (...) entre dichos síntomas se encuentran afectaciones relacionadas con las condiciones de reclusión a las que, sindicados y condenados, son sometidos: el hacinamiento y las otras causas de violación masiva de derechos, la reclusión conjunta entre condenados y sindicados, las fallas en la prestación de los servicios de salud en el sector penitenciario y carcelario, la precariedad de la alimentación suministrada y las condiciones inhumanas de salubridad e higiene de los establecimientos de reclusión, entre otras. (T-762, 2015, p. 95).

La novedad más relevante empieza en el análisis del contexto en específico, a diferencia de su predecesora esta se enfatiza en la subcategoría de la desproporción tanto de las penas como de la salida y entrada de reclusos, para la Corte esto requiere de especial manejo y atención, ya que como sostuvo la corporación este es de los elementos que han degenerado en el hacinamiento. Para la Corte resulta prudente hacer un énfasis en las medidas a corto plazo que, si bien es cierto, la corporación ordenó requerir a los diversos organismos del Estado y llevarlos a tomar las medidas correspondientes, la situación no cambió demasiado (T-762, 2015). Tal es el caso de la falta de construcción y adaptación de los cupos carcelarios, situación que debía solucionarse para garantizar los mínimos inviolables a la población reclusa; por otro lado, también la problemática de la poca asignación de recursos para tratar la problemática, ya que se sostiene que:

> En efecto, a partir de los distintos métodos de presentación de informes, los intervinientes señalaron que desde la sentencia T-153 de 1998 el esfuerzo presupuestal del país en materia de prisiones, se ha centrado únicamente en la creación y adecuación de plazas. Ello ha implicado la falta de recursos para abordar otros ámbitos de la vida carcelaria como son el cuidado de la salud, las condiciones de higiene y salubridad, la entrega de elementos básicos (como kits de aseo), la implementación y mejoramiento de los programas de estudio o trabajo (que son claves para lograr el fin resocializador de la pena), el aumento de personal de guardia para evitar situaciones de ingober-

nabilidad o violencia, y la atención con enfoque diferencial cuando se trata de población sujeta a protección especial (indígenas, personas LGTBI o en situación de discapacidad), entre otros. (T-762, 2015, p. 116).

Recalca la necesidad de las condiciones de salubridad, el acceso a la salud y la reclusión sin distinción dentro de esta última manifiesta su más notoria preocupación, ya que manifiesta que esto ha llevado a violentar en muchos casos no solo los principios sociales y liberales que debe proteger y garantizar las instituciones del Estado, sino que además "esto genera dificultades a la hora de hablar de un tratamiento diferenciado hacia dos poblaciones carcelarias totalmente diferentes" (T-762,2015, p. 119). Ya que estas prácticas pueden llevar a ambientes en donde no solo no se les pueda garantizar un debido cuidado y manejo acorde a los fines y funciones de las penas consagradas en nuestro Código Penal, sino que, adicionalmente se está llevando a una población que no debería ser privada de la libertad por medidas de aseguramiento a convivir en ambientes que le insisten al crimen.

Ante la reincidencia de las problemáticas, la Corte decidió ir mucho más allá, fue así como destacó el liderazgo de la Defensoría del Pueblo y el control que recientemente demostraba la Procuraduría. Pero esta vez no solo se remitió a notificar sobre el Estado de cosas inconstitucionales, sino que al vincular a los organismos administrativos esta solicita que se acaten para el desarrollo de un modelo que realmente dé prioridad a los derechos fundamentales de los reclusos, los principios de la política criminal, la sujeción del Estado. Todo lo anterior, lo estipula a través de las condiciones que se debían seguir desde ese momento en adelante para el Estado de cosas inconstitucionales, dichas condiciones son:

La conformación de un Comité Interdisciplinario para la Estructuración de las Normas Técnicas sobre a la Privación de la Libertad, la consolidación de una línea base, estructurar una base de datos y un Sistema de Información fuerte que recoja la información relevante a toda la política criminal, incorporación de la información , identificar el nivel de aporte de cada una de las instituciones concernidas, identificación del umbral de cumplimiento para su superación, identificación de los problemas a abordar y la determinación de los resultados que se esperan para cada uno de ellos." (T-762, 2015 p. 139).

La primera condición encaminada a la identificación, desarrollo y aplicación de parámetros técnicos, que permitan a los reclusos condiciones dignas de su condición humana, para ello la Corte precisa:

Tal labor habrá de efectuarse con un enfoque diferencial frente a quienes puedan resultar vulnerables en condiciones de reclusión estándar. Entre ellas es preciso rescatar a las personas de la tercera edad, a las mujeres, la población LGTBI, los miembros de comunidades étnicas, las personas que profesan

> religiones minoritarias, las personas que padecen enfermedades crónicas o terminales, los extranjeros y las personas en condición de discapacidad; además deben establecerse condiciones mínimas de permanencia en el penal para niños que temporalmente se encuentren en él, al cuidado de sus madres o padres. (T-762, 2015, p. 140).

Todo lo anterior, con la finalidad que dentro de este proceso converjan diversas entidades que dejen consolidado sobre diversas temáticas como la salud, la educación, el trabajo, la recreación, la cohabitación de los presos, las normas técnicas a manejar, convirtiéndose estas en normas de obligatorio cumplimiento.

Con respecto a la línea base la Corte destaca que esta corresponderá a una evaluación de la situación carcelaria del país que deberá ir de la mano tanto en nacimiento como en el desarrollo de las normas técnicas de las que anteriormente se habló, esto con fin dar indicadores objetivos, que permitan formular las mejores respuestas y medias a tomar (T-762, 2015). Mientras que la tercera condición está encaminada a la integración de la información, para evitar que cada vez que se lleguen estos casos o se manejen casos de índoles similares ante diversas entidades, el análisis de las situaciones una por una a través de las comisiones de inspección. Teniendo como propósito:

> la consolidación de una base de datos que consigne y permita manejar la información necesaria para poder desplegar las funciones de ejecución, evaluación y reformulación, de cada una de las entidades intervinientes. Lo anterior en la medida en que la gestión articulada de la política criminal depende del flujo constante de información certera y actualizada sobre las condiciones en que se encuentra el sistema en cada una de las etapas de la política criminal. (T-762, 2015, p. 142).

La cuarta condición hace referencia a la incorporación de la información y los criterios que esta debe cumplir, para la corte es fundamental que sean los directores de los establecimientos lo que hagan el registro de estas informaciones las cuales deben ir desde el ingreso del recluso, su estadía en el centro penitenciario y su control y seguimiento en el mundo una vez reinsertado; todo esto en concordancia con los preceptos internacionales debidamente ratificados por Colombia, lo que hay que resaltar aquí sobre todo es el último tiempo de solicitud de la información, ya que la Corte es consciente en la necesidad del Estado de salvaguardar y garantizar una plena reinserción y para ello estipula:

> durante un lapso de dos años se hará un proceso de acompañamiento y seguimiento, mensual durante el primero y trimestral durante el segundo, estableciendo el término que tarda la persona recién liberada en conseguir una fuente de generación de ingresos, para reestructurar su proyecto de vida. De-

> berá identificarse la reincidencia, y efectuarse un análisis sobre las causas de la misma, para retroalimentar el Sistema. (T-762, 2015, p.144).

Esto enfatizando en la labor de control de daños por parte de las instituciones del Estado y la facilitación de mecanismos que no solo permita un análisis estadístico, sino que también permitan detectar y solucionar las fallas dentro del programa de reinserción, así como posibles ejemplos de mejora.

Dentro de la quinta condición la Corte hace un fuerte énfasis en los aportes de cada una de las instituciones involucradas en el tema, no un aporte de lo que hayan brindado, sino de que tan efectivas han resultado siendo sus medidas y sus desempeños ante las mitigaciones de las diversas problemáticas, un mecanismo de transparencia y control que permita un análisis pleno sobre el real desempeño de estas instituciones y su aprehensión a los mandatos constitucionales, para ello la Corte estipula:

> corresponderá a esta Corporación adoptar las medidas del caso. Lo anterior sin perjuicio de las actuaciones que pueda desarrollar la Procuraduría General de la Nación y el Ministerio de la Presidencia de la República, en el marco de sus funciones de vigilancia y articulación, como de aquellas otras que constitucional, legal o reglamentariamente les competa. (T-762, 2015, p. 144).

La Corte también es enfática en resaltar dentro de su sexta condición que se debe identificar cuál es la meta por obtener y, posteriormente, alcanzar dicho propósito, esta que debe ir en concordancia con los preceptos constitucionales y jurisprudenciales. Es por ello por lo que la Corte recalca que:

> se deben formular los criterios tanto generales como específicos para la superación del estado de cosas inconstitucionales, criterios que tendrán como fin replantear el sistema carcelario, afianzar una nueva perspectiva y finalmente consolidar un modelo que desarrolle y aplique los principios consagrados sobre la política criminal de la T-388 de 2013 y finalmente delinear de manera clara y concisa la solución de estas problemáticas (T-762,2015, pp. 145-150).

Con respecto al último requisito, la Corte buscará que se delimiten los fines que se buscan satisfacer y los resultados que se consigan de la implementación de este modelo, ya que a juicio de la Corte, esto permite que:

> Los referidos objetivos derivarán a su vez en la conformación de algunos indicadores de resultado e impacto, conformados mediante la identificación de las directrices actuales en la materia o de las recomendaciones técnicas aplicables. Entretanto las metas previamente referidas, establecerán el estado de la situación y ayudarán a evaluar los resultados obtenidos de la aplicación de los indicadores. La medición o evaluación se estructurará a partir de la identificación de metas concretas, enfiladas a la extinción del ECI por la supresión del carácter masivo o generalizado de la afectación a los derechos fundamentales. De tal modo, siendo las metas de carácter general y transversal a cada

> uno de los problemas abordados en esta providencia, merecen el tratamiento preliminar que se les ha dado. (T-762, 2015, pp. 151-152).

Pero la corte no se detiene ahí, sino que ante la reiteración de las condiciones de hacinamiento establece también reglas técnicas que se deben aplicar para la reclusión y descanso de los presos, tal es el caso del espacio de alojamiento del recluso el cual debe cumplir con los siguientes principios:

> los detenidos deben lograr, 1) dormir acostados; 2) circular sin obstáculos dentro de su celda o dormitorio; 3) tener espacio para situar sus efectos personales; y 4) efectuar procesos de evacuación de emergencia sin obstáculos dentro de la celda. (T-762, 2015, p. 158).

Esto en concordancia con lo sostenido por Nembrini y el Comité Internacional de la Cruz Roja, que sostienen que estos espacios deben estar diseñados de esta manera, debido a que "*esto permite un trato digno hacia los presos sin ninguna afectación*" (Nembrini, 2011, p. 26). Adicionalmente, la Corte enfatiza en la necesidad de que las celdas tengan un óptimo sistema de ventilación y que cada recluso debe tener acceso a:

> un suministro efectivo mínimo diario de 10 a 15 litros de agua por interno, con acceso continuo a ella; una dieta balanceada; un número suficiente de servicios sanitarios en buen estado, en concordancia con las cifras y conceptos internacionales; acceso al patio de ejercicios o a cualquier otro lugar al aire libre durante el día; y atención médica (T-762, 2015, pp. 158-177).

También, la Corte enfatiza en los preceptos a seguir a la hora de tocar el tema de la resocialización, en un principio la Corte recalca que esta función de la pena se ha dejado en abandono tanto por desdén político y social, como por la falta de espacios adecuados y la destinación de recursos óptimos. Para este último, la Corte establece que se debe dar tanto interna como externamente la vinculación laboral de los presos, esto atendiendo a una capacitación acorde a las demandas del mercado laboral nacional, pero no solo se involucra esta temática la Corte sostiene la necesidad de brindarles acceso a la educación a través de bibliotecas, cursos técnicos y programas de emprendimiento y creación de empresa (T-762, 2015). Adicionalmente, la Corte sostiene que estos programas, aunque proceden para las personas ya condenadas no se puede obviar a las personas que se encuentra bajo la medida de seguridad, aunque esta fue llamada a desaparecer de forma permanente, pasando a ser de carácter opcional, la Corte sostiene que mientras este cambio no se dé, esa población reclusa tiene derecho a programas que "les resulten provechosos de su tiempo libre" (T-762, 2015, p. 178).

La Corte, también, hace el pronunciamiento sobre que los guardias y personal de seguridad no dan cabida ante tan inmenso número de población, ya que para la Corte estos son fundamentales para salvaguardar la integridad y la vida de los internos, así las cosas, la Corte determina que:

> La labor de establecimiento de las normas técnicas en seguridad deberá establecer el número de reclusos por guardia que se estima conveniente para conservar la convivencia y la disciplina dentro del establecimiento penitenciario, y los dispositivos con los que cada uno de ellos debe contar para asegurar la tranquilidad, identificando los derroteros y límites para su utilización. (T-762, 2015, p. 191).

Todos estos requisitos deben ser vigilados y exigidos tanto por la corporación como por la Defensoría del Pueblo, la Procuraduría General de la Nación y el Ministerio de la Presidencia y para todo esto la Corte estimo el plazo de trimestres para la rendición de cuentas y manejo de estos principios; bajo todo lo anterior, el Supremo Tribunal acogió las pretensiones y ordeno no solo a los establecimientos carcelarios indicados, sino que a todo el aparato penitenciario adoptar sus disposiciones.

Tras tan formidable línea jurisprudencial en donde las sentencias no han hecho más que un complemento de lo faltante y configurado así un sistema formidable que en su más reciente y célebre fallo ordena a los organismos acoger las reglas que la misma corporación dicto se esperaría que las disposiciones hubieran logrado dar un rumbo diferente a las problemáticas. Sin embargo, la situación dista mucho de la realidad, ya que en su más reciente pronunciamiento en la Sentencia T-197 del año 2017, el vuelve a ser tocado y tal parece que con el pasar del tiempo la situación solo empeora. Esta sentencia se traslada al departamento de Nariño, en donde, tras el informe de la Defensoría del Pueblo, se busca dar fin a la gravosa situación en que viven varios recintos penitenciarios en el departamento y lo que es peor, que subsiste desde el año 2010.

Al igual que sus predecesoras, la sentencia busca proteger derechos como *"la vida, a la integridad personal, a la dignidad humana, al trabajo, a la salud, a la seguridad social y a la educación de los internos en las cárceles del departamento de Nariño"*. (T-197, 2017, p. 8), fundamentos que buscan como finalidad la necesidad de ampliación de la infraestructura, la destinación de mayores recursos, medidas que logren que los condenados puedan realizar su proceso de reinserción, una salud oportuna, el acceso a los servicios públicos del acueducto y alcantarillado y, finalmente, una adecuación que permita visitas conyugales. Es irónico evidenciar como, las mismas pretensiones se aleguen una y otra vez, pero mucho más irónico que las solicitudes de los accionantes, al igual que las respuestas que dan los organismos, están dirigidas a medidas que en poco o nada sirven para lidiar con el problema.

Antes de presenciar los hechos, en concreto, de la sentencia se hace necesario dar a conocer que esta fue admitida en primera instancia bajo los argumentos de la protección de la dignidad, el Estado de sujeción y los precedentes jurisprudenciales de la Corte Constitucional, sin embargo, en segunda instancia tras ser apelada por la mayoría de los demandados; el juez considera que no hay lugar a las pretensiones, por ya existir la Sentencia T-153 de 1998, la cual se encargaba de regular la problemática, lo cual resulta, sin duda, sínico y absurdo, ya que fue la Corte Constitucional quien determino que tras el cambio de siglo, los preceptos fácticos habían llevado al cambio de regulación de la problemática por la Sentencia T-388 de 2013, lo cual demuestra que la decisión no solo se basó en un hecho meramente subjetivo y casi que sin el más mínimo esfuerzo, tanto con lo que la Corte ya señalaba como debilidad institucional.

Básicamente, la sentencia se basa en los mismos argumentos esgrimidos en sus dos predecesoras mucho más completas, por ende nos centraremos en el estudio de esta sentencia con mira a dos objetivos, el primero de ellos el completo análisis de la línea jurisprudencial y como segundo contemplar lo más actual del estado de cosas inconstitucionales para hacer un énfasis de la realidad actual; para ello la Corte determina, efectivamente, no solo la existencia del hacinamiento, sino que lo califica como alarmante, ya que a través de la recopilación de varias pruebas como estadísticas, fotografías y comisiones de investigación se demostró que las alegaciones estaban fundadas en hechos ciertos, la Corte sostiene en ello que:

> las autoridades judiciales, además de reiterar la situación descrita, en especial el hacinamiento, indicaron que las baterías sanitarias son insuficientes, alertan sobre el manejo del agua y aluden a la reclusión indistinta de sindicados y condenados. Así las cosas, es claro que, para el momento en el cual fue instaurada la acción de tutela, la situación en los establecimientos penitenciarios y carcelarios de La Unión, Túquerres, Ipiales, Tumaco y Pasto era crítica, y que ella obedecía a un asunto estructural comprendido bajo la denominación del (ECI) estado de cosas inconstitucional (T-197, 1997, p. 49).

Es por ello por lo que, la Corte no se desgasta en volverse a pronunciar sobre todo lo anterior, pero sí dejó una salvedad al decir que corresponde a los establecimientos penitenciarios no solo acatar lo anteriormente dispuesto, sino que deben ceñirse a:

> el control y la dirección sobre las condiciones en que se realiza dicha ejecución. Ello incluye, entre otras, (i) la dirección y vigilancia de los establecimientos penitenciarios ; (ii) la determinación de las necesidades en materia de infraes-

> tructura ; (iii) la coordinación en la ejecución de las políticas encaminadas al respeto de la dignidad humana y de los derechos universalmente reconocidos ; (iv) la implementación de los servicios de atención en salud, incluyendo las gestiones para realizar la vinculación al Sistema General de Seguridad Social en Salud ; y (v) la definición de estrategias para la formación y desarrollo de competencias en la productividad y generación de ingresos. (T-197, 1997, p. 54).

Frente a lo demás la corte recalca de gran importancia el tratamiento acorde a los principios de la T-388 de 2013 y la T-762 de 2015, pero dejando como salvedad en sus conclusiones que sus dictámenes de lineamientos, requisitos y fines no evidencia cumplimiento significativo por parte de los organismos institucionales.

V. EL CUMPLIMIENTO DE LOS FINES DE LA PENA EN EL SISTEMA JURÍDICO-PENAL COLOMBIANO SEGÚN EL SISTEMA INTERAMERICANO DE DERECHOS HUMANOS

En el anterior apartado se describió y analizó la posición institucional desde el derecho interno, pero la situación no solo fue evaluada por la Corte Constitucional, puesto que en varias oportunidades la situación ha sido puesta en conocimiento de la Comisión Interamericana de Derechos Humanos e incluso ante la Corte Interamericana de Derecho Humanos que en reiteradas ocasiones, tal vez, la primera de estas en la época contemporánea y quizá la más importante de esta época es el informe sobre las personas privadas de la libertad en las Américas del año 2011 la cual nace como el seguimiento que hace la comisión a las problemáticas de la población carcelaria desde su misma creación. Para este informe en específico, la comisión tuvo en cuenta las situaciones más reiteradas y de mayor importancia encontradas en los Centros Penitenciarios y Carcelarios dentro de los Estados miembro las cuales fueron:

> (a) el hacinamiento y la sobrepoblación; (b) las deficientes condiciones de reclusión, tanto físicas, como relativas a la falta de provisión de servicios básicos; (c) los altos índices de violencia carcelaria y la falta de control efectivo de las autoridades; (d) el empleo de la tortura con fines de investigación criminal; (e) el uso excesivo de la fuerza por parte de los cuerpos de seguridad en los centros penales; (f) el uso excesivo de la detención preventiva, lo cual repercute directamente en la sobrepoblación carcelaria; (g) la ausencia de medidas efectivas para la protección de grupos vulnerables; (h) la falta de programas laborales y educativos, y la ausencia de transparencia en los mecanismos de acceso a estos programas; y (i) la corrupción y falta de trasparencia en la gestión penitenciaria (CoIDH, 2011, p. 10).

Antes de entregar el informe, la Comisión advierte la necesidad de que los Estados miembro a través de lo dispuesto por organismos como la ONU y la OEA se guíen bajo los principios del buen trato humano, la prevención de la violencia, y los derechos fundamentales de los reclusos (CoIDH, 2011).

La primera consideración que hace la Comisión dentro del informe respecta con el tema de violencia dentro los recintos penitenciarios, para Colombia para esa época se registraban 113 muertes violentas en un margen de 5 años analizados, lo cual, en general, para la región enciende las alarmas del CoIDH, ya que esta sostiene que son estas medidas las que conllevan la no aplicación de medidas resocializadoras, la vulneración de los derechos de los reclusos así como la falta de los deberes de los Estados miembros (CoIDH, 2011), para ello determinó la causa como la efectividad de control interna, pero no solo eso, sino que también repercute el hecho de no brindarles a los reclusos escapes de distracción que se les mantenga ocupados tanto física como mentalmente; para ello la Comisión insta a los Estados miembro a que cumplan con las buenas prácticas de reclusión las cuales son:

> (a) Separar adecuadamente las diferentes categorías de personas, conforme a los criterios establecidos en el presente documento; (b) Asegurar la capacitación y formación continua y apropiada del personal; (c) Incrementar el personal destinado a la seguridad y vigilancia interior, y establecer patrones de vigilancia continua al interior de los establecimientos; (d) Evitar de manera efectiva el ingreso de armas, drogas, alcohol y de otras sustancias u objetos prohibidos por la ley, a través de registros e inspecciones periódicas, y la utilización de medios tecnológicos u otros métodos apropiados, incluyendo la requisa al propio personal; (e) Establecer mecanismos de alerta temprana para prevenir las crisis o emergencias; (f) Promover la mediación y la resolución pacífica de conflictos internos; (g) Evitar y combatir todo tipo de abusos de autoridad y actos de corrupción; y (h) Erradicar la impunidad, investigando y sancionando todo tipo de hechos de violencia y de corrupción, conforme a la ley (CoIDH, 2011, p. 53).

Otra de las grandes problemáticas que contempla de manera muy focalizada en todos los ámbitos es el de la privación de la libertad es muchos casos sin una sentencia condenatoria, ya la Corte ha sostenido que de producirse esto, es una violación a los principios democráticos y liberales de los Estados miembro, es por ello por lo que lo incluye dentro de su carta de fundación:

> ha manifestado enfáticamente que toda privación de la libertad debe producirse estrictamente en los casos o circunstancias expresamente previstas en la ley y en estricto cumplimiento de los procedimientos establecidos a tal efecto. De lo contrario, la persona detenida se encuentra, de hecho, expuesta a la arbitrariedad y al abuso de la autoridad que ejecutó la aprehensión. Por lo

> tanto, para que la fiscalización judicial de la detención sea efectiva, es preciso informar rápidamente al tribunal competente acerca de la detención de una persona (CoIDH, 2011, p. 56).

La comisión hace referencia a que esta situación es una contribución clara a los Estados para el aumento de la sobrepoblación carcelaria y, por ende, que se presenten casos de hacinamiento dentro de los recintos, adicionando que la arbitrariedad y abuso de estas medidas llevan a la violación de los principios de los Estados modernos, ante esta situación y con mucha más posterioridad la comisión emitirá el informe sobre medidas dirigidas a reducir el uso de la prisión preventiva en las Américas, dentro de cual se recalca que:

> Se debe erradicar la prisión preventiva como una pena anticipada, dejando esta como meramente excepcional, delinear una clara y efectiva política de excarcelación y atender a una buena y efectiva defensa pública de los principios fundadores de los estados, esto es propuesto a través de medidas alternativas como mecanismos electrónicos y restricciones de movilidad del sujeto. Sin embargo, la comisión también es consciente de estas medidas recaen en desuso por populismo penal y los costes que representan (CoIDH, 2017, pp. 77-93).

Adicionalmente, dentro de este informe se recomienda seguir los ejemplos de Bolivia y Brasil en lo que respecta a realizar las audiencias previas sobre la procedencia de la prisión preventiva, pero también enfatiza en la necesidad de "*acelerar dentro de los Estados la celeridad y disminuir el retardo procesal, combatir la lucha contra las drogas desde un tratamiento de corte médico y resocializador; finalmente tomar las medidas para proteger a los grupos en especial riesgo*" (CoIDH, 2017, pp. 165-168).

Volviendo al informe del 2011 este también insta a los Estados a tener personal capacitado en condiciones idóneas para la demanda de los recintos penitenciarios en concordancia con las exigencias de la organización mundial de la salud, ya que este personal será quien les permite a los reclusos la posibilidad de reinsertarse en la sociedad y tener un acompañamiento, seguimiento y cuidado, sin embargo, resalta el informe que el panorama en general para América Latina se ve influenciado por la corrupción, ya que sostiene que:

> Estos casos, y otros citados en este informe, no sólo revelan un patrón de corrupción generalizado e institucionalmente arraigado en toda la región que desnaturaliza por completo la función de un centro penitenciario, sino que además representa un cuadro de falta de control efectivo de las prisiones por parte del Estado, lo que, como se ha visto supra implica una amenaza real a los derechos fundamentales de los detenidos. (CoIDH, 2011, p. 79).

Para ello hace un fuerte llamado a los Estados para que sean mucho más rigurosos y diligentes en el manejo de estos temas y que manifiesten una lucha plena y efectiva en contra de la corrupción.

Otro de los llamados que hace la comisión en contra de los Estados va dirigido hacia el uso arbitrario de la fuerza, ya que, aunque si bien es cierto se permite en muchos casos el uso de la fuerza como es el caso de las revueltas, estas no son desproporcionales y están limitadas a los estándares internacionales (CoIDH, 2011), también manifiesta que esta fuerza se aplica en casos donde el estado no permite a los reclusos la presentación formal de recursos ante entes tanto jurídicos como administrativos, para ello sostiene que:

> es indispensable que el Estado adopte las medidas necesarias para garantizar de manera efectiva que tanto los reclusos, como terceras personas que actúen en su nombre, no serán sometidos a represalias o actos de retaliación por el ejercicio de estos derechos. Esto es particularmente relevante en el contexto de la detención o prisión, en el que el recluso está en definitiva bajo la custodia y el control de aquellas autoridades contra las que eventualmente se dirigen sus recursos, quejas o peticiones (CoIDH, 2011, p. 100).

Para ello, la comisión enfatiza en la creación de canales entre las instituciones y reclusos, a través de los cuales pueden manifestar a través de sus derechos sus reclamos, queja y protestas. Evitando a futuro posibles estallidos de violencia. Seguidamente, la comisión enfatiza la problemática que representa para los estados, las muertes perpetradas por los agentes de este, las muertes producto de la negligencia y capacidad de reacción de las autoridades y los suicidios, para ello precisa que estas:

> son contrarias al derecho a la vida que tienen los presos y que deben ser procesos a prevenir, ya que representan para el Estado una falta de cumplimiento con sus principios, pero no solo eso, sino que deslegitima en muchos casos el Estado por no cumplir por principios contenidos dentro del contrato social de los ordenamientos (CoIDH, 2011, pp. 111-120).

Es por ello por lo que el CoIDH se inclina por medidas preventivas encaminadas a mantener al preso ocupado tanto mental como físicamente para que no piense en la escapatoria del suicidio, que tengan un acompañamiento permanente y una atención eficiente; así como la constante inspección y vigilancia de la infraestructura, la redes de suministro, los reclusos y cualquier elemento que ingresen tanto el personal que labora en la cárcel como aquellos que la visitan, todo esto a través de la aplicación de tecnologías modernas (CoIDH, 2011).

La comisión también encuentra como deplorable la situación en la que se encuentra el principio de la integridad personal, o en nuestro contexto, la dignidad humana, ya que esta se ve sumamente afectada en el trato de los funcionarios penitenciarios hacia los reclusos, lo que ha desembocado en muchos casos a desembocar a tratos crueles y denigrantes hacia estos (CoIDH, 2011). Pero las cosas no solo paran ahí, ya que se introducen fenómenos como la alta cifra de hacinamiento, las precarias condiciones higiénicas y la saturación de los sistemas de distribución de agua potable, así como la carencia de una alimentación óptima, ante esto sostuvo la comisión:

> se debe promover la política de prevención general de los actos de tortura y crueles, garantizar que cualquier acto realizado bajo tortura o crueldad carezca de cualquier valides y sea severamente reprendido, garantizar un control de supervisión interno de las condiciones de reclusión (CoIDH, 2011, pp. 197-198).

Posteriormente, el informe se centra en tocar la problemática de la atención médica, dentro de este resalta que, sin duda, muchos de los Estados no cuentan con programas eficaces de atención médica en los reclusos, lo que no solo lleva a la violación de su posición de garante por sujeción, sino que, además esta ha desembocado en convertir a los recintos penitenciarios en centros de cultivos de enfermedades muy peligrosas (CoIDH, 2011). Para lidiar con esta problemática se insta a los Estados miembros a:

> la incorporación de los estándares nacionales e internacionales, la capacitación y manejo de personal técnico especializado, la cooperación entre los entes públicos y privados, asegurar el rubro básico que garantice este gasto, promover la participación de ONG, así como las mejoras tecnológicas y bases de datos electrónicas que permitan conocer información de primera mano y llevar un registro detallado (CoIDH, 2011).

Lo último, respecta sobre las relaciones familiares de los internos, la comisión mantiene que los Estados deben:

> la obligación de tomar medidas conducentes a garantizar efectivamente el derecho de mantener y desarrollar las relaciones familiares. Por lo tanto, la necesidad de cualquier medida que restrinja este derecho debe ajustarse a los requisitos ordinarios y razonables del encarcelamiento. (CoIDH, 2011, p. 219).

Para ello, la comisión centra las problemáticas en dos, la carencia de sitios en donde se pueda realizar la visita, respondiendo a condiciones de dignidad, intimidad, higiene y seguridad. Así como, el trato humillante por parte de los personales de los recintos penitenciarios hacia los familiares de los reclusos, ante esta situación la comisión fue enfática en recalcar que:

> se tiene la obligación positiva de crear las condiciones necesarias para hacer efectivo el contacto de las personas privadas de libertad con sus familias (el

> cual, por regla general se da por medio de tres vías: correspondencia, visitas y llamadas telefónicas). En particular, el Estado debe atender todas aquellas deficiencias estructurales que impiden que el contacto y la comunicación entre los internos y sus familias se den en condiciones dignas, seguras y con suficiente regularidad. (CoIDH, 2011, p. 219).

Ante esto la comisión enfatiza en la necesidad de garantizar los medios idóneos para la comunicación de las familias, una norma clara acerca de las visitas y los ingresos, adecuar los espacios para que se puedan llevar a cabo estas reuniones, capacitar al personal de seguridad en los controles y requisas necesarias, sin desmeritar la dignidad de la persona, instalar teléfonos públicos y, finalmente, procurar que las personas sean recluidas en establecimientos accesibles y cercanos a su familia (CoIDH,2011). Posterior a este informe, viene un informe, en específico, del contexto colombiano. Según el informe de 2017 del CoIDH sobre Colombia, se encuentran varias problemáticas como lo son:

> a) el hacinamiento del sistema carcelario ;b) la utilización de la prisión preventiva de conformidad con su naturaleza excepcional; c) la atención médica y psiquiátrica en los centros penitenciarios, en especial a las mujeres y a las personas indígenas; d) la provisión de agua potable y para otras necesidades de las personas privadas de libertad, y e) la falta de ratificación del Protocolo Facultativo de la Convención de las Naciones Unidas contra la Tortura y Otros Tratos o Penas Crueles, Inhumanos o Degradantes. (CoIDH, 2017, p. 80).

En lo que respecta al hacinamiento, el CoIDH mantiene su preocupación por esta problemática, ya que como se señala se excede en gran medida la capacidad de los centros penitenciarios y a pesar de la declaratoria de emergencia por parte del Estado, las medidas que este ha tomado han sido muy poco efectivas debido a que el legislador en muchos casos las ha controvertido a través de tratos endurecedores; en lo que respecta a la atención médica si bien es cierta y resalta el CoIDH que se están prestando, no se toman en la proporción deseada y lo que es peor estas carecen de enfoque diferenciador para grupos minoritarios (CoIDH, 2017).

En lo que respecta a la provisión del agua potable y las otras necesidades la comisión enfatiza en que, si bien es cierto que el Estado colombiano ha logrado cumplir con las mejoras de capacidades, sin embargo, el aumento de su población carcelaria parece no tener fin y lo que se implementa con urgencia rápidamente se vuelve insuficiente. Sin embargo, el CoIDH también enfatiza puntos positivos como:

> En relación con el fortalecimiento de la Política Nacional Penitenciaria y Carcelaria, el Estado indicó que en 2016 se llevó a cabo un estudio sobre la proporcionalidad de las penas en la legislación penal, en el que se obtuvo infor-

mación sobre el impacto que han tenido las reformas legislativas entre 2001 y 2016 en las penas establecidas en el Código Penal. (CoIDH, 2017, p. 82).

Esto, con el fin de buscar el respeto por los principios básicos propios de los estados libres, y fundamentado en muchos de los principios acogidos por los alineamientos internacionales, también enfatiza en el:

> el Consejo Superior de Política Criminal ha avanzado en la estructuración del Plan Nacional de Política Criminal. Indicó que las líneas generales del Plan han servido como punto de referencia para el diseño del Plan Decenal de Justicia, de tal forma que ambos documentos de Política, con alcances diferentes, estén alineados bajo principios comunes que permitan su articulación. (CoIDH, 2017, p. 82).

Finalmente, el informe también resalta que el INPEC se ha encargado de construir e implementar un nuevo reglamento general basado en los principios rectores de los derechos humanos y el enfoque inclusivo y diferencia este es de carácter multidisciplinario y va abocado a blindar las garantías de los reclusos y brindarles mejores condiciones (CoIDH, 2017).

Actualmente en el país, según las cifras del INPEC, hablamos de una población carcelaria de 117.033 presos, para recintos que tienen una capacidad en total de 79.172, lo que representa una sobrepoblación que excede la capacidad en un 47,82 % (INPEC, 2018). Esto es una gran problemática, considerando que, como remarcan también las cifras del INPEC, la mayoría de los reclusos casi en dos terceras partes está condenado a penas superiores a 6 años (INPEC, 2018). Lo que constituye que los recintos se conviertan en centro de almacenamiento debido a que los delitos siguen en aumento y las personas parecieran perder cualquier esperanza de salir, pero, adicionalmente, y visto desde el enfoque sociológico se evidencia que la mayoría de los delitos se dan en población de bajos niveles educativos, representado estos el 96.3 % de la población que reside en los recintos (INPEC, 2018), esto no se menciona con el fin de marginar a esta población, sino por la misma necesidad de aplicar la política resocializadora. Estos fallos se deben en gran medida a la debilidad de las instituciones penitenciarias, la falta de asignación de recursos y finalmente por el mismo desinterés político.

La debilidad de las instituciones queda reflejada en él informe de gestión presentado por el INPEC en donde, por ejemplo, se tuvieron en cuenta para el tratamiento de resocialización para el año de 2017 se esperaban que fuesen 1387 personas, y terminaron siendo 6114 personas (INPEC, 2017). Lo que demuestra en muchos factores es la falta de preparación, pero lo peor que no se brinda de la misma forma que en un principio se esperó. Sin embargo, esto no es lo único a concluir, ya que, como lo sostiene Jiménez:

> se debe enfatizar en la lucha contra desigualdad social, pobreza, violencia, carencia de oportunidades, inseguridad y una verdadera educación que permita traspasar las condiciones de marginalidad y motive a los ciudadanos a mejorar sus circunstancias de vida. (Jiménez, 2012, p. 79).

Las instituciones fracasan al no considerar factores como con respecto a la falta de asignación de recursos presupuestales, como muy bien se analizó previamente las instituciones del Estado únicamente hacen destinaciones para la creación de recintos carcelarios, ya que las instituciones siguen los intereses políticos o se encuentran sesgados, por ende, se debe proponer en palabras de Bello Estrada:

> que la sanción no es necesariamente la reclusión extramuros o que esta perdure en el tiempo, resulta de gran importancia aplicar los subrogados penales con la finalidad de disminuir los efectos que produce la grave crisis del sistema penitenciario y carcelario del país. (Bello, 2016, p. 60).

Cabe resaltar en lo que respecta a la falta de interés político, se hace un pleno hincapié en cómo está problemática ha durado años rebotando de un lado a otro sin ver una solución, pasando el problema de gobierno en gobierno y todos actuando de una manera nada acorde a los principios del Estado, lo peor de todo es que de cara a las elecciones presidenciales que se vienen para este los candidatos recaen en *falacias ad populem* e intentan solucionar el problema con medidas que van en contra de los principios constitucionales o en mucho planteado propuestas inviables, no se puede determinar de momento si lo hacen sin conocimiento o en respuesta de un mecanismo generador de las masas, inclinándome, más que todo, por esta última, pero para terminar hay evidenciar que es una falta de criterio y de respeto a las bases fundadoras del Estado que esta problemática sea lidiada de esta forma y se considere como algo meramente secundario.

VI. CONCLUSIONES

Si bien es cierto el ordenamiento colombiano contempla el modelo de la reinserción social, de tal manera, que no va acorde de manera con los derechos humanos y la estabilidad de un sistema penitenciario propio de un país civilizado, la realidad es muy diferente, esto principalmente influenciado por una falta de destinación de recursos, la falta de interés no solo de los entes gubernamentales, sino también de la sociedad en general y, finalmente, por las deficiencias de nuestro modelo cultural en aspectos ético, educativo y sociológico; es por ello por lo que se llega a las siguientes propuestas con fin no solo de encaminar un modelo que a cabalidad cumpla con la protección de los derechos fundamentales, sino que siente un precedente de cambio en grandes aspectos del modelo penitenciario y carcelario del país.

Para ello, y como primero es importante resaltar que se debe dar un mayor apoyo por parte de todos los sectores de la sociedad; por parte del gobierno para que realmente encare el problema a través de políticas realmente efectivas y que no solo oculten el problema o lo enfrenten con medidas de carácter transitorio; políticas como una destinación de recursos con el fin de contratar personal capacitado que pueda brindarle a los reclusos un auténtico modelo reeducativo, unas óptimas condiciones de salud y una verdadera oportunidad de vida una vez los reclusos salgan y recuperen su libertad, y, si bien es cierto, Colombia es un país al momento con mucho gasto y corrupción, es un problema que se puede resolver con algo muy básico, libre mercado y respeto a la dignidad de las personas, el primero que llevaría a una mayor intervención del sector privado tanto en el modelo resocializador como en la manutención del precitado, y el respeto de la dignidad humana para brindarle un trato oportuno a las personas por el mero hecho de ser personas.

Seguidamente, viene el tema de nuestra cultura y es un tema a combatir desde sus raíces mismas, ya que nos hemos caracterizados por ser quejumbrosos y delegar nuestras responsabilidades en terceros, que realmente sin importar la intención no pueden combatir este problema solos; lo fundamental es que la sociedad colombiana en general logre asumir sus deberes y respete sus responsabilidades ante la sociedad y ante los demás, esto con el fin de que debemos brindarle tanto a los reclusos como a la población que goza de su plena libertad de un verdadero modelo educativo que siente las bases de un pensamiento crítico, disciplinado y liberal, que lleva a los hombres a ser innovadores, pensadores reflexivos y coherentes y respetuosos de nuestra calidad de personas.

Finalmente, y con base en el sistema carcelario y penitenciario en específico es importante que la institución recobre su fin principal y es la labor resocializadora de aquellos que actúen contrario al ordenamiento dictado por los miembros del grupo social, sin atropello de ninguna libertad, adicionalmente el modelo penitenciario debería a través de darle libertad a los departamentos para actuar de manera mucho más independiente sobre las medidas más pertinentes a tratar, sin vulnerar los principios básicos y fundamentales de la carta constitucional, enfatizando en combatir los factores que no solo llevan a la comisión de los delitos, sino a su reiteración, esto a través de una verdadera política resocializadora enfatiza en pilares como la familia, el trabajo, la libertad, la educación, la recreación, el deporte y el bienestar tanto de los reclusos como de todos los miembros que conforman la sociedad, esto sin omitir que todos los miembros de la sociedad tenemos nuestra responsabilidad en la construcción de un modelo efectivo y perdurable.

Referencias bibliográficas

Ariza, Libardo José. "Reformando el infierno: los tribunales y la transformación del campo penitenciario en América Latina," en *Los muros de la infamia: prisiones en Colombia y América Latina*, editado por Ariza & Iturralde. Universidad de Los Andes, 2011.

Baratta, Alessandro. "Criminología crítica y crítica del derecho penal: introducción a la sociología jurídico-penal." 1.ª ed., 1.ª reimpresión. Buenos Aires: Editorial Siglo XXI, 2004.

Beccaria, Cesare. *De los delitos y de las penas.* 5.ª ed. Bogotá: Editorial Temis, 1764.

Bello Estrada, Gustavo Adolfo. "Eficacia de los subrogados penales en el contexto del sistema penitenciario y carcelario de Colombia a la luz de los parámetros regionales y constitucionales en materia de privación de la libertad por atributo de la ley." Universidad Católica de Colombia, 2016.

Carignani, Giovanni. *Elementos del Derecho penal*, traducido por María Revelles Carrasco, 1823.

Comisión Asesora de Política Criminal. "Informe final: Diagnóstico y propuesta de lineamientos de política criminal para el Estado colombiano." Bogotá, 2012.

Comisión Interamericana para los Derechos Humanos. *Informe sobre los derechos humanos de las personas privadas de libertad en las Américas.* Aprobado el 31 de diciembre de 2011.

Comisión Interamericana para los Derechos Humanos. "Informe sobre las medidas dirigidas a reducir el uso de la prisión preventiva en las Américas." 2017.

Comisión Interamericana para los Derechos Humanos. "Seguimiento de recomendaciones formuladas por la CIDH en sus informes de país o temáticos: Seguimiento de recomendaciones formuladas en el informe 'Verdad, justicia y reparación: cuarto informe sobre la situación de derechos humanos en Colombia.'" Recuperado de https://www.oas.org/es/cidh/docs/anual/2017/docs/IA2017cap.5CO-es.pdf, 2017.

Constitución Política de Colombia. Asamblea General Constituyente, 4 de julio de 1991.

Convención Americana sobre Derechos Humanos. Organización de los Estados Americanos, San José, Costa Rica, 1969.

Corte Constitucional. Sentencia C-261, Magistrado Ponente: Dr. Alejandro Martínez Caballero. Sentencia aprobada por la sala plena, Santa Fe de Bogotá, D.C., 13 de junio de 1996.

Corte Constitucional. Sentencia T-153, Magistrado Ponente: Dr. Eduardo Cifuentes Muñoz. Sentencia aprobada por la sala tercera de revisión, Santa Fe de Bogotá, D.C., 28 de abril de 1998.

Corte Constitucional. Sentencia T-256, Magistrado Ponente: José Gregorio Hernández Galindo. Sentencia aprobada por la sala quinta de revisión, Santa Fe de Bogotá, D.C., 6 de marzo de 2000.

Corte Constitucional. Sentencia T-1030, Magistrado Ponente: Clara Inés Vargas Hernández. Sentencia aprobada por la sala novena de revisión, Bogotá, D.C., 30 de octubre de 2003.

Corte Constitucional. Sentencia T-1326, Magistrado Ponente: Humberto Antonio Sierra Porto. Sentencia aprobada por la sala séptima de revisión, Bogotá, D.C., 15 de diciembre de 2005.

Corte Constitucional. Sentencia T-388, Magistrada Ponente: María Victoria Calle Correa. Sentencia aprobada por la sala séptima de revisión, Bogotá, D.C., 28 de junio de 2013.

Corte Constitucional. Sentencia T-762, Magistrada Ponente: Gloria Stella Ortiz Delgado. Sentencia aprobada por la sala quinta de revisión, Bogotá, D.C., 16 de diciembre de 2015.

Corte Constitucional. Sentencia T-197, Magistrado Ponente: Luis Guillermo Guerrero Pérez. Sentencia aprobada por la sala segunda de revisión, Bogotá, D.C., 3 de abril de 2017.

Decreto 2591. Diario Oficial No. 40.165, 19 de noviembre de 1991.

Díaz de León, Germán Alvarez, Montenegro Núñez, María del Carmen, y Martínez José Manuel. "Apuntes acerca de dos escuelas criminológicas: Clásica y Positivista." Facultad de Psicología, UNAM, México, 2012.

Engels, Friedrich. *El origen de la propiedad privada, la familia y el Estado.* Editorial Progreso, Moscú, Rusia, 1884. Digitalizado por Jaime Onemix.

Fernández Bermejo, Daniel. "El fin constitucional de la reeducación y reinserción social: ¿un derecho fundamental o una orientación política hacia el legislador español?" 2014.

Gómez Pavajeau, Carlos Arturo. *Derecho penal en la Edad Media.* 2.ª ed. Bogotá: Editorial Universidad Externado de Colombia, 2014.

INPEC. "Informe de gestión." 2017. Recuperado de http://inpec.gov.co/documents/20143/37050/INFORME+DE+GESTI%C3%93N+2017+F.pdf.

INPEC. "Población intramural." 2018. Recuperado de http://201.217.206.18:8080/jasperserver-pro/flow.html?_flowId=dashboardRuntimeFlow&dashboardResource=/public/DEV/dashboards/Dash__Poblacion_Intramural&j_username=inpec_user&j_password=inpec.

INPEC. "Condenados a prisión por años." 2018. Recuperado de http://201.217.206.18:8080/jasperserver-pro/dashboard/viewer.html?&j_username=inpec_user&j_password=inpec#/public/Annos_Prision/Dashboards/Annos_Prision_Intramural_Nacional.

INPEC. "Nivel académico intramural a nivel nacional." 2018. Recuperado de http://201.217.206.18:8080/jasperserver-pro/dashboard/viewer.html?&j_username=inpec_user&j_password=inpec#/public/Nivel_Academico/Nivel_Academico_Intramural/Dashboards/Academico_Intramural_Nacional.

Jiménez, J. C. L. "Drama humano en los centros penitenciarios y carcelarios de Colombia." *Revista Al Derecho & al Revés*, no. 8 (2012).

Ley 65. Diario Oficial No. 40.999, 20 de agosto de 1993.

Ley 415. Diario Oficial No. 43.199, 23 de diciembre de 1997.

Ley 599. Diario Oficial No. 44.097, 24 de julio de 2000.

Macarulla, José María. *La Ley Natural y los Diez Mandamientos.* (S. F.).

Malinowski, B. *Crimen y costumbre en la sociedad salvaje.* 4.ª ed. Barcelona: Editorial Ariel, 1973.

Mantovani Ferrando. "La teoría de la pena en el pensamiento de Francesco Carrara." *Revista Nuevo Foro Penal,* no. 44, 1989. Traducido por Jorge Guerrero.

Marquardt Bend. *Historia universal del Estado,* vol. 1: Sociedades preestatales y reinos dinásticos. Bogotá: Colombia, 2009.

Marquez Piñero, Rafael. "Teoría de la antijuricidad." Universidad Nacional Autónoma de México, Ciudad de México, 2003.

Ministerio de Justicia de Chile. "¿Qué es la reinserción social?" Recuperado de http://www.minjusticia.gob.cl/reinsercion-social/que-es-la-reinsercion/, 2015.

Nembrini Pier Giorgio. "Agua, Saneamiento, Higiene y Hábitat en las Cárceles." Comité Internacional de la Cruz Roja. Ginebra, 2011.

Orellana Wiarco, Octavio Alberto. *La individualización de la pena de prisión.* México: Editorial Porrúa, 2008.

Pacto de los Derechos Civiles y Políticos. *Ley 2160 de 1966,* Ginebra, Suiza.

Posada Segura, Juan David. *El sistema penitenciario: Estudio sobre normas y derechos relacionados con la privación de la libertad.* Bogotá: Comlibros, 2009.

Poveda Perdomo, Alberto. "Reseña sobre la teoría del delito y las escuelas dogmáticas." *Revista Jurídica Alé-Kumá,* no. 6 (2005): 65-82. Neiva, Colombia.

Racca, Ignacio. "La resocialización como fin de la pena privativa de la libertad: Análisis del último legado del positivismo criminológico." *Facultad de Derecho, Universidad de Buenos Aires,* 2014.

Roldán Quiñones, Luis Fernando. *Reforma penitenciaria integral: El paradigma mexicano.* México: Editorial Porrúa, 1999.

Rossi, Pellegrino. *Tratado de derecho penal.* 3.ª ed., traducido por Cayetano Cortez. 1829.

Rousseau, Jean-Jacques. *El contrato social.* Editorial El Aleph, 1762.

Roxin, Claus. *Problemas básicos del derecho penal.* Traducción y notas de Diego Manuel Luzón Peña. Madrid: Editorial Reus, 1976.

Smith, Adam. *La riqueza de las naciones.* Edición de Carlos Rodríguez Braun. Traducción por Carlos Rodríguez Braun. Editor digital: Titivillus, 1776.

Velásquez, Fernando. *Manual de derecho penal: Parte general.* Bogotá: Ediciones Jurídicas Andrés Morales, 2014.

Von Mises, Ludwig. *La acción humana.* 4.ª ed. Nueva York: Unión Editorial, S.A., 1949.

Zysman Quirós, Diego. "Justificación del castigo e inflación penal." Recuperado de http://www.palermo.edu/Archivos_content/derecho/pdf/Justificaticion-del-castigo-e-inflación-penal-Prof-Zysman-Quiros.pdf, 2010.

Capítulo 9.

Al margen de la sociedad: Niños y adolescentes reclutados por los narcotraficantes

TÂNIA MOTA DE OLIVEIRA[1]

Resumen: A partir de la presentación del contexto general de la situación de niños y adolescentes reclutados para trabajar para los narcotraficantes en varios países de América Latina como Brasil, Argentina, Uruguay y México, así como de ejemplos de la existencia de esa situación en países de otros continentes, el objetivo del artículo es, primeramente, exponer un panorama amplio y minucioso del problema. Comenzando por el perfil de los agentes: quiénes son y cómo viven los niños y adolescentes reclutados por los traficantes, esos "trabajadores" excluidos del Estado de derecho que sobreviven al margen de la sociedad.

Además de esto, la propuesta es analizar jurídicamente esa situación de forma profunda, demostrando las consecuencias funestas de este desamparo legal y social al que son sometidos estos seres humanos vulnerables. A continuación, breves pinceladas del escenario de este dilema.

Palabras clave: Narcotráfico, exclusión, adolescentes, trabajo infantil, vulnerabilidad.

Abstract

Starting with the presentation of the general context of the situation of children and adolescents recruited to work for drug traffickers in several Latin American countries such as Brazil, Argentina, Uruguay and Mexico, as well as examples of the existence of this situation in countries on other continents, the objective of the article is, first of all, to present a broad and detailed overview of the problem. Starting with the profile of the agents: who they are and how the children and adolescents recruited by traffickers live, those "workers" excluded from the rule of law who survive on the margins of society.

---

* Licenciada en Derecho por la Universidad de Vale do Paraíba (1989), Doctora en Ciencias Biológicas por la Universidad de Buenos Aires (2011) y Doctora en Ciencias Jurídicas y Sociales por la Universidad del Museo Social Argentino (2008). Actualmente es socia de un estudio jurídico que brinda asesoramiento legal. Brinda asesoramiento legal y administrativo a SEDISA–Com. Prod. Siderúrgicos Ltda, PONTOFER Ltda y administración general, Lucasfer–Com. e Industria Ltda. Tiene experiencia en Educación, con énfasis en Ciencias Jurídicas.

In addition to this, the proposal is to analyze this situation legally in depth, demonstrating the dire consequences of this legal and social neglect to which these vulnerable human beings are subjected.

The following are brief outlines of the scenario of this dilemma.

Keywords: Drug trafficking, exclusion, adolescents, child labor, child labor, vulnerability.

I. INTRODUCCIÓN

En la jerarquía de poder del tráfico de drogas en las comunidades carenciadas en el Brasil, especialmente en los morros de Río de Janeiro, los niños y los adolescentes ocupan la base de la pirámide. Son los llamados "aviones", responsables de la entrega de la droga en la comunidad. Según la ONG Observatorio de Favelas, con sede en el Complejo de la Maré, conjunto de villas de emergencia en Río de Janeiro, el número de niños con edades entre 10 y 12 años que entraron al tráfico de drogas, solamente en esa ciudad, pasó del 6,5 % en 2006 al 13 % en 2017.

Aunque sea considerada como una de las Peores Formas de Trabajo Infantil, de acuerdo con la Lista TIP (una clasificación adoptada por varios países para definir las actividades que ofrecen más riesgos a la salud, al desarrollo y a la moral de los niños y de los adolescentes) reglamentada por medio del **Decreto n. ° 6.481/2008**, la actuación de adolescentes en el tráfico de drogas, en general, no es considerada como trabajo infantil por la Justicia brasileña, sino como delito.

En México, en 2015, la Comisión Interamericana de Derechos Humanos estimaba que 30.000 jóvenes desempeñaban diversas funciones para grupos delictivos. En 2018, esa cifra pasó a 460.000 menores —niños a partir de los 10 años y que, mayormente, viven en las calles y buscan un trabajo— reclutados por los traficantes de este país, lo que representa un incremento de 153 %.

En Argentina, los menores enlistados por los traficantes son llamados "soldaditos narcos" y, según un informe difundido por la Asociación Antidrogas Argentina, existen más de 250.000 "soldaditos" de menos de 16 años en el país.

En Uruguay, la reglamentación de todo el ciclo de la marihuana en 2013 no protegió a los niños y a los adolescentes de ser reclutados por los traficantes. De acuerdo con la Junta Nacional de Drogas Uruguaya, familias enteras de barrios de Montevideo —aquellas con gran vulnerabilidad social— trabajan desde 2002 en la venta de la cocaína y de su pasta base. Y sus hijos, desde pequeños, juegan en las calles y escuelas a ser "narcos" con juegos de compra y venta de drogas. Y mientras juegan, usan los celulares y así consiguen avisar a los mayores cuando perciben la presencia de la policía. Muchos de ellos también trabajan en los esquemas de distribución de la cocaína y de la pasta base de un barrio a otro, los llamados "niños perros".

La situación no es diferente en otros continentes. En 2017, la policía británica encontró en el suburbio de Chilmark, en el sur de Inglaterra, un bunker nuclear abandonado que fue transformado en un lugar para la producción a gran escala de marihuana. Había más de 4.000 plantas y dos adolescentes que no hablaban inglés, encarcelados sin llave, detrás de una gruesa puerta. En los últimos cinco años, más de 1,3 mil vietnamitas fueron identificados por autoridades británicas como víctimas en potencial del tráfico de personas para trabajos forzados, incluyendo el cultivo de marihuana. Entre ellos, más de 500 eran menores de edad.

Con respecto a las leyes, en líneas generales, en Brasil, la Ley n. ° 11.343/2006, también llamada de Ley de Drogas, prevé en su artículo 28 castigos para quien adquiera, guarde, transporte o tenga consigo estupefacientes para consumo personal. Aunque la condena por el delito no resulte en prisión, la persona encontrada en esa situación genera antecedentes penales. El 30 de mayo de 2019, el actual presidente del Supremo Tribunal Federal del Brasil, ministro Dias Toffoli, retiró de la lista el juzgamiento sobre la despenalización de las drogas que sucedería el 5 de junio, y no postergó la fecha para el juicio que comenzó en 2015. Ya en cuanto al tráfico de drogas, esa misma ley prevé penas de 5 a 15 años, el mismo tempo previsto en casos de captación de menores de edad para actividades delictivas.

México despenalizó, en 2009, la posesión de pequeñas cantidades para consumo de opio, marihuana —5 gramos—, cocaína, LSD, metanfetaminas y heroína. Para uso personal y dentro de las cantidades establecidas, de acuerdo con los artículos 478 y 479 de la Ley General de Salud, los usuarios no sufren acciones penales. Después del tercer registro de posesión, los usuarios tienen que cumplir un programa de tratamiento del gobierno. En cuanto al reclutamiento de jóvenes por los narcotraficantes, según el Comité de Derechos de los Niños de la ONU *"en México no se persigue el delito de reclutamiento de niños, niñas y adolescentes en grupos armados o para actividades del crimen organizado, lo que propicia la participación de los menores y permite que el Estado no cuente con políticas para prevenir el reclutamiento y proteger a la infancia"*.

En Argentina, aunque existe una ley que penaliza el uso de la marihuana, la Suprema Corte del país consideró esta disposición inconstitucional en 2009. La interpretación que está hoy en vigencia es que tanto el uso como la posesión de drogas para uso personal no son penalizadas. Con relación al reclutamiento de jóvenes por los traficantes, el proyecto del nuevo Código Penal del país prevé una pena de hasta 26 años para *"la utilización de menores de 18 años para la producción o comercialización de estupefacientes"*.

Para la mayoría de los niños reclutados por los traficantes, se trata de una alternativa a lo que no reciben de la sociedad. O sea, la implicación de niños en el tráfico de drogas es solamente el síntoma de un problema mucho mayor de exclusión social.

En la jerarquía de poder del tráfico de drogas en las comunidades carenciadas en el Brasil, especialmente en los morros de Río de Janeiro, niños y adolescentes ocupan la base de la pirámide. Son los llamados "aviones", responsables de la entrega de la droga en la comunidad. De acuerdo con una investigación hecha en 2018 por la ONG (Organización No Gubernamental) Observatorio de Villas de emergencia (Observatorio de Favelas 2024)[2], con sede en el Complejo de la Maré, conjunto de villas en Río de Janeiro, el perfil de los jóvenes implicados en la red del tráfico de drogas al menudeo es el siguiente: negro, hombre, nacido en familia numerosa y con mujer jefa de hogar con baja renta, que dejó la escuela en los primeros niveles y tuvo empleos ocasionales.

Según datos de la misma ONG, el número de niños con edad entre 10 y 12 años que entraron en el tráfico de drogas, solamente en Río de Janeiro, pasó del 6,5 % en 2006 al 13 % en 2017. Jornadas de 8 a 15 horas de trabajo, incluyendo horario nocturno, salarios compuestos por comisión en relación con las mercaderías vendidas y exposición a la violencia policial y al crimen. Estas son algunas de las características del trabajo en el tráfico a las que están expuestos adolescentes y niños.

Sin embargo, esta situación no sucede solamente en Río de Janeiro. En 2017, la Comisaría del Adolescente Infractor (DAI) de Salvador, capital de Bahía, estado de la región nordeste del Brasil, divulgó que de 2006 a 2016 el número de casos de jóvenes aprehendidos que estaban involucrados con el tráfico de drogas en esta ciudad aumentó 1.700 %. Fue de 23 casos a 414. La mayoría de esos jóvenes tiene entre 16 y 17 años. Con todo, hubo una expansión de la faja etaria en los últimos años y hay jóvenes de 13 años incluidos en esta estadística.

---

2 El Observatorio de Villas de emergencia es una organización social de investigación, consultoría y acción pública dedicada a la producción de conocimiento y de propuestas políticas sobre las villas y fenómenos urbanos. El Observatorio busca afirmar una agenda de Derechos a la Ciudad, fundamentada en la resignificación de las villas, también en el ámbito de las políticas públicas.

De acuerdo con el anuario del Foro Brasileño de Seguridad Pública publicado a fines de 2017, entre 1996 y 2014 el número de jóvenes entre 12 y 17 años que fueron detenidos en Brasil por cometer delitos aumentó casi seis veces. El principal delito es el robo (45 %), seguido del tráfico de drogas (24 %).

En México, en 2015, la Comisión Interamericana de Derechos Humanos Comisión Interamericana de Derechos Humanos 2024) estimaba que 30.000 jóvenes desempeñaban diversas funciones en las bandas criminales. En 2018 esa cifra pasó a 460.000 menores —niños a partir de los 10 años que, preferentemente, viven en las calles y buscan un trabajo— reclutados por los traficantes de este país, lo que representa un incremento del 153 %.

En la Argentina, los menores captados por los traficantes son llamados "soldaditos narcos" y según un informe dado por la Asociación Antidrogas Argentina Comisión Interamericana de Derechos Humanos, 2024) existen más de 250.000 "soldaditos" menores de 16 años en el país.

El Uruguay, país que en 2013 reglamentó todo el ciclo de la marihuana y lo puso bajo control del Estado, no consiguió con esta medida detener el crecimiento de los homicidios. Por el contrario, hubo un incremento del 35 % de 2017 a 2018. Esto porque las muertes, en su mayoría, tienen relación con peleas entre traficantes que se disputan los puntos de venta de la cocaína y de su pasta base. La despenalización de la marihuana tampoco protegió a los niños y los adolescentes de ser reclutados por los traficantes.

De acuerdo con la Junta Nacional de Drogas (Comisión Interamericana de Derechos Humanos 2024) uruguaya, familias enteras de varios barrios de Montevideo —aquellos con gran vulnerabilidad social— trabajan desde 2002 en la venta de pasta base. Y sus hijos, desde pequeños, juegan en las calles y escuelas fantaseando que son "narcos", con juegos de compra y venta de drogas. Y, mientras juegan, utilizan sus celulares para avisar a los mayores cuando notan la presencia policial en las inmediaciones. Muchos de ellos también trabajan en los esquemas de distribución de la cocaína y de la pasta base, llevando las drogas de un barrio al otro: son los llamados "niños perros".

En las periferias de varias ciudades colombianas, los menores son reclutados para alertar la presencia de la policía en los lugares de actuación de los traficantes, para fraccionar las drogas y también en su comercialización. A cambio, reciben celulares y una comisión por las ventas. Intentar salir de este esquema puede costarles la vida o las de sus familiares. Según datos de la Dirección de Investigación Criminal de la Policía Nacional (Policía Nacional de Colombia, 2024) y de la Policía de Infancia y Adolescencia (Policía Nacional de Colombia, 2024) colombiana, de 2012 a 2018 fueron detenidos en el país 50.742 niños y adolescentes por el delito de tráfico, fabricación o tenencia de drogas.

Para Veronese (2001, p. 34) "la falta de calidad en los derechos fundamentales del ser humano acaban resultando en la inserción del adolescente en la actividad del tráfico de drogas". Pues, como resalta Violante *apud* Feffermann (2006, p. 184), "el joven marginado puede presentarse más impulsivo, ya que carga un peso mayor: a la inmadurez que caracteriza a la juventud se suman los perjuicios en el desarrollo psicológico de esos jóvenes sometidos a condiciones subjetivamente degradantes de supervivencia".

A partir de ese contexto general de la situación de niños y adolescentes reclutados para trabajar para los narcotraficantes en América Latina y en otros continentes, el objetivo del artículo es, primeramente, presentar un panorama amplio del problema y de las condiciones enfrentadas por esos "trabajadores" excluidos del Estado de derecho que viven y crecen al margen de la sociedad. Además de esto, la propuesta es analizar jurídicamente esa situación de forma profunda, demostrando las consecuencias funestas de este abandono y desamparo legal y social a los que son sometidos estos seres humanos vulnerables.

II. MARCO TEÓRICO

Aunque no sea posible hablar de unicidad de pensamiento cuando el asunto es tráfico de drogas y la implicación —sea por medio del consumo, comercio o ambos— de niños y adolescentes en este universo, es creíble la afirmación de Forgione (2009, p. 263): "nadie puede convencernos de que hay poco que hacer excepto resignarse a un mundo destinado por la historia a continuar así". A continuación, la situación actual de algunos países y lo que están haciendo (o dejando de hacer) para proteger a sus niños, niñas y adolescentes.

2.1. Brasil

De acuerdo con la investigación de 2018 "Tráfico de drogas entre las peores formas de trabajo infantil: mercados, familias y red de protección social" (CEBRAP, 2024), del Centro Brasileiro de Análise e Planejamento (CEBRAP), aunque sea considerada como una de la Peores Formas de Trabajo Infantil según la Lista TIP (Brasil, 2008) (clasificación adoptada por varios países para definir las actividades que ofrecen más riesgos a la salud, al desarrollo y a la moral de los niños y de los adolescentes) reglamentada por medio del Decreto n. ° 6.481/2008, la actuación de adolescentes en el tráfico de drogas, en general, no es considerada como trabajo infantil por la justicia brasileña, sino como delito.

Como la acción ejercida por el traficante es ilegal, no puede ser encausado por explotación, como si fuera una empresa, y puede ser encuadrado solamente en el artículo 244 del ECA[3] (Estatuto del Niño y del Adolescente) que habla sobre la corrupción de menores de 18 años para cometer una infracción penal.

El estudio del CEBRAP apunta una ambigüedad jurídico-normativa en relación con el adolescente que actúa en el mercado de drogas. Si, por un lado, el ECA considera la actividad como infracción pasible de aplicación de medida socioeducativa, el Decreto n. ° 3.597/2000 (que reglamenta la Convención 182 de la OIT)[4] encuadra el tráfico como trabajo infantil y determina acciones inmediatas para su eliminación.

La investigación señala también que, dentro del debate público, la categoría "infracción de la ley penal", análoga al crimen, está más enfatizada, no siendo considerada la perspectiva del trabajo infantil. Además de esto, la categoría política "adolescente infractor de la ley penal", presente tanto en el ECA como en el Sistema Nacional de Atención Socioeducativa (Sinase) permite un "deslizamiento semántico que se apoya más en la categoría social de 'delincuente' que en la idea de 'trabajador infantil'".

A consecuencia de esa interpretación, es que el menor involucrado en el tráfico de drogas, en lugar de ser visto como víctima de violación de derechos por el trabajo infantil, asume el papel activo de autor de infracción a ser sometido a medidas socioeducativas.

Para la investigadora Ana Paula Galdeano, una de las coordinadoras del estudio del CEBRAP, "además de ignorar la dimensión de violación de derechos del tráfico de drogas, el Sistema de Justicia muchas veces incentiva, indirectamente, prácticas degradantes de trabajo infantil." Y va más allá:

> Para muchos jueces, forma parte de la exigencia de 'resocialización' que el adolescente esté en la escuela y trabajando. El problema es que muchas veces

---

[3] Marco legal y regulatorio de los derechos humanos de niños, niñas y adolescentes creado en 1990.

[4] Convención sobre prohibición de las peores formas de trabajo infantil y acción inmediata para su eliminación.

esos niños van a trabajar en la carga y descarga o en otros trabajos degradantes y eso es visto por el juez como reinserción.

Galeano es vehemente: "el juez no solamente hace la vista gorda al tráfico como trabajo infantil, sino que también exige la inserción del adolescente en un trabajo que es degradante".

Ya las magistradas del Tribunal de la Infancia y de la Juventud de Belo Horizonte —capital de Minas Gerais, estado de la región Sudeste del Brasil— Valeria Rodrígues Queiroz y Riza Aparecida Nery, defienden la entrada en el mercado de trabajo de adolescentes a partir de los 14 años, como forma de poner una barrera a la entrada de ellos en el tráfico de drogas. En Brasil, la prohibición del trabajo infantil varía de acuerdo con la faja etaria y con el tipo de actividades o condiciones en que se ejerza. Hasta los 13 años la prohibición es total; entre los 14 y los 16 años se admite solamente el trabajo en la condición de aprendiz y entre los 16 y los 17 años existe un permiso parcial.

En Brasil, la Ley n. ° 11.343/2006 —Ley de Estupefacientes y del Sistema Nacional de Políticas Públicas sobre Drogas— en su artículo 28 prevé sanciones para quien adquiere, guarda, transporta o trae consigo estupefacientes para consumo personal. Las penas son las siguientes: advertencia sobre los efectos de las drogas, prestación de servicios a la comunidad y medida educativa de comparecimiento a programa o curso educativo. A pesar de no prever la prisión para quien fuma marihuana, el texto de la ley no fijó qué cantidad distingue uso de tráfico, lo que es definido caso a caso por comisarios y jueces. Como consecuencia, miles de personas que son solamente usuarias de la droga van presas anualmente. Más del 40 % de los 730.000 presos en el país están involucrados en crímenes relacionados con las drogas.

En febrero de 2019, la Comisión de Juristas que trabajó en la modernización de esa ley entregó al presidente de la Cámara de Diputados, Rodrigo Maia, un anteproyecto de ley que establece criterios objetivos para diferenciar al usuario del traficante. El texto se enfoca en el combate al tráfico internacional de estupefacientes y su financiamiento y ablanda la pena para el pequeño traficante y las "mulas" —individuos que, conscientemente o no, transportan drogas en su cuerpo—.

Según el redactor de la propuesta, juez Ney de Barros Bello Filho, la medida no contempla la liberación, solamente despenaliza el uso personal de una cantidad de hasta diez dosis, pero sin legalización ni legitimación de la venta, del comercio ni de la producción. El 30 de mayo de 2019, el actual presidente del Supremo Tribunal Federal del Brasil, ministro Dias Toffoli, retiró del plan de trabajo el juzgamiento sobre la despenalización de la marihuana que iba a suceder el 5 de junio y no reprogramó la fecha para el juzgamiento que había comenzado en 2015.

En cuanto al tráfico de drogas, esa misma ley prevé penas de 5 a 15 años, el mismo tiempo previsto en casos de captación de menores de edad para actividades criminales. El art. 40 de la Ley n. ° 11.343/06 trae, en el inciso VI, como causa de aumento de pena de un sexto a dos tercios que la práctica de los crímenes tipificados en los arts. 33 a 37 *involucre* (haga tomar parte, cuente con la participación) o *intente involucrar* (objetivo a alcanzar) *a niño* (menor de 12 años) o *adolescente* (con doce años cumplidos, pero menor de 18) o a quien tenga, por cualquier motivo, *disminuida o suprimida la capacidad de entendimiento y determinación* (alienado mental, enfermo, senil, ebrio, etc.). Los encausados por tráfico no tienen derecho a fianza ni indulto y la progresión de la pena también tiene criterios más rígidos.

2.2. México

En México, conforme a datos de 2019 del REDIM[5] (Red por los Derechos de la Infancia en México) la población infantil del país —de 5 a 17 años— es de 29,3 millones. De ese total, cerca de 7 millones no estudian ni trabajan y 89,6 % de los 3,2 millones que trabajan ejecutan tareas que no son permitidas porque afectan, de alguna forma, su salud y desarrollo[6]. En este país está prohibido el trabajo infantil antes de los 15 años —cuando termina la obligación escolar— y para menores de 18 años en ocupaciones que pongan en riesgo su vida e integridad.

Mientras tanto, los narcotraficantes no respetan esa norma legal. Datos de 2019, indican que 460.000 niños y adolescentes fueron reclutados por los criminales y forman parte de sus organizaciones. Según la CIDH (Comisión Interamericana de Derechos Humanos) los menores, especialmente en situación de calle que buscan un trabajo, son reclutados a partir de los 10 años, o aún antes, por los traficantes. Inclusive, algunos carteles de droga, como el Jalisco Nueva Generación, en el municipio de Tala, que fue descubierto por la policía en 2017, mantienen centros de entrenamiento para los nuevos reclutas.

---

5 Unión de 73 organizaciones de la sociedad civil mexicana que desarrollan programas a favor de niños, niñas y adolescentes mexicanos en situaciones de vulnerabilidad y que opera en quince Estados mexicanos.

6 Datos del Consejo Nacional de Evaluación de la Política de Desarrollo Social (Coneval).

En México, los menores de 14 años no son legalmente responsables por sus delitos y no pueden ir presos. Pero en 2017 fue aprobada por la Suprema Corte de Justicia de la Nación la Ley Nacional de Sistema Integral de Justicia Penal para Adolescentes que estableció la privación de la libertad para jóvenes a partir de los 14 años que hayan cometido delitos graves, como narcotráfico u homicidio.

Para el representante de la Unicef (Fondo de las Naciones Unidas para la Infancia) en México, Leonardo Mier, "los niños forzados a incorporarse a las filas del crimen organizado deben tratarse como víctimas de violación de derechos humanos y no como criminales." En cuanto al reclutamiento de jóvenes por los narcotraficantes, el Comité de Derechos de los Niños de la ONU informa que "en México no se persigue el delito de reclutamiento de niños, niñas y adolescentes en grupos armados o para actividades del crimen organizado, lo que propicia la participación de los menores y permite que el Estado no cuente con políticas para prevenir el reclutamiento y proteger la infancia".

2.3. Colombia y Argentina

En Colombia, las penas para el reclutamiento o la utilización de menores por grupos armados ilegales y por organizaciones criminales son de 10 a 20 años, con agravamiento si la víctima fuera menor de 14 años, una penalidad que parece no ser suficiente para inhibir la captación de jóvenes. De acuerdo con la ONG Alianza por la Niñez en Colombia (Alianza por la Niñez, 2024), "bandas criminales y guerrilleras están reclutando niños y adolescentes para utilizarlos como sicarios, extorsionistas, expendedores de droga y trabajadores en cultivos ilícitos. Esto ocurre tanto en el campo como en las grandes ciudades". Y añade:

> la persistencia del conflicto armado por la reconfiguración de los actores armados ilegales que buscan ejercer control sobre los territorios y las grandes rentas de economías ilegales (cultivos ilícitos, minería ilegal, contrabando, producción y comercialización de narcóticos y trata de personas) incide en la violación de derechos de la población infantil.

En este país, la edad mínima para trabajar es de 15 años, y hasta los 17 años es necesaria una autorización expedida por la Dirección Territorial del Ministerio de Trabajo. Para conseguir el permiso, el menor debe comparecer al lugar acompañado de los padres o responsables y comprobar que está matriculado en una escuela. El Código Sustantivo del Trabajo (CST) y el Código de Infancia y Adolescencia establecen también que los menores entre 15 y 16 años solo pueden trabajar seis horas por día y, como máximo, 30 horas semanales y los de 17 años no pueden exceder las ocho horas diarias y 40 horas por semana.

Sin embargo, a pesar de ser medidas legales importantes, parecen ser ineficaces para detener el reclutamiento de menores por los narcotraficantes en Colombia y otras formas de trabajo infantil. De acuerdo con datos de abril de 2019 del DANE (Departamento Administrativo Nacional de Estadística, 2024) (órgano responsable del relevamiento, procesamiento, análisis y difusión de estadísticas oficiales de Colombia), a pesar de una reducción de 19,1 % en el número de trabajadores menores de 17 años —10.864.000 de la población colombiana tienen entre 5 y 17 **años**—, seis de cada 100 menores de edad trabajan en el país y 47,8 % no reciben remuneración.

En la Argentina, la Ley n. ° 26.390/2008 establece que la edad mínima para trabajar es 16 años y es precisa la autorización de los padres hasta los 18 años. Mayores de 14 años pueden tener ocupaciones en empresas familiares con jornadas que no superen 3 horas por día y 15 horas semanales, siempre que no sean trabajos peligrosos o insalubres y que los menores frecuenten la escuela. Jóvenes de entre 16 y 18 años no pueden cumplir jornadas superiores a 6 horas/día o 36 horas/semana. La Ley n. ° 26.847/2013, incorporada al Código Penal —art. 148— penaliza con prisión de 1 a 4 años a aquellos que se aprovechen económicamente del trabajo de un menor.

Mientras tanto, de acuerdo con la última investigación realizada por el Instituto Nacional de Estadística y Censos de Argentina (INDEC) (Instituto Nacional de Estadística y Censos, 2024), en 2017, en todo el país, uno de cada diez menores entre 5 y 15 años realizaba al menos una actividad productiva. También según esa investigación, a fines de 2017 más de un millón de menores de 18 años realizaba actividades económicas, productivas o domésticas intensivas, que interrumpían su formación y desarrollo.

Respecto a los menores reclutados por los traficantes, los "soldaditos narcos", estos son generalmente captados para vigilar lugares de venta de drogas o "territorios" de los criminales; para venta de drogas en pequeñas cantidades; para realizar otros delitos y hasta incluso actuar como sicarios (asesinos pagos). De acuerdo con un relevamiento hecho en conjunto por la Unidad de Investigación Periodística de la Universidad Politécnico Grancolombiano, en 2018 —*Microtráfico, un negocio con menores*— entre 2012 y septiembre de 2018 fueron detenidos en el país más de 50 mil menores por tráfico, fabricación o portación de drogas. Este número fue obtenido por los investigadores en la Dirección de Investigación Criminal de la Policía Nacional y de la Policía de Infancia y Adolescencia que reconoció, según este estudio, que el país carece de políticas enfocadas en la prevención del reclutamiento de menores por grupos de traficantes. El proyecto del nuevo Código Penal del país prevé una pena de hasta 26 años para la utilización de menores para la producción o comercialización de drogas.

La OIT considera la utilización, reclutamiento u oferta de niños para la realización de actividades ilícitas, como la producción y el tráfico de drogas, una de las peores formas de trabajo infantil. Sin embargo, el "empleador', en este caso el traficante, por ejercer una actividad ilegal, no puede ser encausado por explotación. Se trata, en verdad, de un mercado de trabajo ilegal que siempre avanza en los lugares donde la protección integral de niños, niñas y adolescentes no es la prioridad del Estado. Es ineludible, en este contexto, poner el foco en la prevención y en el rescate de esos menores.

III. CONCLUSIÓN

Ciertamente, el reclutamiento de niños y adolescentes por los traficantes de drogas no es la raíz de los problemas, sino el síntoma de otras adversidades. Por eso, mientras no sean priorizadas cuestiones cómo la exclusión social y la falta de perspectivas presentes y futuras para los jóvenes, la lucha contra el mercado ilegal de las drogas y la utilización de menores en ese comercio será infructuosa. Al privarse de cumplir su papel en la protección de niños y adolescentes —especialmente a aquellos provenientes de comunidades carenciadas— y no ofrecer políticas públicas que, de hecho, garanticen la efectividad del principio de la protección integral a los jóvenes, el Estado omite su obligación constitucional y permite el surgimiento de condiciones favorables para la captación de los menores. Jóvenes que son abandonados a la propia suerte y privados del acceso a derechos fundamentales como salud y educación, una afrenta al principio de la dignidad de la persona humana.

Es preciso que los jóvenes dejen de ver en la actividad criminal una opción atractiva de "trabajo" y de protección social. Para ello, es condición *sine qua non* que la alternativa ofrecida por el Estado y por la sociedad no sea un trabajo precario y mal pago que, muchas veces no pasa de explotación de la mano de obra infantil y que paradójicamente, en comparación con el tráfico de drogas, es considerado como un "trabajo digno". Así, niños y adolescentes, normalmente fuera de las escuelas o que reciben una educación irrelevante, son empujados por un tejido social desgarrado por las discrepancias socioeconómicas y abandono del Estado a una elección extremadamente cruel: por un lado, trabajos degradantes y, por el otro, el tráfico de drogas. Ambas opciones, informalidad e ilegalidad, no son posibilidades de inserción profesional relevante y, sobre todo, no representan probabilidades reales de mejora de vida, muy por el contrario.

En tanto, a pesar de todo el desaliento provocado por esta situación mundial, se trata de un fenómeno humano y, como todos los fenómenos humanos, tiene un principio y puede tener un fin. Para esto es preciso empeño y responsabilidad de todos los protagonistas de la sociedad. Pues, como afirmó Abraham Lincoln, "usted no consigue escapar de la responsabilidad de mañana esquivando la de hoy".

Bibliografía

Argentina. *Constitución de la Nación Argentina.* Disponible en http://servicios.infoleg.gob.ar/infolegInternet/anexos/0-4999/804/norma.htm.

Argentina. *Ley n. ° 23.737. Código Penal.*

Astorga, L. *El siglo de las drogas.* Ciudad de México: Debolsillo, 2016.

Brasil. *Constituição da República Federativa do Brasil.* Brasilia: Senado Federal, 1988.

Brasil. *Ley n. ° 8.069, del 13 de julio de 1990. Dispone sobre el Estatuto del Niño y del Adolescente y da otras providencias.* Disponible en http://www.planalto.gov.br/ccivil_03/LEIS/L8069.htm#art266.

Brasil. *Ley n. ° 11.343 del 23 de agosto de 2006. Ley de Drogas.* Disponible en http://www.planalto.gov.br/ccivil_03/_ato2004-2006/2006/lei/l11343.htm.

Borcsik, Sandor Krisztan. "Tráfico de drogas: problemas na formação da relação jurídico processual." *Revista Magister de Direito Penal e Processual Penal,* Porto Alegre, v. 13, n. 73, p. 80-105, ago./sept. 2016.

Cavalcante, Rita, y Acselrad, Gilberta. *Drogas: Desde quando existe essa história?* En *Quem tem medo de falar sobre drogas?: saber mais para se proteger.* Río de Janeiro: FGV, 2015.

Colombia. *Constitución Política de Colombia.* Disponible en http://www.corteconstitucional.gov.co/inicio/Constitucion%20politica%20de%20Colombia.pdf.

Federico, Mauro, y Ramírez, Ignacio. *Historia de la droga en Argentina.* España: Editorial Aguilar, 2015.

Federico, Mauro. *País narco. Tráfico de drogas en Argentina.* Argentina: Editorial Sudamericana, 2011.

Feffermann, Marisa. *Vidas arriscadas: o cotidiano dos jovens trabalhadores do tráfico.* Petrópolis, Río de Janeiro: Vozes, 2006.

Forgione, Francesco. *Máfia Export.* Traducción de Karina Jannini. Río de Janeiro: Bertrand Brasil, 2009.

Gerner, Milton Romani. "Avanços na política de drogas no Uruguai: um dos líderes da política de drogas no Uruguai expõe razões e desafios para reformar as leis no país." *SUR: Revista Internacional de Direitos Humanos* 12, no. 21, p. 1-4, ago. 2015.

Hernández, Anabel. *Los señores del narco.* México: Debolsillo, 2014.

Machado, Leonardo Marcondes. "A política proibicionista de drogas: olhares sobre a guerra brasileira." En *10 anos da lei de drogas: aspectos criminológicos, dogmáticos e político-criminais.* Belo Horizonte: D'Plácido, 2016.

Melo, Daniele Oliveira de. "Maconha: legalizar?! Eis a questão." *Revista dos Tribunais*, São Paulo, v. 105, n. 964, p. 313-331, feb. 2016.

México. *Constitución Política de los Estados Unidos Mexicanos*. Disponible en http://www.sct.gob.mx/JURE/doc/cpeum.pdf.

México. *Ley Federal Contra la Delincuencia Organizada*. Disponible en https://mexico.justia.com/federales/leyes/ley-federal-contra-la-delincuencia-organizada/.

Ribeiro, Maurides de Melo. "A evolução histórica da política criminal e da legislação brasileira sobre drogas." *Boletim IBCCrim* 24, no. 286, p. 5-8, sept. 2016.

Saviano, Roberto. *La banda de los niños*. España: Editorial Anagrama, 2017.

Scherer, Julio. *Niños en el crimen*. México: Grijalbo, 2013.

Scheerer, Sebastián. "Prohibición de las drogas en sociedades abiertas." En *10 anos da lei de drogas: aspectos criminológicos, dogmáticos e político-criminais*. Belo Horizonte: D'Plácido, 2016.

Soba, I. "El proceso relativo al crimen organizado en Iberoamérica: relato del crimen organizado en la República Oriental del Uruguay." *Revista uruguaya de derecho procesal* (2): 161-172, 2013.

Valdez, Javier. *Los morros del narco. Niños y jóvenes en el narcotráfico mexicano*. México: Aguilar, 2011.

Valdés, Guillermo. *Historia del narcotráfico en México*. México: Aguilar, 2013.

Uruguay. *Constitución de la República Oriental del Uruguay*. Disponible en https://www.tcr.gub.uy/archivos/nor_63_Constituci%C3%B3n%20de%20la%20Rep%C3%9Ablica%20Oriental%20del%20Uruguay.pdf.

Uruguay. *Ley n° 19.172 que regula la producción, distribución y venta de marihuana*. Disponible en https://legislativo.parlamento.gub.uy/temporales/leytemp5613915.htm.

Valois, Luís Carlos. *O direito penal da guerra às drogas*. 2ª ed. Belo Horizonte: D'Plácido, 2017.

Veronese, Josiane Petry. *Infância e adolescência, o conflito com a lei: algumas discussões*. Florianópolis: Editora Fundação Boiteux, 2001.

Conclusiones

Los análisis presentados hasta este punto representan, en gran medida, la forma en la que el sistema jurídico acude a la academia con la finalidad de analizar nuevas perspectivas que le permitan desarrollar respuestas novedosas ante situaciones que surgen como consecuencia de la evolución social. De ahí que el presente documento haya optado por desplegar, al interior de sus capítulos, diversas perspectivas que apuntan a realidades disímiles que se nutren del análisis que sus autores hacen a problemáticas. Las cuales, incluyen la bioética, tanto la explotación como la responsabilidad penal presente en los niños, las niñas y los adolescentes, la eutanasia, las empresas narcocriminales, la revictimización de las personas, los sistemas carcelarios, entre otras.

Todos ellos se constituyen en contextos novedosos dentro de los cuales el sistema jurídico actual pareciera no da respuestas concretas o entra en un proceso de entropía, que en términos de Gunter Teubner, podría entenderse que el derecho no necesariamente es contención y entendimiento ante las acciones e inacciones de una sociedad, en la que particularmente priman desequilibrios y conflictos sociales, culturales, políticos, entre otros. Por tanto, si bien se acude a los instrumentos jurídicos y herramientas legales, dichos medios deben proporcionar una seguridad jurídica que restablezca nuevamente el orden en la toma de decisiones de los operadores jurídicos conllevando una cierta estabilidad en sinergia del derecho vigente (más no estático) con su entronque dinámico con la sociedad en la que se debe restablecer la confianza en sus instituciones.

Dichas alertas conllevan ver que el derecho es solo una parte de las distintas disciplinas o ciencias que deben interactuar con la sociedad, y no necesariamente la panacea para las distintas soluciones que la aquejan. Por tanto, el sistema jurídico colombiano, cuya naturaleza ha demostrado ser lenta y poco responsiva —en muchos casos— ante las necesidades de las personas, históricamente se ha caracterizado por responder a las lógicas del poder y a los intereses particulares, dejando por fuera o no privilegiando con inmediatez las necesidades de personas desfavorecidas o grupos poblacionales vulnerables o vulnerados. Cuestionando el sistema, deslegitimando sus instituciones y perdiéndose la confianza ciudadana, o dejándose en el limbo las decisiones ante los vaivenes de la interpretación por la hiperinflación normativa o juridificación que entorpece la misma materialización de derechos fundamentales en el ámbito colombiano.

Así, pues, el tener una mirada crítica sobre nuestras realidades sociales y jurídicas, el reconocernos como partícipes del sistema jurídico colombiano, implica volver a nuestro pasado. Aprender de los errores cometidos, comprender las implicaciones de las decisiones, o la falta de ellas, frente al goce efectivo de los derechos bajo un Estado social y democrático de derecho, que está llamado a privilegiar principios y derechos de todos los ciudadanos.

Por tanto, comprender las dinámicas del sistema jurídico implica superar preconceptos sobre el "desarrollo" o la "evolución", que en muchas ocasiones el fenómeno capitalista nos vende como universales y qué países emergentes —no necesariamente en economías globales— asumimos como problemas propios sin entender nuestra identidad. El desarrollo no es preocuparse por las cosas que pasan en otros países por si eventualmente llegasen a suceder en nuestras latitudes. La pregunta que cabría es: ¿qué tipo de desarrollo queremos tener como países del sur global?

El desarrollo tiene que ver con capitales que, no necesariamente, se miden bajo la óptica económica, donde el capital humano, social, cultural e intelectual, deberían contribuir al crecimiento de un sistema social y más de un sistema jurídico como el colombiano. Con el objetivo de resarcir y equilibrar deudas históricas y que bajo su propia norma constitucional integrada esté y pueda estar más allá de la vanguardia y las tendencias interdisciplinares que surjan al interior de los diferentes sistemas, en consonancia a las lógicas de su crecimiento y a sus necesidades en específico como sociedad colombiana, abriendo campo a sus propios procesos de crecimiento.

Es importante aclarar que el proceso de desarrollo del sistema jurídico no depende únicamente de la academia, por el contrario, en muchos casos el análisis académico no es más que el paso inicial para dilucidar, debatir, y argumentar fijando posiciones y dando a conocer las problemáticas que acontecen en nuestro mundo social y en ese marco garantista que nos da la Constitución Política. Las normas que devienen del ejecutivo y las de origen jurisprudencial, cuyo constitucionalismo transformador materialice dicha esencia en la realidad social.

Bajo esta óptica, el derecho debe ir en prospectiva, dando respuesta a lo propositivo, preventivo y no necesariamente como se estila en el ámbito coercitivo, punitivo y policivo, un derecho que permita construirse a futuro. Donde la construcción del derecho si bien deliberativo, sea participativo, dando pie a la corrección o inclusión de normas que no lleven a la juridificación, manifestar o no preocupaciones respecto de la creación normativa, del constitucionalismo transformador, y de su importancia para el correcto desarrollo del sistema jurídico.

Por tanto, las problemáticas analizadas en los capítulos que dan vida a este libro colectivo, antes que nada son una invitación para la comunidad jurídica, a verificar aquello a lo que consideramos como un paradigma, que este no necesariamente constituye los límites del sistema y que, en consecuencia, puede enmarcarnos en derroteros ante las necesidades que surgen al interior y fuera del sistema, lo cual posibilita que se encuentre abierto al surgimiento de nuevas posibilidades de interacción y respuesta social.

Por tanto, se pretende, con esta obra, hacer un aporte desde la comunidad académica que hemos creado, buscando poner en evidencia problemáticas nuevas o que no se han logrado solucionar por los limbos jurídicos o los yerros de interpretación o la porosidad del sistema, que afectan directamente los derechos de las personas bien sea como individuos o colectivos.

El poder equilibrar la balanza de la justicia, conlleva que el derecho y la sociedad entren en armonía y que el ser y el deber ser correspondan a una mejor versión de nosotros mismos. En una Colombia que pese a sus distintas problemáticas, necesidades y desafíos se dé la posibilidad de contemplar un sistema jurídico endógeno creado desde nuestras propias realidades y que de forma solidaria y específica atienda a esas necesidades que nosotros más que nadie conocemos y vivimos como sociedad.

Por esta razón, aspiramos a que las letras expuestas en este documento sean semillas suficientemente cargadas como para que crezcan, se fortalezcan y nutran las mentes de los lectores. Que desde sus propias experticias, conocimientos y disciplinas expandan aquello que tradicionalmente se ha comprendido como sistema jurídico, lo cual a su vez abre el debate de lo que puede considerarse como un problema dentro de él, siendo esta la verdadera finalidad de estas discusiones.

Si bien la habilidad de un doctor en derecho es particularizar lo abstracto de él bajo un componente ético, es imposible llegar en el derecho a las soluciones absolutas, solamente la difusión del conocimiento y su expansión a partir del criterio objetivo y reflexivo de los lectores sobre las distintas realidades que nos tocan, junto al anclaje de las corrientes teóricas, normativas y jurisprudenciales. El sentido común y lo consuetudinario, se generarán vías al respecto, lo que nos brindará herramientas suficientes para discutir los problemas y tomar decisiones pertinentes que ayuden a solventar los nuevos derechos y obligaciones que surjan como consecuencia del marco jurídico dinámico en el que nos cocreamos.

Aspiramos, entonces, únicamente a ser comprendidos y replicados, a aportar constructivamente con las ideas expuestas y argumentadas a lo largo de esta obra y a que el conocimiento sea puesto en entredicho efecto de este análisis donde no necesariamente hay verdades absolutas.

Sin certezas en el tratamiento jurídico a lo que existe y podrá existir con los cambios agigantados que ya son una realidad, anticipándonos a daños jurídicos a futuro, y a efectos colaterales por vivir en una sociedad en la que el *Sapere Aude* ni la solidaridad, o la otredad son necesariamente unas constantes de empatía por el otro, de cohesión y de integración social, cultural, económica, política, entre otras.